D0996312

DIANA

Andrew Morton

Diana

Haar eigen verhaal

Uitgeverij BZZTôH
's-Gravenhage, 1992

Diana, Her True Story was first published in
Great Britain by Michael O'Mara Books Limited,
9 Lion Yard, Tremadoc Road, London SW47NQ
Text copyright © 1992 by Andrew Morton
© Copyright Nederlandse vertaling 1992,
Uitgeverij BZZTôH, 's-Gravenhage
Vertaling: A. Ridder
Zetwerk: No lo sé prod.
Druk- en bindwerk: Finland

ISBN 90 6291 766 6

Inhoud

1. 'Dit is pas het begin'   1

2. 'Ik had een jongen moeten zijn'   9

3. 'Zeg maar Sir tegen me'   36

4. 'Zoveel hoop in mijn hart'   63

5. 'Mijn noodkreten'   78

6. 'Lieveling, ik ga er even tussenuit'   96

7. 'Mijn leven heeft een andere wending genomen'   107

8. 'We zorgen ervoor dat we elkaar niet voor de voeten lopen' 126

9. 'Ik heb mijn best gedaan'   154

   Appendix: Kunnen Charles en Diana gaan scheiden   167

Dankwoord

Het eeuwige probleem waar mensen die over het koninklijk huis schrijven voor komen te staan, is dat van authenticiteit. Hoe kun je de wereld overtuigen van de waarheid van wat je schrijft en de oprechtheid van je informanten, wanneer zoveel gesprekken op een vertrouwelijke basis worden gevoerd. Het omgekeerde probleem geldt voor degenen die door Buckingham Palace worden gevraagd om een geautoriseerde levensbeschrijving te maken van leden van het koninklijk huis. Hoewel zij toegang hebben tot de officiële archieven, invloedrijke vrienden en leden van het koninklijke hofhouding, bestaat er in de ogen van het publiek altijd het vage vermoeden dat zelfs als ze de waarheid te horen krijgen, dat niet noodzakelijkerwijs ook de hele waarheid is.

Deze biografie van de prinses van Wales is ongewoon, omdat hij vrij van controle van Buckingham Palace tot stand is gekomen, en omdat toch veel van de familieleden van de prinses, vrienden en adviseurs erin toestemden om te worden geïnterviewd (velen van hen voor het eerst) over het privéleven en haar openbare leven. Ze hebben eerlijk en openhartig gesproken, ondanks het feit dat dit betekende dat de diepgewortelde gewoonten van discretie en loyaliteit, die zo vaak worden aangehouden in de directe omgeving van leden van het koninklijk huis, terzijde werden geschoven. Mijn dankbaarheid voor hun medewerking is daardoor des te dieper en oprechter.

Ik ben ook veel dankbaarheid verschuldigd aan de broer van de prinses van Wales, de negende graaf Spencer, voor zijn inzichten en herinneringen, die voornamelijk de jeugd- en tienerjaren van de prinses besloegen.

Mijn dank gaat ook uit naar barones Falkender, Carolyn Bartholomew, Sue Beechey, dr. James Colthurst, James Gilbey, Malcolm Groves, Lucinda Craig Harvey, Peter en Neil Hickling, Felix Lyle, Michael Nash, Delissa Needham, Adam Russell, Rory Scott, Angela Serota, Muriel Stevens, Oonagh Toffolo en Stephen Twigg.

Er zijn anderen die ik door hun huidige positie niet officieel kan bedanken voor hun waardevolle hulp. De manier waarop zij mij voortdurend hebben geadviseerd, valt moeilijk te overschatten.

Verder wil ik mijn uitgever Michael O'Mara bedanken voor zijn advies en steun tijdens het moeizame proces tussen het opvatten van het idee en de realisatie ervan.

Andrew Morton
april 1992

Verantwoording van het fotomateriaal

Voor hij in maart van dit jaar overleed, was de vader van de prinses van Wales, de achtste graaf Spencer, zo vriendelijk ons inzage te geven in de famili-ealbums. Zijn genereuze medewerking werd zeer gewaardeerd.

De prachtige hedendaagse portretten van de prinses van Wales en haar kinderen die in dit boek zijn opgenomen, zijn alle gemaakt door Patrick Demarchelier. Het verdient vermeld te worden dat de heer Demarchelier zijn gehele honorarium heeft afgestaan aan de liefdadigheidsinstelling Turning Point.

Zie voor de bronvermelding van alle andere foto's in dit boek de onderschriften.

1

'Dit is pas het begin'

De stem aan de andere kant van de telefoon klonk kortaf en was vol ingehouden opwinding. 'Ga naar de vervormer,' werd er gezegd. Dit was niet de controlekamer van een oorlogsbodem van de marine of een geheime kamer in het Witte Huis, maar mijn bescheiden kantoor boven een restaurant in Noord-Londen. De vervormer werd prompt op de gewone telefoon aangesloten, waarop de eerste details binnenkwamen over het feit dat prins Charles zijn privé-secretaris, generaal-majoor Sir Christopher Airey, had ontslagen.

Dat telefoongesprek, dat werd gevoerd vanuit een tochtige telefooncel op een van de meest noordwestelijke eilanden in Europa, was de eerste stap op een kronkelroute die regelrecht naar het hart van de Britse monarchie leidde. Het zette een onderzoek in gang naar de waarheid over de prinses van Wales, haar huwelijk en haar leven binnen de koninklijke familie. Het zou een nuttige en verrassende ervaring blijken te zijn.

Nadat ik tien jaar het functioneren van de hedendaagse monarchie had geobserveerd, er talrijke boeken over had geschreven, en voor radio en tv over de hele wereld de expert had uitgehangen over de koninklijke familie, meende ik dat ik een behoorlijke kennis over het onderwerp bezat. Het afgelopen jaar heeft me geleerd hoe weinig ik in werkelijkheid wist over wat zich afspeelt achter de smeedijzeren hekken van Buckingham Palace en de rode bakstenen muren van Kensington Palace.

Ik publiceerde het verhaal over het ontslag in de Sunday Times. Het werd een week later gevolgd door een uitgebreider artikel waarin de rivaliteit werd besproken die bestaat tussen de kantoren van de prins en prinses van Wales. Een paar weken later, ten tijde van Diana's dertigste verjaardag, schreef ik een aansluitend artikel over de rol die Jimmy Savile, de televisie-persoonlijkheid, had gespeeld bij het arrangeren van een verzoening tussen het prinselijk paar, na onthullingen dat Diana had geweigerd in te gaan op het aanbod van haar man om een verjaardagsfeest te geven op Highgrove.

Het publiceren van deze artikelen in de Sunday Times had een aantal gevolgen. In de eerste plaats vormde het de aanleiding tot een heksenjacht binnen het paleis, met de bedoeling mijn bronnen te achterhalen. Uit mijn jarenlange ervaring wist ik dat dat te verwachten viel. De nieuwe privé-secretaris van prins Charles, kapitein-luitenant Richard Aylard, ging met de stofkam door de artikelen op zoek naar aanwijzingen, terwijl de privé-secretaris van de koningin, Sir Robert Fellowes, met een beschuldigende vinger wees op het personeel van Kensington Palace.

Er kwam een kort telefoontje binnen van Arthur Edwards, een fotograaf bij The Sun met een lange staat van dienst, wiens gemoedelijke manier van doen niet doet vermoeden dat hij beschikt over uitstekende bronnen in paleiskringen, en hij bevestigde het bericht. 'Wat jullie zondag over Jimmy Savile schreven, geloofde ik niet,' zei hij. 'Maar toen sprak ik een van mijn contacten, en die zei dat het recht in de roos was. Ik bel alleen maar om je te waarschuwen: wees voorzichtig, ze zijn op zoek naar je bron.' (Dit bericht werd opvallend bekrachtigd in maart van dit jaar, toen ik als eerste met het nieuws kwam over de op handen zijnde scheiding van de hertog en hertogin van York. Een telefoontje van een betrouwbaar contactpersoon stelde me ervan op de hoogte dat hooggeplaatste politiefunctionarissen van het team ter bescherming van leden van het Koninklijk Huis en de diplomatieke dienst op Buckingham Palace moesten verschijnen en opdracht hadden gekregen uit te zoeken wie het verhaal had laten uitlekken. 'Houd je telefoon in de gaten,' luidde de korte waarschuwing.)

In diezelfde periode bewezen de oorspronkelijke artikelen, die over het algemeen met sympathie spraken over de prinses van Wales, aan de mensen om haar heen - van wie ik later velen zou ontmoeten - dat haar kant van het verhaal eindelijk openhartig kon worden verteld. Ze waren boos over de stroom van boeken en artikelen waarmee de tiende huwelijksdag van de prins en prinses, en Diana's dertigste verjaardag werd gevierd. In het merendeel daarvan werd ze afgeschilderd als een frivool jong meisje, dat in haar emotionele en intellectuele ontwikkeling met zachte hand werd bijgestuurd door haar ernstige echtgenoot. In het algemeen was men het er over eens dat, hoewel hun huwelijk zijn wisselvallige perioden had gekend, ze nu goede vrienden waren, die weliswaar verschillende interesses najoegen, maar verenigd waren door een gemeenschappelijke taak.

Ik zou al gauw horen dat mensen die het dichtst bij de prinses stonden deze gevoelens als een groteske parodie op de waarheid zagen. Een ontmoeting middenin de week met iemand uit de kring rond Diana, in de weinig passende omgeving van een buurtcafé in Noord-Ruislip, buiten Londen, vormde het keerpunt. Terwijl men zich aan de tafeltjes om ons heen op de uitsmijters stortte, ontvouwde zich een alarmerend verhaal over de ware aard van het leven dat Diana in Kensington Palace leidde.

De feiten, die er in vrij willekeurige volgorde uitrolden, onthulden de keerzijde van het sprookje. Kort en goed: prins Charles had vrijwel sinds het begin van hun huwelijk een maîtresse. Zij is Camilla Parker-Bowles, de echtgenote van een lid van de hofhouding van de koningin. Soms gedroeg ze zich bijna als een surrogaat-echtgenote, fungeerde als gastvrouw bij diners op Highgrove en vergezelde hem op vakanties. In de loop der jaren had Diana hun telefoongesprekken opgevangen, was zich bewust van haar warme briefwisseling met Charles, en keek met gefascineerd afgrijzen naar de liefdevolle manier waarop ze zich in het openbaar tegenover elkaar gedroegen.

Temidden van het gerinkel van borden en bestek onthulde mijn contactpersoon dat Diana serieus had overwogen het huwelijk niet te laten doorgaan, twee dagen voordat ze door het middenpad van St. Paul's Cathedral zou lopen. Haar vermoedens over de verhouding van Charles met Camilla Parker-Bowles werden bevestigd toen ze erachter kwam dat hij van plan was Camilla een armband te geven met daarin gegraveerd hun bijnamen 'Fred' en 'Gladys'. Ze had de waarheid over hun liefdevolle koosnamen een paar weken daarvoor ontdekt, toen Camilla ziek was. Bij die gelegenheid stuurde hij haar een boeket bloemen, van 'Fred' aan 'Gladys'.

Daardoor beschouwde Diana haar trouwdag emotioneel gezien als een van de meest verwarrende momenten uit haar leven. Tijdens haar huwelijksreis zag Diana foto's van Camilla uit zijn agenda vallen; later verscheen Charles aan het diner met manchetknopen waarin twee verstrengelde C's waren gegraveerd. Hij gaf toe dat ze een geschenk waren geweest van de vrouw van wie hij ooit had gehouden, maar die hij was kwijtgeraakt. Na deze valse start heeft hun huwelijk nog heel wat andere wisselvalligheden gekend; het heeft een punt bereikt waarop ze nauwelijks meer met elkaar praten.

De spanningen van het leven in koninklijke kringen en de realiteit van Diana's huwelijk zijn de oorzaak geweest van een mogelijk fatale eetstoornis, boulimie nervosa, die haar heeft achtervolgd tijdens haar gehele koninklijke loopbaan. Soms bracht de eenzaamheid van haar positie haar op de rand van wanhoop, zozeer zelfs dat ze een aantal pogingen tot zelfdoding heeft ondernomen, sommige halfslachtiger dan andere. De donkere jaren, zoals zij ze noemt, besloegen het merendeel van haar bestaan als prinses.

Het hoopgevende aspect van haar verhaal was de manier waarop Diana vrede gevonden heeft in haar leven en hoe ze, met behulp van vrienden en therapeuten, haar ware aard ontdekte. Het verhaal van haar transformatie van slachtoffer tot overwinnaar, een proces dat tot op de dag van vandaag voortduurt, is het onderwerp van dit boek.

Een aantal voorvallen, sommige belangrijker dan andere, hebben die verandering teweeggebracht; een confrontatie met Camilla Parker-Bowles 's avonds laat; haar gedrag na de lawine in Klosters in Zwitserland, waarbij haar man bijna om het leven kwam; het troosten van een verdrietige vreemde in een ziekenhuis in Nottingham, en het besluit om eindelijk op zoek te gaan naar een therapie voor haar chronische eetstoornis. In de loop van 1991 werd ze zich ervan bewust hoezeer ze was veranderd door haar toewijding aan haar vriend Adrian Ward-Jackson, terwijl hij stierf aan AIDS. Het was een ervaring die haar leven verrijkte, haar beter inzicht bood in zichzelf en haar een vaster omlijnde bestemming gaf. Het meest opvallende uiterlijk teken van haar innerlijke ontwikkeling was haar nieuwe, kortere kapsel, dat uitdrukte hoezeer ze zich bevrijd voelde van haar vroegere leven.

Het was duidelijk dat hier materiaal lag voor een boek dat een radicale omkering teweeg zou kunnen brengen in de manier waarop het publiek de prinses van Wales ziet. Mijn uitgever, Michael O'Mara, een geharde Amerikaan uit Pennsylvania, moest ervan overtuigd worden. 'Als ze zich zo ellendig voelde, waarom lachte ze dan altijd?' vroeg de man die meer foto's van Diana heeft afgebeeld dan wie ook. Het zat niet mee dat de documentaire *De dagboeken van Hitler* op tv was, het verhaal over hoe een vervalser Britse en Duitse kranten, en gerenommeerde historici om de tuin had weten te leiden met amateuristische vervalsingen, die zogenaamd de handgeschreven dagboeken van de voormalige Duitse leider zouden zijn. O'Mara was uiterst sceptisch.

Er werd een ontmoeting gearrangeerd met mijn contactpersonen en andere geïnteresseerde partijen. O'Mara luisterde naar gedeelten van diverse op band opgenomen interviews, las bepaalde documenten en bekeek een aantal niet eerder gepubliceerde foto's. Er viel een lange stilte nadat de bandrecorder was uitgezet. Na een grote haal aan zijn

Havanna zei O'Mara: 'Hoe kunnen we dit in godsnaam allemaal bewijzen?'

Dat was de kern van het probleem. Van een groot deel van het materiaal dat toen beschikbaar was, kon om redenen van vertrouwelijkheid de bron niet worden onthuld. Uiteindelijk werd er een strategie bepaald. Elk facet van dit verhaal moest worden onderbouwd en aangevuld door vraaggesprekken met familieleden, vrienden en therapeuten van de prinses van Wales. Dat was een taak die de volgende tien maanden in beslag zou nemen. De enige zekere voorspelling die haar astroloog Felix Lyle kon doen, toen we op een zachte zomeravond in augustus 1991 spraken over haar leven en karakter, was dat het een martelgang zou worden. Dat had hij goed gezien. De ontmoetingen vonden plaats op verschillende locaties: in de buurt van Diana's huis in Gloucestershire, in Hampshire en Dorset, in Schotland en zelfs in Amerika. Mensen die zo vriendelijk waren geweest hun medewerking te verlenen aan eerdere boeken, met name aan *Inside Buckingham Palace* en *Duchess*, werd om hulp verzocht.

Geheimhouding was van het grootste belang. De mandarijnen in Buckingham Palace zijn erop gesteld de informatiestroom over hun koninklijke werkgevers zelf te bepalen. In dat opzicht verschillen ze in geen enkel opzicht van andere grote organisaties. Auteurs die onafhankelijk van het paleiselijk kader opereren, komen al gauw tot de ontdekking dat deuren razendsnel dichtslaan en vergrendeld worden wanneer ze navraag doen.

Zodra echter een aantal extra smeekbrieven - verzoeken om een interview - waren verstuurd, werd duidelijk dat er een aanzienlijk aantal mensen binnen Diana's kring van getrouwen bestond die het tijd vonden om wat zaken recht te zetten. Zij waren van mening dat de waarheid nu maar eens moest worden verteld over het moeilijke leven dat Diana heeft geleid, en grotendeels nog leidt. Deze op de band opgenomen interviews, de meeste officieel, andere zonder bronvermelding, vulden de oorspronkelijke stelling ruimschoots aan. Een goede kennis legde uit waarom zoveel mensen uit haar directe omgeving hadden besloten hun medewerking te verlenen. Hij zei: 'Tien jaar lang hebben we moeten toekijken hoe Diana werd kapot gemaakt. We hebben vaak over haar gepraat en gezegd dat er iets moest gebeuren. Maar er gebeurde niets. Het was voor ons allemaal pijnlijk te zien hoe een prachtige kaars steeds meer werd verstikt door het systeem van het koningshuis en een leeg huwelijk.'

Dit was een undercover operatie die in grote haast moest worden uitgevoerd, omdat snel duidelijk werd dat er alle kans bestond dat de prinses uit de koninklijke kringen zou zijn verdwenen tegen de tijd dat het boek zou verschijnen, in september. Zoals James Gilbey, een lid van een brouwersdynastie, die Diana al kent sinds haar zeventiende, opmerkte: 'Ze zei onlangs tegen me dat ze geen enkele afspraak in haar agenda heeft staan na juli, omdat ze niet denkt dat ze er dan nog zal zijn.' Haar dramatische bewering mag eerder de invulling van een wens zijn geweest, een overdreven uitspraak waarmee ze uiting gaf aan haar werkelijke verlangens, maar met zo'n onzeker vooruitzicht konden we geen risico's nemen: de publikatie werd vervroegd naar juni. Met het oog op het abrupte vertrek van de hertogin van York uit de koninklijke familie in maart van dit jaar, was dat een verstandig besluit.

Naarmate de interviews vorderden, kwam er een heel ander, nieuw beeld van Diana naar boven vanonder het uiterst gepolijste image. Achter de lachjes in het openbaar is Diana een eenzame en ongelukkige jonge vrouw, die een liefdeloos huwelijk verdraagt, als een buitenstaander wordt gezien door de koningin en de rest van de koninklijke familie, en regelmatig overhoop ligt met de doelstellingen en oogmerken van het alomtegenwoordige systeem van het koninklijk huis. Oonagh Toffolo, die ooit de hertog van Windsor verpleegde en Diana regelmatig bezoekt voor acupunctuurbehandelingen en meditatie, merkt op: 'Ze is net zozeer een gevangene van het systeem als iedere vrouw die achter slot en grendel zit in de Holloway-gevangenis.'

Te midden van een massa zilveren fotolijstjes, een opeenhoping van Herend-porselein en andere snuisterijen die Diana verzamelt en neerzet in haar privé-vertrekken in Kensington Palace, staat een papierversnipperaar om haar post te vernietigen, en een apparaat om haar privé-telefoongesprekken te vervormen. Vorige zomer heeft ze haar kamers in het geheim laten 'schoonvegen' met behulp van een elektronisch apparaat om te weten of er mogelijke afluisterapparatuur aanwezig was. Er werd niets gevonden, maar de twijfels blijven bestaan. Ze is zelfs uiterst voorzichtig met wat ze in haar prullenbak gooit. Niets en niemand is te vertrouwen.

Het lijdt geen twijfel dat ze vindt dat ze een hoge prijs heeft betaald voor haar leven als prinses en zich verheugt op de dag dat ze een weekeind in Parijs kan doorbrengen, of, zoals ze zegt: '... ik eens langs het strand kan lopen zonder dat een politieman me volgt.' Terwijl ze droomt en hoop koestert, verdraagt ze een huwelijk en een positie die heel weinig bevrediging en veel pijn hebben opgeleverd. Hoewel ze nu zichzelf en haar leven meer in de hand heeft, is haar lot wankel.

Ze praat eindeloos over het centrale dilemma in haar leven. Als ze zich laat scheiden van prins Charles raakt ze haar kinderen kwijt, en is ze niet meer in de gelegenheid haar speciale gaven aan te wenden voor mensen in nood, of het nu gaat om daklozen, AIDS- of lepra-patiënten. Als ze blijft, zit ze gevangen in een huwelijk en levensstijl die nauwelijks uitzicht bieden op het verwezenlijken van persoonlijk geluk. Zoals haar beste vriendin, Carolyn Bartholomew opmerkt over de vrouw die ze kent sinds ze schoolmeisjes waren: 'Ze is geen gelukkig mens, maar dat was ze vroeger wel, en het is mijn liefste wens dat ze op een dag het geluk vindt dat ze echt heeft verdiend.'

Hoewel ze een geïsoleerde publieke functie vervult, ontleent ze veel troost aan haar twee kinderen, prins William en prins Harry, die zonder twijfel de twee belangrijkste mensen in haar leven zijn. Zij zijn haar trouwe bondgenoten in een gesloten, onderdrukkende wereld.

Ze is overdreven beschermend, zoals veel alleenstaande ouders, en overlaadt ze met liefde, geknuffel en aanhankelijkheid. 'Wie houdt het meest van je?' is haar lievelingsvraag wanneer ze hen in bed stopt of door hun haar woelt. Ze houdt onvoorwaardelijk en met hart en ziel van hen en is vastbesloten ervoor te zorgen dat zij niet onder dezelfde jeugd hoeven te lijden als zij, toen het haar in materieel opzicht aan niets, maar in emotioneel opzicht aan alles ontbrak.

Ze zegt zelf: 'Ik wil ze grootbrengen met een gevoel van veiligheid en zonder van alles te verwachten, want dan zullen ze teleurgesteld raken. Dat heeft mijn eigen leven veel makkelijker gemaakt. Ik knuffel mijn kinderen bijna dood en kruip 's avonds even bij ze in bed. Ik voed ze met veel liefde en aanhankelijkheid; dat is zo belangrijk.'

Hoewel ze weet dat prins William op een dag koning zal worden, is ze er vast van overtuigd dat zij nooit koningin zal worden. Deze diepgewortelde lotsovertuiging die haar leven heeft beïnvloed, verleent haar het intuïtieve besef dat ze is uitverkoren voor een speciale rol. Haar lot heeft haar een andere weg doen volgen, een weg waarop de monarchie van ondergeschikt belang is aan haar ware roeping.

Die weg leidt onvermijdelijk naar haar werk voor de zieken, de stervenden en mensen die in nood verkeren. De innerlijke, spirituele bronnen die haar voedden en sterkten in haar donkerste uren, openbaren zich nu in haar ongelooflijke medeleven met mensen in nood. Het is een roeping. Zoals haar broer, de negende graaf Spencer, me vertelde: 'Ze treft me als een uiterst christelijk mens, en ze heeft de kracht die, naar ik denk, echte christenen hebben en dat heeft richting gegeven aan haar leven op een manier die anderen kunnen benijden;

die doelbewustheid en haar sterke karakter en positie brengen een heleboel goeds tot stand. Ik ben ervan overtuigd dat ze daar mee door zal gaan.'

De ironie van haar leven wil dat deze kwaliteiten, als ze een gelukkig huwelijk had gehad, misschien een sluimerend bestaan waren blijven leiden. Het werk dat ze privé op zich heeft genomen op het gebied van rouwverwerking en het verplegen van ongeneeslijk zieken, heeft haar enorme voldoening geschonken. 'Ik vind het heerlijk, ik popel van verlangen. Het is als een honger,' zegt ze.

Ze heeft de afgelopen tien jaar veel geleden, maar die ervaring heeft haar de innerlijke kracht gegeven om de emotionele last te dragen die ze in het volgend stadium van haar levensreis zal moeten torsen. Zoals Moeder Theresa tegen haar zei, toen Diana haar dit jaar in Rome bezocht: 'Om andere mensen te kunnen genezen, moet je zelf hebben geleden.' Diana knikte met heftige instemming.

Hoewel ze nog strijd levert om een aanvaardbaar evenwicht in haar leven te bereiken, erkent ze dat ze vooruitgang heeft geboekt. Ze zegt: 'Ik ben opener geworden. Mijn leven is aan het veranderen. Dit is pas het begin.'

2

'Ik had een jongen moeten zijn'

Het is een herinnering die onuitwisbaar in haar ziel staat gegrift. Diana Spencer zat stilletjes onderaan de koude stenen trap bij haar ouderlijk huis in Norfolk. Ze klampte zich vast aan de smeedijzeren leuning, terwijl overal om haar heen vastberaden bedrijvigheid heerste. Ze hoorde haar vader koffers in de achterbak van een auto laden, toen hoorde ze Frances, haar moeder, knerpend over het grind op het bordes lopen, de klap waarmee het autoportier werd dichtgegooid, en het geluid van een brullende motor dat langzaam wegstierf terwijl haar moeder wegreed door de hekken van Park House, en uit haar leven verdween. Diana was zes jaar. Een kwart eeuw later is het een moment dat ze zich nog steeds voor de geest kan halen, net als ze de pijnlijke gevoelens nog kan oproepen die werden veroorzaakt door de afwijzing, de vertrouwensbreuk en het isolement dat het uiteenvallen van het huwelijk van haar ouders voor haar met zich meebracht.

Misschien heeft het zich anders afgespeeld, maar dit is het beeld dat Diana met zich meedraagt. Er zijn heel veel andere plaatjes uit haar jeugd die haar geheugen bevolken. De tranen van haar moeder, het eenzame zwijgen van haar vader, de ontelbare kindermeisjes waar ze een hekel aan had, het eindeloze heen en weer pendelen tussen haar ouders, dat ze hoorde hoe haar broer Charles zich in slaap huilde, de schuldgevoelens over het feit dat ze niet als jongen geboren was, en het vast verankerde idee dat ze om de een of andere reden maar 'lastig' was om in de buurt te hebben. Ze verlangde er enorm naar aangehaald en gekust te worden, maar kreeg in plaats daarvan een catalogus van de speelgoedzaak Hamley. Het was een jeugd waarin het haar materieel aan niets, maar emotioneel aan van alles ontbrak. 'Ze is van bevoorrechte afkomst, maar heeft een erg moeilijke jeugd gehad,' zegt haar astroloog Felix Lyle.

De hooggeboren Diana Spencer kwam laat in de middag van de eerste juli 1961 ter wereld, als de derde dochter van burggraaf Althorp, toen zevenendertig, en burggravin Althorp, die twaalf jaar jonger was. Ze woog zeven pond, en hoewel haar vader zijn blijdschap uitsprak over 'een volkomen gezond exemplaar', viel een gevoel van anticlimax, zo niet van regelrechte teleurstelling binnen de familie niet te verbloemen, omdat de pasgeborene niet de mannelijke erfgenaam was die de naam Spencer zou verderdragen, waarnaar zo werd verlangd. Er was zo vast op een jongen gerekend dat het echtpaar geen meisjesnamen had overwogen. Een week later kozen ze voor 'Diana Frances', naar de moeder van de baby en een voorouderlijke Spencer.

Hoewel burggraaf Althorp, wijlen graaf Spencer, trots geweest zal zijn op zijn nieuwe dochter - Diana was duidelijk zijn oogappel - had hij zijn opmerking over haar gezondheid iets diplomatieker kunnen kiezen. Slechts anderhalf jaar daarvoor had Diana's moeder het leven geschonken aan John, een baby die zo mismaakt en ziekelijk was, dat hij maar tien uur heeft geleefd. Het was een heel verdrietige tijd voor het echtpaar, en er werd veel druk uitgeoefend door oudere leden van de familie om uit te zoeken 'wat er aan de hand was met de moeder'. Ze wilden weten waarom ze steeds van meisjes beviel. Lady Althorp, die nog maar 23 was, werd naar verscheidene klinieken in Harley Street gestuurd voor intieme onderzoeken. Voor Diana's moeder, die uiterst trots, strijdbaar en sterk van karakter was, was het een vernederende en onrechtvaardige ervaring; bovendien weten we vandaag de dag dat het geslacht van een kind wordt bepaald door de man. Zoals haar zoon Charles, de nieuwe graaf Spencer, opmerkt: 'Het was een vreselijke tijd voor mijn ouders en het was waarschijnlijk de oorzaak van hun scheiding, want ik geloof niet dat ze er ooit overheen zijn gekomen.'

Hoewel ze te jong was om het te begrijpen, heeft Diana vast wel de mate van frustratie binnen de familie aangevoeld, en omdat ze dacht dat ze 'lastig' was, nam ze een overeenkomstige lading gevoelens van schuld en mislukking op zich, omdat ze haar ouders en familie had teleurgesteld, gevoelens die ze nu heeft leren accepteren en onderkennen.

Drie jaar na Diana's geboorte arriveerde de langverwachte zoon. In tegenstelling tot Diana, die was gedoopt in de kerk van Sandringham en welgestelde burgers als peetouders had, werd haar broertje Charles in stijl gedoopt in Westminster Abbey, met de koningin als belangrijkste peetouder. De zuigeling was de erfgenaam van een in hoog tempo verminderend, maar nog altijd aanzienlijk fortuin, dat in de vijftiende eeuw was vergaard toen de Spencers tot de rijkste schapenhandelaars van Europa behoorden. Door hun fortuin kregen ze een graafschap van Charles I, lieten Althorp House bouwen in Northamptonshire, verwierven een familiewapen en de leuze 'God verdedigt de rechtvaardigen', en bouwden een prachtige verzameling schilderijen, antiek, boeken en kunstvoorwerpen op.

De volgende drie eeuwen waren de Spencers thuis in de paleizen Kensington, Buckingham en Westminster, doordat ze diverse staats- en hoffuncties vervulden. Ook al bereikten de Spencers nooit leidinggevende hoogten, zeker was dat ze zich met groot zelfvertrouwen door de gangen van de macht bewogen. Spencers werden benoemd tot Ridder in de Orde van de Kouseband, Lid van de Geheime Raad, ambassadeur en minister van Marine, terwijl de derde graaf Spencer werd overwogen als mogelijke premier. Ze waren bloedverwanten van Charles II, de hertogen van Marlborough, Devonshire en Abercorn, en door een historische speling van het lot ook van zeven Amerikaanse presidenten, waaronder Franklin D. Roosevelt, en de acteur Humphrey Bogart en, naar men zegt, van de gangster Al Capone.

De kwaliteiten van de Spencers, die van vertrouwelijke dienstverlening, de waarden van *noblesse oblige*, kwamen goed tot uiting in hun diensten aan de koning. Generaties mannen en vrouwen uit het geslacht Spencer vervulden functies als hoofd van de hofhuishouding, opperstalmeester, hofdame, en andere posten aan het hof. Diana's grootmoeder van vaders kant, gravin Spencer, was hofdame van koningin Elisabeth, de koningin-moeder, terwijl haar grootmoeder van moeders kant, Ruth, Lady Fermoy, een van haar huidige hofdames is, een rol die ze al dertig jaar vervult. Wijlen graaf Spencer was zowel opperstalmeester bij koning George VI als bij de huidige koningin.

Het was echter de familie van Diana's moeder, de Fermoys, met hun Ierse afkomst en banden met de Verenigde Staten, die verantwoordelijk waren voor de aanwinst van Park House, het huis in Norfolk waar ze als kind woonde. Als teken van vriendschap met zijn tweede zoon, de hertog van York (de latere George VI), verleende koning George V Diana's grootvader, Maurice Fermoy, de vierde baron, het pachtbezit van Park House, een ruim landhuis dat oorspronkelijk was gebouwd om onderdak te bieden aan de overvloed van gasten en personeel van het nabijgelegen Sandringham House.

De Fermoys hebben zeker hun sporen nagelaten in dat tijdperk. Maurice Fermoy werd kamerlid voor de Conservatieven voor King's Lynn, terwijl zijn Schotse vrouw, die een veelbelovende carrière als concertpianiste opgaf voor haar huwelijk, de organisatrice was van het King's Lynn Festival voor Kunst en Muziek, dat sinds de start in 1951, wereldberoemde musici heeft weten aan te trekken als Sir John Barbirolli en Yehudi Menuhin.

Voor de jonge Diana Spencer was deze ver terugreikende, adellijke afstamming niet zozeer indrukwekkend als angstaanjagend. Ze ging niet graag naar het voorouderlijke Althorp. Er waren daar te veel enge hoekjes en slecht verlichte gangen, bevolkt met portretten van lang overleden voorouders, die haar op griezelige manier met hun ogen leken te volgen. Haar broer herinnert zich: 'Het leek op een sociëteit voor oudere heren met massa's klokken die de tijd wegtikten. Voor een gevoelig kind was het een huis uit een nachtmerrie. We verheugden ons er nooit op om erheen te gaan.'

Dat gevoel van dreiging werd niet bepaald verminderd door de slechte relatie die bestond tussen haar norse grootvader Jack, de zevende graaf, en zijn zoon Johnnie Althorp. Jarenlang stonden ze op slechte voet met elkaar, zodat er nauwelijks een woord tussen hen werd gewisseld. Kort aangebonden, op het onbeleefde af, maar uiterst beschermend ten opzichte van Althorp, verdiende Diana's grootvader de bijnaam de 'graaf-curator', omdat hij alles afwist van de geschiedenis van elk schilderij en meubelstuk in zijn landhuis. Hij was zo trots op zijn domein dat hij vaak met een stofdoek achter bezoekers aanliep, en op een keer griste hij in de bibliotheek de sigaar uit de mond van Winston Churchill. Onder deze opvliegendheid bevond zich een man van grote beschaving die veel smaak had, en wiens prioriteiten sterk contrasteerden met de gemakkelijke levenshouding van zijn zoon, die op ontspannen wijze genoot van de traditionele buitenactiviteiten van de Engelse landadel.

Waar Diana groot ontzag koesterde voor haar grootvader, was ze dol op haar grootmoeder, gravin Spencer. 'Ze was een lief, prachtig en heel bijzonder mens. Echt fantastisch,' zegt de prinses. De gravin stond plaatselijk bekend om haar veelvuldige bezoekjes aan zieken en maatschappelijk zwakken, en het ontbrak haar nooit aan een vriendelijk woord of gebaar. Diana erfde niet alleen het sprankelende, sterke karakter van haar moeder, maar is ook gezegend met de kwaliteiten van zorgzaamheid en mededogen van haar grootmoeder van vaders kant.

In tegenstelling tot de griezelige pracht van Althorp, was Diana's wat rommelige ouderlijk huis, Park House, met zijn tien slaapkamers, bepaald knus, ondanks de personeelswoningen, de vele garages en stallen, het buitenzwembad, de tennisbaan en cricketpitch op het terrein, en tevens de zes full-time personeelsleden, waaronder een kok, een butler en een gouvernante.

Het huis is behoorlijk groot en afgeschermd van de weg door bomen en struiken, maar door de smoezelige, zandstenen buitenkant heeft het een wat triest en eenzaam karakter. In weerwil van deze weinig aanlokkelijke aanblik waren de kinderen Spencer dol op het rommelige geheel. Toen ze in 1975 na het overlijden van hun grootvader, de zevende graaf, naar Althorp verhuisden, nam Charles afscheid van elke kamer, en Diana gaat tegenwoordig nog terug naar haar vroegere huis, zelfs nu het is veranderd in een Cheshire Home, een vakantieoord voor gehandicapten.

Park House was een huis met sfeer en veel karakter. Op de benedenverdieping was de keuken met een plavuizenvloer, de donkere, groene linnenkamer, het domein van Diana's valse rode kat, die Marmelade heette, en het leslokaal waar hun gouvernante, Miss Gertrude Allen - 'Ally' - de meisjes de grondbeginselen bijbracht van lezen en schrijven. Daarnaast bevond zich wat de kinderen de 'Beatle-kamer' noemden, een kamer die helemaal gewijd was aan psychedelische posters, foto's en andere aandenkens aan popsterren uit de jaren zestig. Het was een zeldzame concessie aan het naoorlogse tijdperk. Verder was het huis een illustratie van het leven in de Engelse hogere klasse, gedecoreerd met officiële familieportretten, regimentsfoto's, en de plaquettes, foto's en oorkonden die getuigden van een leven dat was besteed aan 'goede werken'.

Vanuit haar gezellige, crèmekleurige slaapkamer op de kinderafdeling op de eerste verdieping, genoot Diana van een prachtig uitzicht op grazend vee, een lappendeken van open velden en grasland, onderbroken door groepjes dennen, zilverberk en taxus. Konijnen, vossen en andere bosdieren vertoonden zich regelmatig op de grasvelden, terwijl de veelvuldige mistvlagen, die zacht voor haar grote schuiframen krulden, het bewijs vormden dat de kust van Norfolk maar tien kilometer ver weg was.

Het was een verrukkelijke plek voor opgroeiende kinderen. Ze voerden de forellen in het meer bij Sandringham House, gleden langs de trapleuningen omlaag, namen Jill, hun springerspaniel mee op lange wandelingen, speelden verstoppertje in de tuin, luisterden naar de wind die door de bomen floot, en zochten duiveëitjes. 's Zomers zwommen ze in het verwarmde buitenbad, zochten kikkers en watersalamanders, picknickten op het strand bij hun huisje in Brancaster, en speelden in hun eigen boomhut. En net als in de beroemde *Famous Five* kinderboeken van Enid Blyton, waren er altijd 'ladingen gemberbier' en kwamen er heerlijke geuren uit de keuken waar lekkers gebakken werd.

Net als haar oudere zusters zat Diana op driejarige leeftijd al in het zadel, en ontwikkelde al gauw een hartstochtelijke liefde voor dieren - hoe kleiner, hoe beter. Ze bezat hamsters, konijnen, cavia's, haar kat Marmelade, waar Charles en Jane een hekel aan hadden, en verder, zoals haar moeder zich herinnert, 'alles wat in een kooitje paste'. Als een van haar dieren doodging, zorgde Diana plichtsgetrouw voor een begrafenis. Hoewel de goudvissen door het toilet werden gespoeld, legde ze haar andere dode dieren meestal in een schoenendoos, groef een kuil onder de grote ceder op het gazon en droeg ze ten grave. Daarna plaatste ze een geïmproviseerd kruis op hun graf.

Begraafplaatsen oefenden een sombere aantrekkingskracht uit. Charles en Diana bezochten regelmatig het met korstmos overdekte graf van hun broertje John, en vroegen zich af hoe hij geweest zou zijn, en of zij zouden zijn geboren als hij was blijven leven. Charles meende dat zijn ouders hun gezin als voltooid zouden hebben beschouwd na de geboorte van Diana, terwijl de prinses zelf denkt dat zij dan nooit zou zijn geboren. Het was een zaak waar ze eindeloos over konden speculeren. In Diana's jonge geest was de grafsteen van haar broer met het eenvoudige 'Ter liefdevolle nagedachtenis' een voortdurende herinnering aan het feit dat ze, zoals ze nu ophaalt: '... het meisje was dat een jongen had moeten zijn.'

Net als het vermaak uit haar kindertijd zo van de pagina's van een kinderboek uit de jaren dertig afkomstig leek, zo was de opvoeding van Diana ook een afspiegeling van de waarden van een vervlogen tijdperk. Ze had een kindermeisje, de uit Kent afkomstige Judith Parnell, die baby Diana meenam voor wandelingen over het terrein in een veelgebruikte, goed verende kinderwagen. Diana's vroegste herinnering is zelfs 'de geur van het warme plastic' van de kap van de kinderwagen. Het opgroeiende meisje zag haar moeder niet zo vaak als ze zou willen, en haar vader nog minder. Haar zusters Sarah en Jane, die respectievelijk zes en vier jaar ouder waren, brachten, toen zij geboren werd, de ochtenden al door in het leslokaal beneden, en toen Diana oud genoeg was om zich bij hen aan te sluiten, stonden zij al op het punt om naar kostschool te gaan.

De maaltijden werden met het kindermeisje doorgebracht. Eenvoudige kost was aan de orde van de dag. Pap voor het ontbijt, gehakt en groente als middageten en elke vrijdag vis. Haar ouders waren vriendelijke maar afstandelijke figuren in haar leven, en pas toen Charles zeven was, mocht hij echt aan tafel zitten met zijn vader, in de eetkamer op de benedenverdieping. Hun jeugd werd getekend door formeel gedrag en gereserveerdheid, een afspiegeling van de manier waarop de ouders van Diana waren opgevoed. Charles herinnert zich: 'Het was een bevoorrechte opvoeding uit een ander tijdperk; een levenswijze waardoor we ver van onze ouders afstonden. Ik ken niemand die zijn kinderen nog zo opvoedt. Wat echt ontbrak was een moederfiguur.'

Wel bevoorrecht, maar niet snobistisch. Al op heel jonge leeftijd werd de kinderen Spencer de waarde bijgebracht van goede manieren, eerlijkheid en het accepteren van mensen zoals ze zijn, niet om wát ze zijn. Charles zegt hierover: 'We begrepen dat gedoe rond die titels nooit. Ik wist niet eens dat ik een titel had tot ik naar de voorbereidingsschool ging en brieven begon te krijgen waarop stond: 'Hooggeboren Charles'. Toen begon ik me af te vragen wat er was. We hadden geen idee dat we bevoorrecht waren, als kinderen beschouwden we de omstandigheden als normaal.'

Hun koninklijke buren pasten vanzelfsprekend in een maatschappelijk landschap van vrienden en kennissen, onder wie de kinderen van de rentmeester van de koningin, Charles en Alexandra Loyd, de dochter van de plaatselijke dominee, Penelope Ashton, en William en Annabel Fox, want hun moeder Carol was de peettante van Diana. Ontmoetingen met de koninklijke familie waren echter sporadisch, vooral omdat zij maar een klein deel van het jaar op hun 8000 hectare grote landgoed doorbrachten. Een koninklijk bezoek aan Park House was zo'n zeldzame gebeurtenis dat, toen prinses Anne op een zondag zei dat ze na de kerkdienst even langs zou komen, er consternatie ontstond in huize Althorp. Diana's vader dronk niet, en het personeel doorzocht in allerijl de kasten op zoek naar een fles met iets dat geschikt zou zijn om hun koninklijke gaste aan te bieden. Uiteindelijk vonden ze een goedkope fles sherry, die ze op een kerkbazaar hadden gewonnen, en die vergeten in een la lag.

Soms kwamen de zoon van prinses Margaret, burggraaf Linley, en de prinsen Andrew en Edward een middag spelen, maar er werd niet bij elkaar in- en uitgelopen, zoals sommigen veronderstellen. In feite zagen de kinderen Spencer hun uitnodiging voor een bezoek aan de winterresidentie van de koningin met angst en beven tegemoet. Nadat ze een vertoning hadden gezien van de Walt Disney-film *Chitty, Chitty, Bang, Bang*, in de privé-filmzaal, kreeg Charles nachtmerries over een figuur die De Kinderlokker heette. Voor Diana was het de 'vreemde' sfeer op Sandringham die ze verafschuwde. Op een keer weigerde ze zelfs te gaan. Ze schopte en krijste uit protest, tot haar vader haar voorhield dat het als heel slechtgemanierd zou worden beschouwd als ze niet met de andere kinderen meeging. Als iemand haar toen had verteld dat ze op een dag deel zou gaan uitmaken van de koninklijke familie, was ze hard weggelopen.

De sfeer op Sandringham was al ongemakkelijk, maar de sfeer in Park House werd zelfs onverdraaglijk toen Diana's wereldje uiteen begon te vallen. In september 1967 gingen Sarah en Jane naar kostschool in West Heath in Kent, een verandering die samenviel met het uiteenvallen van het veertienjarig huwelijk van de Althorps.

Die zomer besloten ze tot een proefscheiding, een besluit dat als 'een donderslag, een vreselijke schok' kwam voor Charles, afschuw opwekte bij beide families en een schok teweegbracht in het societyleven van het graafschap. Zelfs voor een familie die er goed in was van elke crisis een drama te maken, was dit een uitzonderlijke gebeurtenis. Men herinnerde zich hoe hun huwelijk in 1954 werd bejubeld als 'hét society-huwelijk van het jaar', en hoe hun echtvereniging werd bekrachtigd door de aanwezigheid van de koningin en de koningin-moeder. Zeker in zijn vrijgezellenjaren was Johnnie Spencer de vangst van het graafschap. Niet alleen was hij de erfgenaam van de landgoederen van de Spencers, maar hij had zich ook onderscheiden als kapitein in de Royal Scots Greys tijdens de Tweede Wereldoorlog, en had in zijn functie als adjudant de koningin en prins Philip vergezeld op hun historische rondreis door Australië, vlak voor zijn huwelijk.

De mondainiteit van een man die twaalf jaar ouder was dan zij, maakte ongetwijfeld deel uit van de aantrekkingskracht voor de hooggeboren Frances Roche, de dochter van de vierde baron Fermoy, die een achttienjarige debutante was toen ze elkaar voor het eerst ontmoetten. Door haar slanke figuur, levendige persoonlijkheid en liefde voor sport trok Frances dat seizoen de aandacht van heel wat jongemannen, onder wie majoor Ronald Ferguson, de vader van de hertogin van York. Maar het was Johnnie Spencer die haar hart veroverde, en na een korte verkeringstijd trouwden ze in juni 1954 in Westminster Abbey.

Ze hadden blijkbaar de woorden van de bisschop van Norwich ter harte genomen, want net negen maanden nadat hij had gezegd: 'Jullie gaan iets toevoegen aan het huiselijk leven van jullie land waarvan, meer dan al het andere, ons nationale leven afhankelijk is', werd hun eerste dochter Sarah geboren. Ze kozen voor het landleven; Johnnie studeerde aan het Royal Agricultural College in Cirencester, en na een ongemakkelijke tijd op het landgoed Althorp namen ze hun intrek in

Park House. In de jaren daarna zetten ze een boerderij op van 260 hectare, waarvan een behoorlijk gedeelte werd betaald van de twintig-duizend pond uit Frances' erfenis.

Onder de uiterlijke schijn van huiselijke harmonie en echtelijk geluk ontstonden al gauw spanningen. Er was de altijd aanwezige druk om een mannelijke erfgenaam voort te brengen, en Frances realiseerde zich steeds meer dat de levensstijl die haar, toen ze jong was, als werelds was voorgekomen, bij nader inzien saai en weinig inspirerend was. Wijlen graaf Spencer zei hierover: 'Hoeveel van die veertien jaar gelukkig waren? Ik dacht allemaal, tot we uit elkaar gingen. Ik had het verkeerd gezien. Het was geen plotselinge breuk, we waren langzaam uit elkaar gegroeid.'

Toen de barsten in de façade van eenheid zichtbaar werden, werd de sfeer in Park House onaangenaam. In het openbaar was het echtpaar een en al glimlach, maar privé was het een ander verhaal. We kunnen ons de ijzige stiltes, verhitte woordenwisselingen en bittere woorden alleen maar voorstellen, maar de traumatische uitwerking op de kinderen is maar al te duidelijk. Diana herinnert zich scherp hoe ze getuige was van een bijzonder heftige uitbarsting tussen haar vader en moeder, terwijl ze toekeek vanuit haar schuilplaats achter de deur van de zitkamer.

De intrede in hun leven van een rijke zakenman, Peter Shand Kydd, werkte als een katalysator op hun onenigheid. Hij was juist naar Engeland teruggekeerd nadat hij een schapenfarm in Australië had verkocht. De Althorps ontmoetten deze extraverte, universitair opge-leide ondernemer en zijn vrouw, de kunstenares Janet Munro Kerr, tijdens een diner in Londen. De daaruit voortvloeiende afspraak om gezamenlijk op skivakantie in Zwitserland te gaan, zou een fataal keerpunt in hun leven worden. Peter, een amusante bon-vivant, een aantrekkelijke bohémien, leek alle eigenschappen te bezitten waaraan het Johnnie ontbrak. In de opwinding over hun affaire had Lady Althorp, die elf jaar jonger was dan hij, geen oog voor zijn depressieve buien en sombere stemmingen. Dat kwam pas later.

Bij terugkeer van hun vakantie trok Peter, toen 42, uit zijn woning in Londen, en verliet zijn vrouw en hun drie kinderen. In diezelfde periode maakte hij geheime afspraken met Frances op een adres in Zuid-Kensington in het hart van Londen.

Toen de Althorps het eens waren geworden over een proefscheiding, verhuisde Diana's moeder van Park House naar een gehuurd apparte-ment aan Cadogen Place, in Belgravia. Toen ontstond de mythe van de 'echtbreekster', en werd verteld dat Frances bij haar man was weggegaan en haar vier kinderen in de steek had gelaten uit liefde voor een andere man. Ze werd afgeschilderd als de egoïstische boosdoenster van het drama, en haar man als de onschuldige, gekwetste partij. Maar toen ze haar huis verliet, had Lady Althorp al geregeld dat Charles en Diana bij haar in Londen zouden komen wonen. Diana stond ingeschreven bij een meisjesdagschool, Charles bij een kleuterschool in de buurt.

Toen Frances in haar nieuwe huis arriveerde, een paar weken later gevolgd door haar kinderen en hun kindermeisje, had ze alle hoop dat de kinderen relatief weinig last zouden hebben van de beëindiging van haar huwelijk, temeer daar Sarah en Jane al op kostschool zaten. Tijdens de schoolmaanden gingen de jongste kinderen het weekeind terug naar Park House, terwijl burggraaf Althorp bij hun in Belgravia logeerde, wanneer hij Londen bezocht. Het waren naargeestige ontmoetingen. Charles' vroegste herinnering is dat hij stilletjes op de grond met treintjes zat te spelen, terwijl zijn moeder op de rand van het bed zat te huilen, en zijn vader hem een flauw lachje toewierp in een vergeefse poging zijn zoon ervan te verzekeren dat alles goed was. Tijdens de paasvakantie was het gezin weer verenigd in Park House, en opnieuw tijdens de kerstvakantie. Maar zoals Mrs. Shand Kydd heeft verklaard: 'Het was mijn laatste Kerstmis daar, omdat het nu wel duidelijk was dat het huwelijk voorgoed kapot was.'

Dat doorslaggevende bezoek werd gekenmerkt door het nadrukkelijk ontbreken van goede intenties die bij de kerst horen, en goede vooruitzichten voor de toekomst. Hoewel zijn vrouw er heftige bezwaren tegen had, stond burggraaf Althorp erop dat de kinderen voorgoed zouden terugkeren naar Park House en hun opleiding zouden voortzetten op Silfield School in King's Lynn. 'Hij weigerde hen in het nieuwe jaar naar Londen te laten komen,' vertelde ze.

Terwijl het juridisch apparaat in gang werd gezet voor de scheiding, werden de kinderen tot zetstukken in een bittere en rancuneuze strijd, die moeder tegen dochter keerde, en man tegen vrouw. Lady Althorp begon een rechtszaak voor het voogdijschap over de kinderen, een zaak die met alle hoop op succes ondernomen werd, omdat de moeder meestal wint - tenzij de vader van adel is. Zijn positie en titel maakten dat zijn rechten zwaarder telden.

De rechtszaak, die voorkwam in juni 1968, was niet gebaat bij het feit dat Lady Althorp twee maanden eerder was genoemd als 'de andere vrouw' in de scheiding tussen de Shand Kydds, en het meest kwetsende was dat haar eigen moeder, Ruth, Lady Fermoy, niet voor haar had gekozen. Het was het grootste verraad uit haar leven en iets wat ze haar nooit zal vergeven. De scheiding van de Althorps werd uitgesproken in april 1969, en een maand later, op 2 mei, trouwden Peter Shand Kydd en Lady Althorp tijdens een rustige huwelijksplechtigheid voor de burgerlijke stand, waarna ze een huis aan de kust van West-Sussex kochten, waar Peter zijn liefde voor zeilen kon uitleven.

Niet alleen de volwassenen liepen littekens op door deze destructieve juridische strijd. Hoezeer hun ouders en de familie ook probeerden de klap te verzachten, toch leden de kinderen er erg onder. Later hebben vrienden van de familie en biografen geprobeerd de gevolgen als gering af te schilderen. Ze beweerden dat Sarah en Jane nauwelijks te lijden hadden onder de scheiding, omdat ze op kostschool zaten; dat Charles, toen vier, te jong was om het te begrijpen, en dat Diana, toen zeven jaar, op de scheiding reageerde met 'het naïeve acceptatievermogen van haar leeftijd', of het zelfs beschouwde als 'verfrissende opschudding' in haar jonge leven.

De werkelijkheid was veel traumatischer dan velen zich hebben gerealiseerd. Het is tekenend dat zowel Sarah als Diana in een bepaalde fase van hun leven hebben geleden aan ondermijnende eetstoornissen, respectievelijk anorexia nervosa en boulimie. Deze ziekten vinden hun oorsprong in een complex relatienetwerk tussen moeder en dochter, voedsel en angst, en om in het jargon te spreken een 'slecht functionerend' gezinsleven. Zoals Diana zegt: 'Mijn ouders waren druk bezig zich te herstellen. Ik herinner me dat mijn moeder huilde, iets waar mijn vader nooit met ons over sprak. We konden nooit vragen stellen. Te veel kindermeisjes. De hele situatie was erg instabiel.'

In de ogen van een terloopse bezoeker leek Diana gelukkig genoeg. Ze was altijd het bezige, keurige kleine meisje, dat 's avonds een ronde door het huis maakte om te controleren of de gordijnen wel dicht waren, en haar verzameling kleine knuffelbeesten in te stoppen die haar bed bevolkte - ze heeft ze tot op de dag van vandaag bewaard. Ze sprintte op haar blauwe driewieler over de oprijlaan, nam de poppen mee uit wandelen in haar poppewagen - ze vroeg altijd nieuwe voor haar verjaardag - en hielp haar broertje bij het aankleden. De hartelijke, moederlijke, zorgzame trekken die kenmerkend zijn voor haar volwassen bestaan, kwamen toen in het dagelijks leven naar boven. Ze gingen wat vaker op bezoek bij grootouders en andere familieleden. Gravin Spencer logeerde vaak in Park House, terwijl Ruth, Lady Fermoy, de kinderen kaartspelletjes leerde. In haar elegante huis, dat wordt beschreven als 'een klein stukje Belgravia in Norfolk', legde ze de fijne kneepjes uit van mahjong en bridge. Maar de verwarring die Diana voelde, viel niet te verbloemen.

De nachten waren het ergste. Als kind waren Diana en Charles bang in het donker en ze stonden erop dat het licht op de overloop aanbleef, of dat er een kaars in hun kamer brandde. Als de wind door de bomen voor haar raam floot en je 's nachts uilen en andere dieren hoorde roepen, kon Park House een griezelig oord zijn voor een kind. Op een avond, toen hun vader terloops opmerkte dat er in de buurt een moordenaar op vrije voeten verkeerde, waren de kinderen veel te bang om te slapen, en luisterden gespannen naar het geritsel, gepiep en gekraak in het verder stille huis. Diana smeerde lichtgevende verf op de ogen van een groen speelgoednijlpaard, zodat het 's nachts leek alsof hij de wacht hield en op haar lette.

Elke nacht als ze omringd door haar knuffeldieren in bed lag, kon ze haar broer horen huilen en snikken om zijn moeder. Soms ging ze naar hem toe, soms was haar angst voor het donker sterker dan haar moederlijke gevoelens en bleef ze in haar kamer luisteren naar Charles die uitbrulde: 'Ik wil mijn mammie, ik wil mijn mammie.' Dan trok ze het kussen over haar hoofd en begon ook te huilen. 'Ik kon het niet aanhoren,' weet ze nog. 'Ik kon nooit de moed opbrengen om uit bed te komen. Het is me altijd bijgebleven.'

Ze had ook weinig vertrouwen in veel van de kindermeisjes die nu in Park House werkten. Ze wisselden elkaar in alarmerend tempo af en varieerden van lief tot sadistisch. Eén kindermeisje werd op staande voet ontslagen toen Diana's moeder erachter kwam dat haar werkneemster het eten van haar oudste dochters bij wijze van straf vermengde met laxeermiddelen. Ze had zich afgevraagd waarom ze voortdurend over buikpijn klaagden, tot ze de vrouw op heterdaad betrapte.

Een ander kindermeisje sloeg Diana met een houten lepel op het hoofd als ze stout was, of sloeg de hoofden van Charles en Diana tegen elkaar. Charles weet nog dat hij een gat in de deur van zijn slaapkamer trapte toen hij zonder reden naar zijn kamer was gestuurd. 'Kinderen hebben een aangeboren gevoel voor rechtvaardigheid, en als we het gevoel hadden dat ze onrechtvaardig waren, kwamen we in opstand,' legt hij uit. Andere kindermeisjes, zoals Sally Percival, die nu getrouwd is en in Northampton woont, waren aardig en meelevend en krijgen met kerst nog steeds een kaart van de kinderen.

De taak van een nieuw kindermeisje werd niet bepaald vereenvoudigd doordat de kinderen, die verward en ongelukkig waren, dachten dat ze gekomen was om de plaats van hun moeder in te nemen. Hoe aantrekkelijker ze waren, des te achterdochtiger ze door Diana werden bekeken. Ze staken spelden in hun stoel, gooiden hun kleren het raam uit en sloten hen op in de badkamer. Zijn jeugdervaringen sterkten Charles in zijn besluit om geen kindermeisje aan te nemen voor zijn eigen kinderen.

Hun vader gebruikte de avondmaaltijd wel eens samen met de kinderen in de kinderkamer, maar zoals het vroegere kindermeisje Mary Clarke zich herinnert: 'Het was erg gespannen. In het begin voelde hij zich nog niet zo op zijn gemak met ze.' Johnnie stortte zich op zijn werk voor het bestuur van het graafschap Northamptonshire, de Landelijke Vereniging van Jongensclubs en zijn veehouderij. Zijn zoon herinnert zich: 'Hij voelde zich heel ellendig na de scheiding; hij had eigenlijk een shock opgelopen. Hij zat de hele tijd maar in zijn studeerkamer. Ik herinner me dat hij af en toe, heel af en toe, wel eens cricket met me speelde op het gazon. Dat was iets heel bijzonders.'

Op school nam het probleem alleen een andere vorm aan. Charles en Diana waren 'anders', en wisten dat. Ze waren de enige leerlingen op Silfield School van wie de ouders gescheiden waren. Iets dat wordt bevestigd door haar vroegere klasse-oudste, Delissa Needham: 'Ze was het enige meisje dat ik kende van wie de ouders gescheiden waren. Zoiets kwam toen gewoon niet voor.'

De school zelf was hartelijk en vriendelijk genoeg. De school stond onder leiding van hoofdonderwijzeres Jean Lowe, die voor Lord Althorp had getuigd tijdens zijn scheiding, en er heerste een echte huiselijke sfeer. De klassen waren klein, en de onderwijzers waren kwistig met extra punten en gouden sterren voor prestaties bij lezen, schrijven of tekenen. Buiten was een tennisbaan, een zandbak, een veld waar korfbal en een soort baseball werd gespeeld, en er was een tuin waar wekelijks speurtochten werden georganiseerd. Diana, die niet gewend was aan het rumoerige schoolleven, was stil en verlegen, hoewel ze een vriendinnetje had, Alexandra Loyd, om haar gezelschap te houden.

Hoewel ze een duidelijk handschrift had en prima kon lezen, wist Diana niet goed raad met de leervakken. Miss Lowe herinnert zich haar vriendelijkheid tegenover de kleinere kinderen, haar liefde voor dieren en algemene behulpzaamheid, maar niet haar academische kwaliteiten. Ze was ook goed in creatieve vakken, hoewel haar vriendinnen niet konden verklaren waarom ze zonder aanwijsbare reden tijdens de schilderles in tranen uitbarstte. Ze herinneren zich wel dat ze al haar tekeningen opdroeg aan 'Mammie en Pappa'.

Terwijl ze zich door haar tafels en de *Janet and John*-boekjes heen worstelde, werd Diana steeds jaloerser op haar jongere broer, die herinnerd wordt als een 'ernstig', maar keurig opgevoed jongetje. 'Ik wilde zo graag net zo goed zijn op school als hij,' vertelt ze. Zoals dat gaat tussen broer en zus, waren er regelmatig ruzies, die Diana, omdat ze groter en sterker was, onveranderlijk won. En ze kneep, beklaagde Charles zich. Hij realiseerde zich al snel dat hij haar met woorden kon kwetsen en begon zijn zusje genadeloos te plagen. Beide ouders gaven hem te verstaan dat hij zijn zusje niet 'Brian' mocht noemen, een bijnaam die was ontleend aan een trage en wat domme slak, die voorkwam in een populair kinderprogramma op tv, *The Magic Roundabout*.

Zijn wraak was zoet toen de vrouw van de plaatselijke dominee onverwacht te hulp schoot. Charles vertelt genietend: 'Ik weet niet of een psycholoog het zou toeschrijven aan het trauma van de scheiding, maar ze had er echt moeite mee om de waarheid te spreken, louter omdat ze zo graag dingen verzon. Op weg van school naar huis zette de vrouw van de dominee de auto stil en zei: "Diana Spencer, als je nog één keer zo'n leugen vertelt, laat ik je naar huis lopen." Ik vond het natuurlijk heerlijk dat ze op haar kop kreeg.'

Terwijl de competitie tussen broer en zus een onvermijdelijk deel uitmaakte van het opgroeien, was de toenemende rivaliteit tussen de ouders, bewust of onbewust, minder acceptabel. Frances en Johnnie wedijverden met elkaar om de liefde van hun kinderen te winnen. Maar hoewel ze hun kroost overlaadden met dure cadeaus, ging dit niet vergezeld van liefdevol geknuffel of kusjes waar de kinderen zo naar snakten. Diana's vader, die plaatselijke vermaardheid had verworven door het organiseren van een prachtige vuurwerkshow op Guy Fawkes Night, zorgde wel voor een fantastisch feest voor haar zevende verjaardag. Hij leende voor die middag een dromedaris, Bert geheten, uit de Dudley Zoo en keek met duidelijk plezier toe hoe de verraste kinderen om beurten een ritje over het grasveld maakten.

Kerstmis was louter een oefening in extravagantie. Voor de grote dag kregen Charles en Diana de catalogus van Hamley, een grote speelgoedzaak in het Londense West End, en mochten aankruisen welke cadeaus de kerstman voor hen mee moest nemen. En zowaar, op kerstdag werden hun wensen vervuld, en de kousen die bij hun voeteneind hingen, puilden uit van de lekkernijen. 'Je wordt er erg materialistisch van,' zegt Charles. Er was één cadeau waardoor Diana de moeilijkste beslissing van haar jonge leven moest nemen. In 1969 werd ze uitgenodigd voor het huwelijk van haar nicht, Elisabeth Wake-Walker, met Anthony Duckworth-Chad, in St. James' Piccadilly. Haar vader gaf haar een prachtige jurk, haar moeder een even mooie. 'Ik kan me tot op de dag van vandaag niet herinneren welke ik gedragen heb, maar ik weet wel dat ik het vreselijk vond, omdat het zou betekenen dat ik één van de twee voortrok.'

Dergelijke problemen deden zich elk weekeinde voor wanneer Charles en Diana met hun kindermeisje de trein van Norfolk naar Liverpool Street Station in Londen namen, waar hun moeder hen afhaalde. Kort nadat ze in haar appartement in Belgravia waren gearriveerd, barstte hun moeder steevast in tranen uit. 'Wat is er, mamma?' zeiden ze dan in koor, waarop zij onveranderlijk antwoordde: 'Ik wil niet dat jullie morgen weer weggaan.' Het was een ritueel dat ertoe leidde dat de kinderen zich schuldig en verward gingen voelen. De vakanties, die tussen beide ouders werden verdeeld, waren al even akelig.

In 1969 werd het leven wat makkelijker en zorgelozer, toen Peter Shand Kydd officieel zijn intrede deed in hun leven. Ze ontmoetten hem voor het eerst op het perron in Liverpool Street Station, na één van hun veelvuldige vrijdagse reizen tussen Norfolk en Londen. De knappe, lachende en goed geklede man sloeg meteen aan bij de kinderen, zeker toen hun moeder hun vertelde dat ze die ochtend getrouwd waren.

Peter, die fortuin had gemaakt door het familiebedrijf, een behangfabriek, was een gulle, aanhankelijke en toegeeflijke stiefvader. Na een kort verblijf in Buckinghamshire verhuisde het pasgetrouwde paar naar een eenvoudig huis, genaamd Appleshore, in een buitenwijk in Itchenor aan de kust van West-Sussex, waar Peter, een oud-marineman, de kinderen mee uit zeilen nam. Charles mocht zijn admiraalspet op, en zo ontstond zijn bijnaam 'De admiraal'. Diana gaf hij de bijnaam 'De gravin', die door haar vrienden nog steeds wordt gebruikt. Charles zegt: 'Als je wilt weten waarom Diana geen verwend kreng is geworden, dan komt dat doordat we heel verschillende levensstijlen hebben geleid. Niet alleen maar op buitenhuizen met butlers. Mijn moeder woonde in een heel gewoon huis, en we brachten de helft van de vakanties bij mijn moeder door, dus waren we een groot deel van onze tijd in een relatief normale omgeving.'

Drie jaar later, in 1972, kochten de Shand Kydds een boerderij van

400 hectare op het eiland Seil, ten zuiden van Oban in Argyllshire, waar Mrs. Shand Kydd tegenwoordig nog woont. Wanneer de kinderen er hun zomervakantie doorbrachten, was het een idylle. Ze gingen vissen op makreel en vingen kreeften, gingen zeilen en bij mooi weer barbecuen op het strand. Diana had er zelfs haar eigen Shetland pony, Souffle.

Tijdens het paardrijden brak ze haar arm, waardoor ze er nog steeds wat bang voor is. Ze galoppeerde op haar pony Romilly op het terrein van Sandringham Park, toen het paard struikelde en ze eraf viel. Hoewel het pijn deed, wees niets erop dat de arm gebroken was, en dus ging ze twee dagen later skiën in Zwitserland. Tijdens die vakantie werd haar arm zo gevoelloos dat ze in een plaatselijk Zwitsers ziekenhuis een röntgenfoto liet maken. Er werd vastgesteld dat haar arm, zoals dat bij kinderen vaker voorkomt, als een buigzame tak was geknakt, maar niet gebroken. Een dokter verbond de arm, maar toen ze later weer wilde gaan paardrijden, durfde ze niet meer en steeg af. Ze rijdt nog steeds, maar gaat liever tennissen of zwemmen, wat in het hart van Londen ook makkelijker is.

Zwemmen en dansen zijn ook activiteiten waarin ze uitblinkt. Dat kwam goed van pas toen haar vader haar inschreef voor haar vervolgschool, Riddlesworth Hall, twee uur rijden van Park House. Op den duur raakte ze erg gesteld op de school die probeerde een thuis te zijn voor de honderdtwintig meisjes die van huis waren. Maar in eerste instantie voelde ze zich verraden en boos toen ze er heen gestuurd werd. Diana was negen jaar en leed erg onder het afscheid van haar vader. Op moederlijk bezorgde wijze had ze hem vertroeteld toen hij probeerde weer iets te maken van de brokstukken van zijn leven. Zijn besluit om haar van huis te sturen en haar broer een wezensvreemde wereld in te sturen, werd als een afwijzing geïnterpreteerd. Ze probeerde hem te chanteren met: 'Als u van me houdt, laat u me hier niet achter', terwijl haar vader kalmerend vertelde over de voordelen die het bood naar een school te gaan waar je kon dansen, zwemmen en paardrijden, en waar een plekje was voor haar geliefde Peanuts, de cavia. Ze had een prijs met hem gewonnen op een show in Sandringham - 'Maar dat kwam waarschijnlijk doordat hij de enige cavia was,' merkte ze later droog op - en veroverde later op haar nieuwe school de Palmer Cup voor huisdieren.

Haar vader maakte haar ook duidelijk dat ze er vriendinnen zou hebben. Alexandra Loyd, haar nichtje Diana Wake-Walker en Claire Pratt, de dochter van haar peettante Sarah Pratt, gingen ook naar de meisjeskostschool in de buurt van Diss in Norfolk. Maar toen hij haar daar achterliet met haar hutkoffer met het label 'D. Spencer', terwijl ze haar favoriete speelgoedbeest, het groene nijlpaard - de meisjes mochten niet meer dan één knuffelbeest op bed hebben - en Peanuts omklemde, had hij een gevoel van groot verlies. 'Dat was een vreselijke dag,' vertelde hij, 'vreselijk om haar te verliezen.'

Hij was een uitstekend amateur-fotograaf en nam een foto van haar voor ze van huis ging. Die laat een verlegen meisje met een lief gezicht zien, met een zonnige, open blik in de ogen en gekleed in het schooluniform dat bestond uit een donkerrood jasje en een grijze plooirok. Hij bewaarde ook het briefje dat ze stuurde waarin ze vroeg om 'Grote choc. cake, gemberkoekjes, Twiglets', net als het knipsel uit de Daily Telegraph dat ze hem stuurde, over kinderen die mislukken op school en in hun latere leven begaafd en succesvol blijken.

Hoewel ze het eerste trimester stil en teruggetrokken was, was ze geen lieverdje. Ze lachte liever en maakte grappen, dan dat ze hard studeerde, en hoewel ze rumoerig kon zijn, zorgde ze ervoor niet het middelpunt van de aandacht te worden. Diana schreeuwde nooit antwoorden door de klas en bood nooit uit zichzelf aan een stuk uit het evangelie te lezen tijdens de schoolbijeenkomsten. Verre van dat. In een van de eerste toneelstukken speelde ze een Hollandse pop, en wilde alleen meedoen als ze niets hoefde te zeggen.

Druk was ze met haar vriendinnen op de slaapzaal, rustig was ze in de klas. Ze was een populaire leerling, maar om de een of andere reden had ze het gevoel dat ze in een uitzonderingspositie verkeerde. Diana voelde zich niet meer anders door de scheiding van haar ouders, maar doordat een innerlijke stem haar ingaf dat ze altijd buiten de groep zou staan. Die intuïtie gaf ook aan, vertelt ze, dat haar leven 'altijd een kronkelende weg' zou volgen. 'Ik heb me altijd geïsoleerd gevoeld van de anderen. Ik wist dat ik een andere weg zou volgen, dat ik niet op de juiste plaats was.'

Hoe dan ook, ze wierp zich met plezier op de schoolactiviteiten. Ze vertegenwoordigde haar afdeling, Nightingale, bij zwemmen en korfbal, en vatte een levenslange hartstocht op voor dansen. Toen het jaarlijkse kerstspel naderde, genoot ze ervan zich te schminken en te verkleden. 'Ik speelde een van de mensen die Jezus eer komen bewijzen,' herinnert ze zich geamuseerd. Thuis vond ze het leuk in de kleren van haar zus rond te lopen. Op een oude foto staat ze met een zwarte hoed met brede rand op, met Sarahs witte jurk aan.

Hoewel ze respect had voor Jane, de verstandigste van de vier

kinderen, dweepte ze met haar oudste zuster. Wanneer Sarah thuiskwam van West Heath School, was Diana een gewillig dienstmeisje,
dat haar koffers uitpakte, haar bad liet vollopen en haar kamer
opruimde. Haar liefdevolle huishoudelijke instelling werd niet alleen
opgemerkt door de butler op Althorp, Albert Betts, die zich herinnert
hoe ze haar eigen spijkerbroeken streek en andere huishoudelijke
karweitjes opknapte, maar ook de directrice van Riddlesworth, Elizabeth Ridsdale - Riddy voor haar leerlingen - die haar de Legatt Cup
toekende voor behulpzaamheid.

Die prestatie werd met voldoening begroet door haar grootmoeder,
gravin Spencer, die een liefdevol oogje in het zeil had gehouden sinds
de scheiding. Ze mochten elkaar graag, en toen zij in de herfst van 1972
overleed aan een hersentumor, was Diana diep verdrietig. Ze woonde
de rouwdienst bij, samen met de koningin-moeder en prinses Margaret
in de Chapel Royal in St. James Palace. Gravin Spencer neemt een heel
speciale plaats in Diana's hart in. Ze gelooft oprecht dat haar grootmoeder vanuit de geesteswereld op haar toeziet.

Deze gedachten over het hiernamaals maakten plaats voor meer
aardse overwegingen toen Diana het toelatingsexamen moest afleggen,
zodat ze haar zusters Sarah en Jane kon volgen naar de kostschool
West Heath, gelegen op bijna vijftien hectare open grasland en bos, iets
buiten Sevenoaks in Kent. De school die in 1865 op religieuze
grondslagen werd opgericht, benadrukte de waarden van 'karakter en
zelfvertrouwen' net zozeer als leerprestaties. Haar zuster Sarah had
echter, naar de smaak van de directrice, Ruth Rudge, iets teveel blijk
gegeven van karakter.

Sarah, die erg op competitie was ingesteld, deed zes vakken op
B-niveau, reed paard in het schoolteam in Hickstead, speelde hoofdrol-
len in amateurtoneelprodukties, en zwom in het schoolteam. Omdat
ze zich zo graag mat met anderen, wilde ze ook het meest extravagante,
opstandige en minst gedisciplineerde meisje van de school zijn. 'Ze
wilde overal de beste in zijn,' herinnert zich een klasgenote. Terwijl
haar grootmoeder Ruth, Lady Fermoy, het haar vergaf toen het
onstuimige roodharige meisje op haar paard Park House kwam
binnenrijden toen zij daar op bezoek was, kon Miss Rudge andere
uitingen van haar kleurrijke gedrag niet vergeven. Sarah beklaagde zich
erover dat ze zich 'verveelde', waarop Miss Rudge haar opdracht gaf
haar koffers te pakken en voor een trimester te verdwijnen.

Jane, die aanvoerster was van het lacrosseteam op school, was precies
het tegenovergestelde van Sarah. Ze was zeer intelligent, en haalde

uitstekende resultaten, was uiterst verstandig en betrouwbaar, en was vertegenwoordigster van de zesde klas toen Diana op school kwam.

In de docentenkamer werd er ongetwijfeld over gepraat welk van de zusjes deze laatste aanwinst van de Spencers zou gaan navolgen, Sarah of Jane. Diana had ontzag voor haar oudste zuster, en pas later in haar leven kreeg ze een goede verstandhouding met Jane. Toen ze klein waren had Jane eerder de neiging om haar broertje Charles te verdedigen, zowel met woorden als daden, dan haar jongere zus. Diana neigde er onvermijdelijk toe om Sarah te imiteren. In een poging om de capriolen van haar zus Sarah na te doen, nam ze een uitdaging aan waardoor ze bijna van school werd gestuurd.

Op een avond, toen haar vriendinnen in hun snoeptrommel keken en constateerden dat de voorraad snoep behoorlijk was geslonken, vroegen ze Diana naar een ander meisje te gaan, aan het andere einde van de oprijlaan, en bij haar wat snoep in te slaan. Ze ging op de uitdaging in. Terwijl ze door de met bomen omgeven laan liep, slaagde ze erin haar angst voor het donker te onderdrukken. Bij de poort van de school gekomen, kwam ze tot de ontdekking dat er niemand was. Ze wachtte en wachtte. Toen er twee politiewagens door de school-poort binnenstoven, verstopte ze zich achter een muur.

Het viel haar op dat overal in school het licht aanging, maar besteedde er verder geen aandacht aan. Het ongeluk wilde dat een medeleerlinge op Diana's slaapzaal had geklaagd over een blindedarm-montsteking. Terwijl ze werd onderzocht, zag de lerares het lege bed van Diana. Het spel was uit. Niet alleen Diana moest de gevolgen onder ogen zien, ook haar ouders. Ze moesten bij Miss Rudge komen, die het voorval zwaar opnam. Diana's ouders waren heimelijk geamuseerd dat hun plichtsgetrouwe, volgzame dochter zoveel ondernemingslust aan de dag had gelegd. 'Ik wist niet dat je het in je had,' zei haar moeder later.

Hoewel het incident voorkwam dat ze nog meer rare streken uit zou halen, was Diana dol op uitdagingen. 'Ze hadden er altijd grote lol in: "Laten we kijken of we Diana zo ver krijgen dat ze drie kippers en zes sneden brood eet bij het ontbijt",' vertelde een schoolvriendin. Haar reputatie als veelvraat, waardoor ze regelmatig naar de school-zuster moest met ingewandsstoornissen, stond haar populariteit niet in de weg. Voor een verjaardag legden haar vriendinnen hun geld bij elkaar en kochten een halskettinkje met de letter 'D' van Diana voor haar. Carolyn Pride, nu Carolyn Bartholomew, die in het bed naast dat van Diana sliep en later haar flat in Londen met haar deelde, herinnert zich dat ze 'een sterk karakter had, levenslustig en luidruchtig was'.

Ze voegde hieraan toe: 'Jane was erg populair, op een prettige manier bescheiden, maar niet tegendraads. In tegenstelling tot haar was Diana veel levendiger, uitgelatener.' Ze voelden zich meteen tot elkaar aangetrokken, omdat ze tot de weinige leerlingen behoorden die gescheiden ouders hadden. 'Voor ons was het geen groot punt en we gingen er niet in een hoekje om zitten huilen,' vertelt ze, hoewel andere leerlingen zich Diana herinneren als een 'beheerste en wat teruggetrokken' tiener, die niet met haar emoties te koop liep. Het was opvallend dat de twee foto's die de ereplaats bezetten op Diana's kaptafel niet van familieleden waren, maar van haar lievelingshamsters Little Black Muff en Little Black Puff.

Ze maakte zich echter wel voortdurend zorgen over haar middelmatige leerprestaties. De prestaties van haar zusters waren voor haar niet weggelegd, en haar broer, die toen op Maidwell Hall in Northamptonshire zat, bezat zo'n goed leervermogen dat hij later een plaats veroverde aan de universiteit van Oxford. De slungelige tiener, die de neiging had om krom te lopen om haar lengte te verhullen, verlangde ernaar om net zo goed te zijn op school als haar broer. Ze was jaloers en vond zichzelf een mislukking. 'Ik was nergens goed in. Ik voelde me hopeloos, een dropout,' zegt ze.

Ze blokte op wiskunde en natuur- en scheikunde, maar was veel beter in vakken waar het om mensen ging. Geschiedenis, vooral die van de Tudors en Stuarts, boeide haar, en bij Engels hield ze van boeken als *Pride and Prejudice* en *Far from the Madding Crowd*. Maar dat weerhield haar er niet van de zoetelijke romannetjes te lezen van Barbara Cartland, die al gauw haar stiefgrootmoeder zou worden. Ze kon eindeloze opstellen schrijven, waarbij haar duidelijke, mooie handschrift het ene vel na het andere vulde. 'Het kwam vanzelf mijn pen uit, het bleef maar doorgaan,' vertelt ze. Maar in de stilte van de examenzaal waar Diana op C-niveau Engelse taal- en letterkunde, geschiedenis, aardrijkskunde en kunstgeschiedenis deed, resulteerden haar examens in 'D's', waarmee je gezakt bent.

Het succes waar het haar in de klas aan ontbrak, kwam wel, maar uit een onverwachte hoek. West Heath stimuleerde 'burgerzin' bij de meisjes, een idee dat tot uitdrukking kwam in het bezoeken van bejaarde, zieke en geestelijk gehandicapte mensen. Elke week gingen Diana en een ander meisje op bezoek bij een oude dame in Sevenoaks. Bij een kopje thee en een koekje maakten ze een praatje met haar, ruimden haar huis op en deden soms een boodschap. In diezelfde tijd organiseerde de plaatselijke Vereniging van Vrijwilligers uitstapjes naar Darenth Park, een grote psychiatrische inrichting in de buurt van Dartford. Tientallen tieners werden er op dinsdagavond naartoe gereden om te dansen met de geestelijk en lichamelijk gehandicapte bewoners.

Andere jongeren hielpen bij hyperactieve tieners die zo zwaar gestoord waren dat een lachje ontlokken bij een patiënt al een belangrijk succesverhaal vormde. 'Daar heeft ze op handen en knieën geleerd om contact te maken met mensen, omdat een groot deel van de interactie bestond uit over de vloer kruipen met de patiënten,' vertelt Muriel Stevens, mede-organisatrice van deze bezoekjes. Veel nieuwe vrijwilligers van scholen zagen er tegenop om naar de inrichting te gaan, een angst die werd gevoed door hun vrees voor het onbekende. Diana ontdekte echter dat ze aanleg had voor dit werk. Ze maakte meteen contact met veel van de patiënten, en door haar inspanningen kreeg ze het gevoel echt iets te presteren. Het deed wonderen voor haar gevoel van eigenwaarde.

Ook was ze een prima all-round atlete. Vier jaar achter elkaar won ze de beker bij zwemmen en duiken. Haar 'Spencer Special', waarbij ze vrijwel zonder kringen te veroorzaken in het water dook, trok altijd publiek. Ze was aanvoerster bij korfbal en speelde een verdienstelijke partij tennis. Maar ze leefde in de schaduw van haar sportieve zusters en van haar moeder, die 'aanvoerster van alles' was toen ze op school zat en aan de juniorenwedstrijden van Wimbledon zou hebben meegedaan als ze geen blindedarmontsteking had gekregen.

Toen Diana piano leerde spelen, werd iedere vooruitgang die ze boekte altijd overschaduwd door haar grootmoeder Ruth, Lady Fermoy, die had geconcerteerd in de Royal Albert Hall in het bijzijn van de koningin-moeder, en door haar zuster Sarah die piano studeerde aan een *conservatoire* in Wenen, nadat ze voortijdig van West Heath was vertrokken. Daarentegen was haar werk voor de gemeenschap iets dat ze op eigen kracht had bereikt, zonder over haar schouder te hoeven kijken naar de rest van de familie. Het was een prestatie die haar voldoening gaf.

Dansen bood haar ook de kans om uit te blinken. Ze was dol op haar ballet- en tapdanslessen en wilde graag balletdanseres worden, maar met haar 1.79 meter was ze te lang. Een van haar favoriete balletten was het Zwanenmeer, dat ze minstens vier keer zag met groepjes leerlingen van school, die naar het Colloseum of het Sadler's

Wells theater in Londen gingen. Bij het dansen kon ze volkomen opgaan in de beweging. Vaak sloop ze midden in de nacht uit bed en ging stiekem naar de nieuwe aula van de school om te oefenen. Met een plaat op de achtergrond deed Diana urenlang balletoefeningen. 'Het loste altijd enorme spanningen op in mijn hoofd,' vertelt ze. Deze extra inspanning loonde de moeite dubbel en dwars toen ze de danscompetitie van de school won aan het eind van het lentetrimester in 1976. Het was dan ook geen wonder dat ze tijdens de voorbereidingstijd voor haar huwelijk haar voormalige danslerares Wendy Mitchell en pianiste Lily Snip op Buckingham Palace uitnodigde om haar dansles te geven. Voor Diana betekende het een uur verlost te zijn van de spanningen en belasting die haar nieuwe positie met zich meebracht.

Toen de familie in 1975 naar Althorp verhuisde, had ze een perfecte oefenruimte. Op zomerdagen oefende ze haar arabesken op de zandstenen balustrade van het huis, en wanneer de bezoekers weg waren, danste ze in de zwart-wit geblokte ontvangsthal, die officieel Wootton Hall heette, onder de portretten van haar voorouders. En zij vormden niet haar enige publiek. Hoewel ze weigerde te dansen voor toeschouwers, kwamen haar broer en de personeelsleden om beurten door het sleutelgat kijken als ze in haar zwarte balletpakje oefeningen deed. 'We waren allemaal zeer onder de indruk,' zegt Charles.

De familie nam haar intrek in Althorp na de dood van haar grootvader, de zevende graaf Spencer, op 9 juni 1975. Hoewel hij 83 was, was hij nog levenslustig, en toen hij na een kort verblijf in het ziekenhuis overleed aan een longontsteking, kwam dat als een schok. Het bracht enorme veranderingen met zich mee. De meisjes kregen allemaal de titel Lady; Charles, die toen elf was, werd burggraaf, terwijl hun vader de achtste graaf werd en Althorp erfde. Met zijn 520 hectare golvend landbouwgrond, meer dan honderd gebonden arbeiderswoningen, een waardevolle collectie schilderijen, waarvan een aantal van Sir Joshua Reynolds, zeldzame boeken en zeventiende-eeuws porselein, meubilair en zilver, waaronder de Marlborough-verzameling, was Althorp niet zozeer een landgoed als wel een manier van leven.

De nieuwe graaf erfde ook een rekening van 2,25 miljoen pond aan successierechten en zo'n 80.000 pond aan lopende kosten per jaar. Dit weerhield hem er niet van de aanleg van een zwembad te bekostigen voor zijn kinderen, die in de vakanties over hun nieuwe domein zwierven. Diana bracht haar dagen door met zwemmen, wandelen over het terrein, rondrijden in Charles' blauwe strandbuggy, en natuurlijk met dansen. Het personeel was dol op haar, ze vonden haar vriendelijk en bescheiden met een zekere passie voor chocolade, snoepgoed en de suikerzoete romans van Barbara Cartland.

Ze wachtte verlangend de tijd af dat Sarah uit Londen zou overkomen met haar lading gedistingeerde vrienden. Sarah was scherpzinnig en geestig, en werd door haar leeftijdgenoten beschouwd als de koningin van het seizoen, zeker nadat haar vader in 1973 een fantastisch meerderjarigheidsfeest had georganiseerd in kasteel Rising, een Normandisch kasteel in Norfolk. Gasten werden aangevoerd in door paarden getrokken rijtuigen, en de weg naar het kasteel werd verlicht met brandende toortsen. Over dit luisterrijke feest wordt nu nog gepraat. De mannen die haar begeleidden pasten bij haar status. Iedereen verwachtte dat haar relatie met Gerald Grosvenor, de hertog van Westminster en Engelands rijkste aristocraat, zou uitlopen op een huwelijk. Zij was net zo verrast als iedereen toen hij het liet afweten.

Diana koesterde zich graag in de populariteit van haar zuster. Lucinda Craig Harvey, die in Londen een huis met Sarah deelde en later Diana in dienst nam als werkster voor een pond per uur, ontmoette haar toekomstige werkster voor het eerst tijdens een cricketwedstrijd op Althorp. De eerste indruk was niet vleiend. Diana maakte op haar de indruk van een 'vrij lang meisje met vreselijke positiejurken van Laura Ashley'. Ze vertelt: 'Ze was erg verlegen, bloosde snel en was heel erg het jongere zusje. Ze was bepaald niet gedistingeerd en je zou haar geen tweede blik waardig keuren.' Niettemin begon Diana deel uit te maken van de feesten, de barbecues en de cricketwedstrijden die regelmatig en vol enthousiasme werden georganiseerd. Aan deze sportwedstrijden die werden gehouden tussen het huis en het dorp, kwam een einde door de komst van een personage dat verzonnen had kunnen zijn door een castingbureau.

Er stond een raadselachtige opmerking in het gastenboek: 'Raine beëindigt wedstrijd.' Raine Spencer is niet zozeer een persoon als wel een fenomeen. Met haar enorme kapsel, opzienbarende kleding, overdreven charme en opgewekte glimlach is ze een karikatuur van een gravin. Als dochter van de openhartige romanschrijfster Barbara Cartland, was ze al een halve pagina in *Who's Who* waard voordat ze Johnnie Spencer ontmoette. Als Lady Lewisham en later, na 1962, als de gravin van Dartmouth, was ze een controversieel figuur in de Londense politieke wereld, toen ze lid van de Provinciale Staten was. Haar kleurrijke opvattingen zorgden ervoor dat ze de aandacht trok van een groot publiek, en ze werd al gauw een vertrouwd gezicht in de roddelrubrieken.

Tijdens de jaren zestig werd ze berucht als een parodie op de Tory-bestuurder met 'parels en twinset', en haar inzichten waren even star als haar kapsel. 'Ik weet altijd precies wanneer ik het huis van een conservatief bezoek, omdat zij hun melkflessen omspoelen voor ze die buiten zetten,' was een giller die ertoe leidde dat ze van het podium werd gejouwd toen ze studenten toesprak aan de Londense School of Economics.

Maar haar uitgesproken meningen maskeren een ijzeren wilskracht, gepaard aan ongelooflijke charme en scherpe formuleringen. Zij en graaf Spencer werkten samen aan een boek voor de Greater London Council met de titel *Wat is ons erfgoed?* en al snel merkten ze dat ze veel gemeenschappelijk hadden. Raine was toen 46 en was al 28 jaar getrouwd met de graaf van Dartmouth. Ze hadden vier kinderen: William, Rupert, Charlotte en Henry. Tijdens hun schooltijd in Eton waren Johnnie Spencer en de graaf van Dartmouth goed bevriend geweest.

Raine liet haar overweldigende charme zowel op vader als zoon Spencer los, en bracht in de laatste levensjaren van graaf Spencer een soort verzoening tot stand tussen hem en haar minnaar. De oude graaf adoreerde haar, vooral omdat ze bij verjaardagen en Kerstmis altijd een wandelstok meebracht voor zijn verzameling.

De kinderen waren minder onder de indruk. Als een slagschip met volle zeilen kwam ze in het begin van de jaren zeventig voor het eerst in zicht. Haar aanwezigheid op Sarahs feest voor haar achttiende verjaardag op kasteel Rising was de oorzaak tot heel wat gemopper onder de adel van Norfolk. Een 'intiem' diner in het hotel Duke's Head in King's Lynn was de eerste gelegenheid voor Charles en Diana om de nieuwe vrouw in het leven van hun vader op te nemen. Het diner werd gehouden onder het mom dat gevierd moest worden dat een belastingplan het familiekapitaal zou veiligstellen. In werkelijkheid was het een gelegenheid die was gecreëerd zodat Charles en Diana hun toekomstige stiefmoeder konden leren kennen. 'We mochten haar absoluut niet,' vertelt Charles. Ze vertelden hun vader dat ze hun handen van hen zouden aftrekken als hij met haar zou trouwen. Charles, die toen twaalf was, maakte zijn gevoelens duidelijk door Raine een 'lelijke' brief te sturen, terwijl Diana een schoolvriendin aanmoedigde haar toekomstige stiefmoeder een anonieme brief te sturen. Het incident dat de aanleiding vormde voor hun gedrag was de ontdekking van een brief die Raine aan hun vader had geschreven over haar plannen voor Althorp, vlak voor de dood van Diana's grootvader.

Haar privé-mening over de huidige graaf kwam niet bepaald overeen met de manier waarop Charles en Diana haar zich in het openbaar zagen gedragen ten opzichte van hun grootvader.

Omdat de familie fel tegen het huwelijk was, trouwden Raine en Johnnie in stilte voor de burgerlijke stand van Caxton Hall, op 14 juli 1977, kort nadat hij was genoemd in de echtscheidingszaak van de graaf van Dartmouth. Geen van de kinderen werd vooraf van het huwelijk op de hoogte gesteld, en Charles hoorde pas dat hij een stiefmoeder had toen de directeur van zijn voorbereidingsschool hem ervan op de hoogte stelde.

Er raasde meteen een wervelwind van veranderingen door Althorp toen de nieuwe vrouw des huizes op zich nam het familiegoed in een rendabele onderneming te veranderen, zodat de aanzienlijke schulden die de nieuwe graaf op zich had geladen, konden worden afbetaald. Het personeelsbestand werd tot op het bot uitgebeend, en om het huis te kunnen openstellen voor betalende bezoekers, werden de stallen veranderd in een tearoom met cadeauwinkel. In de loop der jaren zijn talloze schilderijen, antieke stukken en andere kunstvoorwerpen verkocht, vaak, beweren de kinderen, tegen bodemprijzen, terwijl ze op verachtelijke toon vertellen over de wijze waarop het huis werd 'gerestaureerd'. Graaf Spencer heeft zich altijd vierkant achter de harde bedrijfsvoering van het landgoed geschaard en zei: 'De kosten van de restauratie waren immens.'

Het valt echter niet te verhullen dat de verhouding tussen Raine en zijn kinderen slecht was. Ze becommentarieerde de kloof openlijk tegenover de krantecolumnist Jean Rook: 'Ik ben dat "boze stiefmoedergedoe" ontzettend zat. Je zult nooit bereiken dat ik menselijk overkom, want mensen denken maar al te graag dat ik Dracula's moeder was, maar ik heb in het begin een vreselijke tijd gehad, en nu pas wordt het iets beter. Sarah was jaloers op me, zelfs op mijn plaats aan het hoofd van de tafel, en gaf achter mijn rug om opdrachten aan het personeel. Jane heeft twee jaar niet tegen me gesproken, zelfs niet wanneer we elkaar op de gang tegen het lijf liepen. Diana was aardig, en ging altijd haar eigen gang.'

Maar Diana's verontwaardiging over Raine sudderde jarenlang, tot het in 1989 in de kerk tot een uitbarsting kwam tijdens een repetitie voor het huwelijk van haar broer met Victoria Lockwood, een succesvol fotomodel. Raine weigerde in de kerk met Diana's moeder te praten, hoewel ze samen in dezelfde kerkbank zaten. Diana spuide alle grieven die ze meer dan tien jaar voor zich had weten te houden.

Raine reageerde op Diana's uitbarsting met de woorden: 'Je hebt geen idee hoeveel pijn je moeder je vader heeft aangedaan.' Diana, die achteraf toegaf dat ze nog nooit zo woedend was geweest, trok tegen haar stiefmoeder van leer. 'Pijn, Raine? Dat is een woord waar jij helemaal niets van weet. In mijn hoedanigheid zie ik mensen lijden op een manier die jij nooit zult zien, en jij noemt dát pijn? Je hebt nog heel wat te leren.' En er volgden meer van dit soort opmerkingen. Naderhand zei haar moeder dat het voor het eerst was dat iemand van de familie haar had verdedigd.

Maar in de beginjaren van haar heerschappij over Althorp zagen de kinderen Raine gewoon als een grap. Ze speelden in op haar neiging om gasten in hokjes in te delen naar gelang hun sociale klasse. Toen Charles thuiskwam van Eton, waar hij toen op school zat, had hij zijn vrienden van te voren geïnstrueerd om een valse naam op te geven. Een van de jongens zei dus dat hij 'James Rothschild' was, en wekte zo de indruk dat een lid was van de beroemde bankiersfamilie. Raine gezicht lichtte op. 'O, ben je de zoon van Hannah?' vroeg ze. De schoolvriend van Charles zei dat hij het niet wist en rondde de grap af door zijn achternaam fout gespeld in het gastenboek te schrijven.

Tijdens een barbecue in het weekeinde wedden Sarahs vrienden om honderd pond dat het Charles niet zou lukken zijn stiefmoeder in het zwembad te gooien. Raine, die in baljapon verscheen op het feest waar iedereen een korte broek en T-shirt droeg, stemde toe met Charles te dansen bij het zwembad. Toen hij zijn spieren spande voor een judoworp, realiseerde ze zich wat er gaande was en glipte weg. Kerstmis op Althorp onder leiding van Raine Spencer was een bizarre komedie, een schril contrast met de buitensporigheden van Park House. Ze heerste over het openen van de cadeaus als een semi-officiële scheidsrechter. De kinderen mochten pas een cadeau openmaken als zij het aangaf, en pas nadat ze op haar horloge had gekeken om het startsignaal te geven dat het papier er mocht worden afgescheurd. 'Het was volslagen krankzinnig,' vertelt Charles.

Het enige lichtstraaltje was dat Diana besloot een van haar cadeaus aan de nogal opvliegende nachtwaker te geven. Hoewel hij een angstaanjagende reputatie had, voelde Diana intuïtief aan dat hij alleen maar eenzaam was. Zij en haar broer gingen hem opzoeken, en hij was zo geroerd door haar gebaar dat hij in tranen uitbarstte. Het was een vroege illustratie van haar gevoeligheid voor de behoeften van anderen, een eigenschap die ook werd opgemerkt door haar directrice, Miss Rudge, die haar tijdens haar laatste trimester in 1977 de Miss Clark

links: Diana bij de smeedijzeren leuning van Park
House waar zij en haar broer
Charles, zeer tegen de wens
van hun ouders, graag
afgleden.

onder: Diana leerde piano-
spelen toen ze op West Heath
School zat. Haar grootmoeder
Ruth, Lady Fermoy, was een
uitstekend pianiste die concer-
teerde in de Royal Albert Hall,
in aanwezigheid van koningin
Elizabeth, de koningin-moeder.

rechts: Een ernstige foto van een televisie kijkende Diana.

onder: In haar jonge tiener-jaren was Diana een groot fan van de romans van haar stiefgrootmoeder, Barbara Cartland, die altijd een exemplaar van haar nieuwste boek meebracht als ze Althorp House bezocht.

Als schoolmeisje stond Diana bekend om haar prestaties op het gebied van zwemmen en duiken. Ze won talloze bekers en trofeeën op West Heath, waar haar 'Spencer Special'-duik altijd een menigte bewonderaars trok.

In de zomervakanties zwom
Diana elke dag in het buitenbad bij Park House. Toen
haar vader, wijlen graaf
Spencer, naar Althorp
verhuisde, liet hij eerst
een zwembad voor zijn
kinderen aanleggen.

boven: Diana's vader maakte een foto van Diana terwijl ze dook, tijdens een van haar veelvuldige bezoeken aan het zwembad. Op de achtergrond loopt haar broer Charles, in handdoeken gehuld, terug naar het huis.

links: Diana, die nu elke dag zwemt in het zwembad in Buckingham Palace, demonstreert een salto achterwaarts.

rechts: Diana en haar
vriendin Mary-Ann Stewart-
Richardson vermaken zich
bij het zwembad.

onder: Diana is altijd dol
geweest op tennis. Ze speelt
regelmatig in de Vanderbilt
Club in Londen en kijkt graag
naar de sterren die elke zomer
op Wimbledon spelen. Hier
probeert ze, gadegeslagen
door haar zus Jane, een
forehand return te slaan
tijdens een partij op de
privé-baan van de familie.

links: Diana schrijft in het dagboek dat ze tijdens haar tienerjaren bijhield. Ze schrijft altijd meteen bedankbrieven en beantwoordt haar post stipt, zoals haar door haar vader is bijgebracht.

onder: Een herfstdag bij Park House. Charles, Jane en Diana poseren voor het huis.

rechts: Net als de meeste jongelui heeft Diana in haar jeugd veel tv gekeken. Programma's als *Top of the Pops* en de al vele jaren populaire serie *Coronation Street* waren haar lievelingsprogramma's.

onder: Diana en haar vriendin, Mary-Ann Stewart-Richardson.

boven: Diana en haar zuster
Sarah pauzeren tijdens een
partij bridge. Haar grootmoeder, Lady Fermoy, heeft
Diana veel kaartspelletjes
geleerd.

links: Diana in de huiskamer,
terwijl ze het tijdschrift *The
Field* doorbladert. Hoewel ze
de reputatie heeft niet van
jagen te houden, geniet ze
wel van de hertejacht.

boven: Diana, Charles en Mary-Ann Richardson kijken ontspannen naar een lievelingsprogramma op tv. Tegenwoordig houdt de prinses de ontwikkelingen in de soap-opera's bij, zodat ze meteen een gespreksonderwerp heeft tijdens haar regelmatige ontmoetingen met het publiek.

rechts: Charles en Diana na een middagwandeling op het landgoed Althorp.

links: Zelfs met een natte handdoek om en een gezichts- masker op spreidt Diana voor de camera het zelfvertrouwen ten toon dat haar handelsmerk is geworden.

onder: Diana en haar school- vriendin Caroline Harbord- Hammond hangen de clown uit voor de camera tijdens een schoolreisje naar Parijs.

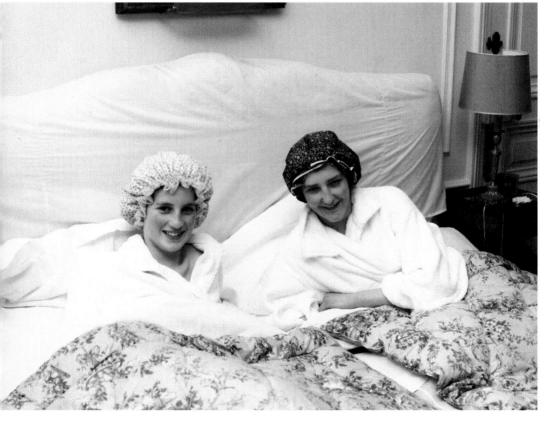

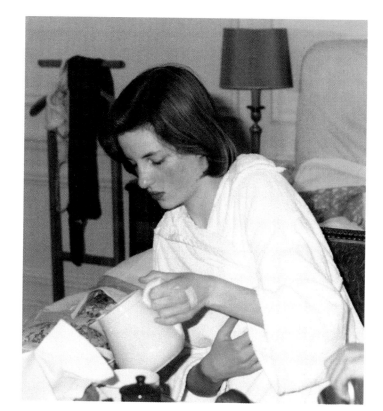

rechts: Diana neemt de honneurs waar en schenkt thee bij het ontbijt in Hotel Lancaster in Parijs.

onder: Diana en Caroline Harbord-Hammond aan de oever van de Seine. Later bezoeken ze het beroemdste Parijse bouwwerk, de Eiffeltoren.

linksboven: Diana en haar broer Charles in de blauwe strandbuggy die hij als kerstcadeau kreeg.

linksonder: Diana en haar vriendin Lucy Coats op het terrein bij Althorp House.

rechts: Een vredig portret van de toekomstige prinses van Wales.

onder: De kinderen Spencer: Sarah, Charles, Diana en Jane, gefotografeerd tijdens een schooluitstapje.

links: Diana kijkt vol aandacht naar een cricketwedstrijd. Haar blauwe tuinbroek was precies dezelfde als die van Sarah, haar zuster, die ze verafgoodde tijdens haar tienerjaren.

onder: Diana in de knickerbocker, die zoveel navolging vond tijdens haar romance met prins Charles, met Sophie Kimball, Harry Fitzalan-Howard (links) en Edward Arundel.

links: De kinderen Spencer gefotografeerd door hun vader in de rozentuin van Althorp.

onder: Diana en een school-vriendin, samen met haar stiefmoeder, gravin Spencer.

links en onder: Nadat Diana West Heath had verlaten, bracht ze een trimester door aan het Institut Alpin Videmanette, een finishing school in de buurt van Gstaad in Zwitserland. Hoewel ze heel gelukkig leek in gezelschap van haar vriendinnen, schreef Diana eindeloze brieven naar haar ouders waarin ze vroeg naar huis te mogen komen.

rechts: Diana, toen een zestienjarige met ronde wangen, stond onder haar schoolvriendinnen bekend als een behoorlijke smulpaap.

rechts en onder: Als tiener droeg Diana het liefst spijkerbroeken en andere informele kleding. Toen haar vader naar Althorp House verhuisde, ontving het gezin vaker gasten, waardoor ze gedwongen werd tot officiëlere kleding. Tijdens een van die weekeinden ontmoette Diana voor het eerst de prins van Wales.

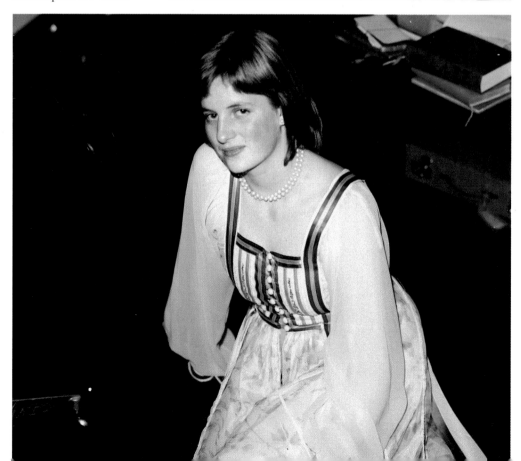

links: Diana, met de benen van haar zus Sarah over haar schouders, in een vrolijke stemming tijdens een feest op Althorp.

onder: Diana, haar zus Jane, en het kamerlid voor Norfolk, Henry Bellingham, een goede vriend van de familie die ze 'Muis' noemt, tijdens het huwelijk van haar nicht Diana Wake-Walker.

links: Sarah en Diana bij een van de regelmatig gehouden cricketwedstrijden tussen een geïmproviseerd team van Althorp House en het dorp.

onder: De buit voor de winnaar. Cricketspeler James Cain draagt Diana van het speelveld na de trofee te hebben gewonnen.

boven: Diana en haar huisgenote Virginia Pitman, met
Diana's geliefde Volkswagen,
die ze kocht in 1979 en kort
daarna total loss reed. Tijdens
haar romance met prins
Charles kocht ze een rode
Mini-Metro, die een tijdlang
de meest gezochte auto van
Engeland was.

rechts: Diana woonde
regelmatig de cricket-
wedstrijden bij die op Althorp
werden gehouden en deel
uitmaakten van weekeind-
feesten, georganiseerd door
haar zuster Sarah. Tijdens een
van die feesten viel het Sarahs
vrienden voor het eerst op
hoe Diana opbloeide van een
verlegen schoolmeisje tot een
zelfverzekerde, geestige jonge
vrouw.

Diana, in de salon op Althorp, bladert door de *Illustrated London News*, voorafgaand aan een bal dat werd gehouden in het graaf-schap van de familie Spencer, in de herfst van 1979.

Lawrence-prijs toekende voor de goede diensten die zij de school had bewezen.

Diana's zelfvertrouwen groeide nu, een feit dat zijn erkenning kreeg toen ze bevorderd werd tot prefect van de school. Toen ze West Heath verliet, volgde Diana in de voetsporen van haar zuster Sarah door zich in te schrijven bij het Institut Alpin Videmanette, een exclusieve school ter voltooiing van de opvoeding, vlakbij Gstaad in Zwitserland. Diana kreeg er les in huishoudkunde, naaien en koken. Ze werd geacht de hele dag niets anders dan Frans te praten, maar in werkelijkheid spraken zij en haar vriendin Sophie Kimball de hele dag Engels, en het enige waar ze werk van maakten was skiën. Diana voelde zich ongelukkig en kreeg het benauwd van het schoolgebeuren en wilde wanhopig graag weg. Ze schreef stapels brieven waarin ze haar ouders vroeg naar huis te mogen komen. Toen ze aanvoerde dat het gewoon weggegooid geld was, zwichtten ze voor haar argumenten.

Ze bloeide zichtbaar op, werd vrolijker, levendiger en mooier. Diana was nu volwassener en wat meer ontspannen, en de vrienden van haar zuster bekeken haar met andere ogen. Ze was nog altijd te dik en verlegen, maar ontplooide zich tot een populaire figuur. 'Ze was erg leuk, charmant en vriendelijk,' zegt een vriendin.

Het feit dat Diana zo opbloeide werd met lede ogen aangezien door Sarah. Londen was haar domein en ze wilde de schijnwerpers niet delen met haar zus. De uitbarsting kwam tijdens een van de laatste weekeinden oude stijl op Althorp. Diana vroeg haar zuster of ze mocht meerijden naar Londen. Sarah weigerde en zei dat het te veel benzine zou kosten als er iemand extra meereed. Haar vrienden lachten haar uit en zagen voor het eerst dat de balans van hun verhouding was doorgeslagen ten gunste van de lieftallige Diana.

Diana was al lang genoeg de Assepoester van de familie geweest. Haar geestkracht was lang genoeg onderdrukt door schoolregimes en haar karakter verwrongen doordat ze thuis het minst meetelde. Diana wilde dolgraag haar vleugels uitslaan en een eigen leven beginnen in Londen. De uitdaging van het onbekende lachte haar toe. Zoals haar broer Charles vertelt: 'Plotseling werd duidelijk dat het onbetekenende lelijke eendje een zwaan zou worden.'

3

'Zeg maar Sir tegen me'

Het was naar alle maatstaven een ongebruikelijke liefdesaffaire. Pas toen Lady Diana Spencer officieel verloofd was met Zijne Koninklijke Hoogheid de Prins van Wales, kreeg ze toestemming om hem 'Charles' te noemen. Tot die tijd had ze hem bescheiden 'Sir' genoemd. Hij sprak haar aan met Diana. In de kringen van prins Charles was dat gebruikelijk. Toen Diana's zuster Sarah een negen maanden lange relatie had met de prins van Wales, was ze even vormelijk geweest. 'Het leek heel gewoon,' herinnert ze zich. 'Het was duidelijk het juiste om te doen, want niemand heeft me ooit gecorrigeerd.'

Tijdens de romance van haar zuster kruiste Diana voor het eerst het pad van de man die toen beschouwd werd als 's werelds meest begerenswaardige vrijgezel. Diana, die voor het weekeinde was overgekomen van West Heath, werd aan de prins voorgesteld midden op een omgeploegde akker bij Nobottle Wood op het landgoed Althorp, tijdens een jachtpartij. De prins, die zijn trouwe labrador Sandringham Harvey had meegenomen, wordt beschouwd als een van de beste schutters van het land, en was meer gericht op sport dan op beleefde conversatie. Diana zag er niet erg indrukwekkend uit met haar geruite blouse, het windjack van haar zus, haar ribfluwelen broek en rubberen laarzen. Ze hield zich op de achtergrond, omdat ze zich realiseerde dat ze alleen was meegenomen om op een juist aantal mensen uit te komen. Het was heel erg haar zusters aangelegenheid, en Sarah maakte misschien een grapje toen ze later zei dat ze voor cupido had gespeeld tussen haar jonge zusje en de prins.

Als Charles' eerste herinneringen aan Diana tijdens dat belangrijke weekeinde die zijn van een 'erg aardige, onderhoudende en aantrekkelijke zestienjarige - een en al plezier', dan is dat zeker niet te danken aan haar oudere zuster. Wat Sarah betrof was Charles toen haar domein, en mensen die daartegen zondigden werden niet bepaald verwelkomd door de vurige roodharige vrouw, die haar neiging tot wedijveren verplaatst had naar de mannen in haar leven. Hoe dan ook, Diana was niet erg onder de indruk van Sarahs prinselijke vriend. 'Wat een trieste man,' weet ze nog dat ze dacht. Ter ere van hem hielden de Spencers dat weekeinde een feest en het viel op dat Sarah enthousiast aandacht aan hem besteedde. Later vertelde Diana aan vriendinnen: 'Ik bleef uit de buurt. Ik weet nog dat ik mollig was, geen make-up droeg, geen aantrekkelijke vrouw was, maar ik schopte een boel kabaal en dat scheen hij leuk te vinden.'

Toen het diner afgelopen was, vond hij Diana aardig genoeg om haar te vragen of ze hem de dertig meter lange schilderijengalerij wilde laten zien, die toen plaats bood aan een van de schitterendste privé-collecties schilderijen van Europa. Maar Sarah wilde hem zelf rondleiden langs de schilderijen. Diana snapte de hint en liet hen alleen.

Sarahs gedrag was niet bepaald dat van een zogenaamde cupido, maar Charles belangstelling voor haar zuster gaf Diana veel stof tot nadenken. Hij was immers de vriend van haar zuster. Charles en Sarah hadden elkaar in juni 1977 op Ascot ontmoet, toen Sarah haar wonden likte nadat haar verhouding met de hertog van Westminster was beëindigd. In die tijd leed ze aan anorexia nervosa, een ziekelijke neiging tot afslanken, die naar het oordeel van vrienden was veroorzaakt door het mislukken van haar relatie. Zoals een vriendin opmerkt: 'Sarah wilde altijd overal de beste in zijn. De beste auto hebben, de scherpste opmerking maken en de mooiste jurk dragen. Lijnen maakte deel uit van haar ambitieuze houding, ze wilde slanker zijn dan wie dan ook.'

Hoewel het waar kan zijn dat dat voorval voorafging aan de ziekte, ligt de oorzaak van de ziekte volgens deskundigen op het gebied van eetstoornissen in het gezinsleven. Het merendeel van de patiënten zijn tienermeisjes met een sterk karakter, die uit gezinnen met verstoorde verhoudingen komen. Ze zien voedsel als een manier om controle uit te oefenen over hun lichaam en de chaos die ze in hun leven ervaren. Vrouwen die lijden aan anorexia, die alle slinkse middelen aanwenden om eten uit de weg te gaan, worden vaak zo mager dat hun menstruatie uitblijft en ze daardoor moeilijkheden ondervinden als ze zwanger willen raken. Vier van de tien sterven.

Sarah heeft een foto bewaard van zichzelf in ondergoed, uit de tijd dat ze letterlijk vel over been was. Toen, halverwege de jaren zeventig, vond ze dat ze dik was. Nu realiseert ze zich hoe ziek ze was. Haar familie, die zich zorgen maakte over haar gezondheid, stelde alles in het werk om haar aan te moedigen om te eten. Zo mocht ze bijvoorbeeld prins Charles bellen als ze twee pond was aangekomen.

In 1977 maakte ze de keuze naar een kliniek in Regent's Park te gaan, waar ze werd behandeld door dr. Maurice Lipsedge, een psychiater die bij puur toeval tien jaar later de zorg voor Diana op zich nam toen zij besloot de strijd aan te gaan met haar boulimie.

Terwijl ze haar ziekte probeerde te overwinnen, ontmoette Sarah prins Charles regelmatig. Tijdens de zomer van 1977 was ze toeschouwer wanneer hij polo speelde in Smith's Lawn, Windsor, en toen hij haar in februari 1978 uitnodigde hem te vergezellen voor een ski-vakantie in Klosters in Zwitserland, werd er nogal gespeculeerd dat zij de toekomstige koningin van Engeland zou worden. Sarahs liefde voor publiciteit was echter sterker dan de discretie die een vriendin van iemand van koninklijke bloede aan de dag hoort te leggen. Ze gaf een interview aan een tijdschrift, waardoor een behoorlijke deuk ontstond in het image van prins Charles als een verleidelijke Casanova. 'Onze verhouding is puur platonisch,' verklaarde ze. 'Ik zie hem als de grote broer die ik nooit heb gehad.' Voor de goede orde voegde ze eraan toe: 'Ik zou nooit trouwen met een man van wie ik niet houd, of hij nu vuilnisman is of koning van Engeland. Als hij me ten huwelijk vroeg, zou ik hem afwijzen.'

Hoewel hun verhouding bekoelde, vroeg Charles in november 1978 nog wel of Sarah het feest op Buckingham Palace ter ere van zijn dertigste verjaardag wilde bijwonen. Zeer tot Sarahs verrassing, kreeg Diana ook een uitnodiging. Assepoester ging naar het bal.

Diana vermaakte zich prima op het feest, niet het minst omdat haar zuster een toontje lager moest zingen. Maar het kwam geen moment in haar hoofd op te denken dat prins Charles ook maar in de verste verte romantische bedoelingen had. In ieder geval beschouwde ze zichzelf als geen partij voor de actrice Susan George, die zijn partner was die avond. En het leven was ook veel te leuk om aan vaste verkering te denken. Ze was vol verlangen naar een zelfstandig leven in Londen teruggekeerd van haar weinig fortuinlijke tijd op de Zwitserse school. Haar ouders waren daar niet zo enthousiast over.

Ze bezat geen diploma's, had geen speciale vaardigheden, en had alleen het vage idee dat ze met kinderen wilde werken. Hoewel Diana leek voorbestemd voor een leven vol ongeschoolde, slecht betaalde baantjes, was dat niet zo ongewoon voor een meisje van haar klasse en met haar achtergrond. Adellijke families besteedden per traditie meer aandacht en moeite aan de opleiding van de zoons dan de dochters. Er wordt eenvoudig van uitgegaan dat de dochters, nadat ze hun opleiding hebben afgerond met een cursus koken of kunstgeschiedenis, zich bij hun goed opgevoede vriendinnen op de huwelijksmarkt zullen voegen. Aan het begin van de regeringsperiode van de koningin bestond het hoogtepunt van het Londense seizoen er nog uit dat de debutantes werden gepresenteerd op Buckingham Palace, gevolgd door een serie feesten waarop zij hun intrede in de wereld deden. En Diana's ouders hadden elkaar inderdaad leren kennen op het presentatiefeest van haar moeder in april 1953, terwijl gravin Spencer in haar tijd was uitverkoren tot 'Debutante van het jaar'.

Het huwelijk hield Diana erg bezig toen ze uit Zwitserland terugkeerde. Haar zuster Jane had haar gevraagd het eerste bruidsmeisje te willen zijn bij haar huwelijk met Robert Fellowes, de zoon van de rentmeester van de koningin op Sandringham, die nu haar privé-secretaris is, dat in april 1978 werd voltrokken in de Guards Chapel. Hoewel haar familie geen druk uitoefende om aan een gestructureerde carrière te beginnen, stonden ze erg terughoudend tegenover haar plan om in Londen op zichzelf te gaan wonen. Zoals de directrice van haar Zwitserse school verklaarde: 'Ze was erg jong voor een zestienjarige.' Omdat ze in het buitenland nog zo'n kind was geweest, vonden haar ouders dat het beschermde leven op een meisjeskostschool nauwelijks een goede voorbereiding vormde op het mondaine leven in de grote stad. Ze lieten haar weten dat ze pas zelfstandig mocht gaan wonen als ze achttien was.

In plaats daarvan werd ze ondergebracht bij vrienden van de familie, majoor Jeremy Whitaker, een fotograaf, en zijn vrouw Philippa, die in Headley Bawden woonden, in Hampshire. Ze woonde drie maanden bij hun in huis, en zorgde niet alleen voor hun dochter Alexandra, maar maakte ook schoon en kookte. Toch popelde ze van verlangen om naar de hoofdstad te verhuizen en overstelpte haar ouders met subtiele en minder subtiele smeekbeden. Uiteindelijk kwamen ze tot een compromis. Ze mocht van haar moeder in haar flat aan Cadogen Square wonen. Omdat Mrs. Shand Kydd het grootste deel van het jaar in Schotland doorbracht, was het zo goed als haar eigen woning. Ze zou er een jaar wonen, in eerste instantie met Laura Greig, een oude schoolvriendin en nu een van haar hofdames, en met Sophie Kimball, de dochter van het toenmalige conservatieve parlementslid Marcus Kimball.

Om de kost te verdienen sloot Diana zich aan bij wat ze nu misprijzend 'de fluwelen haarband-brigade' noemt, meisjes uit de hoogste klasse, die gelijke waarden, opvoeding en instelling hebben en dezelfde soort kleding dragen, en gewoonlijk worden aangeduid met

'Sloane Rangers'. Ze schreef zich in bij twee uitzendbureaus, 'Solve your Problems' en 'Knightsbridge Nannies', en fungeerde op privé-feesten als serveerster en als schoonmaakster. Tussen haar rijlessen door - ze haalde haar rijbewijs bij de tweede poging - was ze erg in trek als babysitter bij getrouwde vrienden van haar zuster, terwijl Sarah haar regelmatig gebruikte om op een mooi aantal gasten uit te komen bij haar etentjes. Ze leidde een rustig, wat mondain leven in Londen. Ze dronk en rookte nooit, las liever een boek in haar vrije tijd, keek televisie, bezocht vrienden of ging uit eten in bescheiden bistro's. Rumoerige nachtclubs, wilde feesten en rokerige cafés stonden haar niet aan. 'Disco Di' heeft nooit bestaan, alleen in het hoofd van journalisten die krantekoppen bedachten en een voorliefde hadden voor alliteratie. In werkelijkheid is Diana van nature een eenzelvig mens.

Weekeinden werden buiten Londen doorgebracht, op Althorp bij haar vader, in het huis van haar zuster Jane die op het landgoed woonde, of op feesten in het huis van haar groeiende vriendenkring. Haar vriendinnen uit Norfolk en West Heath, Alexandra Loyd, Caroline Harbord-Hammond, de dochter van Lord Suffield, Theresa Mowbray, het petekind van Frances Shand Kydd, en Mary-Ann Stewart-Richardson, woonden nu allemaal in Londen en vormden de kern van haar vriendenkring.

Toen ze in september 1978 een weekeinde bij Caroline logeerde in het huis van haar ouders in Norfolk, kreeg ze een verontrustend voorgevoel. Toen haar uit beleefdheid naar de gezondheid van haar vader werd gevraagd, schokte haar antwoord het gezelschap. Voor ze het wist vertelde ze dat ze voorvoelde dat haar vader 'zou neervallen'. 'Als hij sterft, gebeurt dat meteen, anders overleeft hij het,' zei ze. De volgende dag ging de telefoon. Diana wist dat het haar vader betrof. En dat was ook zo. Graaf Spencer was op de binnenplaats van Althorp in elkaar gezakt met een ernstige hersenbloeding en was in allerijl overgebracht naar het ziekenhuis van Northampton. Diana pakte haar koffers en voegde zich bij haar zusters en broer Charles, die van Eton was opgehaald door zijn zwager, Robert Fellowes.

De medische vooruitzichten waren niet goed. Men dacht niet dat graaf Spencer de nacht zou doorkomen. Volgens Charles reageerde Raine Spencer heel nuchter. Hij herinnert zich dat ze tegen zijn zwager zei: 'Morgenvroeg ben ik meteen uit Althorp vertrokken.' Er leek een einde te zijn gekomen aan Raines heerschappij. Twee dagen lang bivakkeerden de kinderen in de wachtkamer van het ziekenhuis, terwijl hun vader voor zijn leven vocht. Toen de artsen aankondigden dat er een sprankje hoop bestond, zorgde Raine voor een particuliere ambulance om hem over te brengen naar het Landelijk Ziekenhuis voor Zenuwstoornissen aan Queen Square in het centrum van Londen, waar hij maandenlang in coma lag. Terwijl de familie de wacht hield bij hem, zagen de kinderen van dichtbij de koppige vastberadenheid van hun stiefmoeder. Ze probeerde te verhinderen dat de kinderen hun ernstig zieke vader bezochten. Verpleegkundigen kregen opdracht te voorkomen dat ze graaf Spencer bezochten terwijl hij hulpeloos in zijn privé-kamer lag. Raine heeft daarna gezegd: 'Ik ben goed in overleven en als mensen dat vergeten is dat voor hun verantwoording. Ik heb een stalen ruggegraat. Niemand krijgt me klein, en niemand zou Johnnie kwaad doen zolang ik aan zijn bed kon zitten - sommige familieleden probeerden dat te verhinderen - om hem mijn levenskracht te geven.'

In deze kritieke periode leidde de wrevel die tussen Raine en de kinderen bestond tot een aantal uiterst vervelende uitbarstingen. De Spencers waren ook ijzersterk van karakter, en talloze keren schalde het kabaal van de gevreesde gravin en de vurige Lady Sarah Spencer - die tekeer gingen als een paar woedende ganzen - door de gangen van het ziekenhuis.

In november kreeg graaf Spencer een terugval en werd overgebracht naar het Brompton Hospital in Zuid-Kensington. Opnieuw hing zijn leven aan een zijden draad. Toen de artsen zeer pessimistisch waren, boekte Raine door haar wilskracht een overwinning. Ze had gehoord dat er een Duits medicijn bestond, Aslocillin, waarvan ze dacht dat het zou kunnen helpen, en dus stelde ze alles in het werk om ergens een voorraadje te vinden. Het was niet goedgekeurd voor de Britse markt, maar dat weerhield haar niet. Het wondermiddel werd prompt verkregen en sloeg opzienbarend goed aan. Op een middag, toen ze zoals gewoonlijk naast zijn bed over hem waakte met de klanken van *Madame Butterfly* zachtjes op de achtergrond, opende hij zijn ogen en 'was weer terug'. In januari 1979, toen hij eindelijk uit het ziekenhuis werd ontslagen, boekten hij en Raine een suite in het Dorchester Hotel in Park Lane voor een kostbare maand van herstel.

Tijdens deze hele episode was de spanning voor de familie erg groot. Sarah, die in de buurt van het Brompton Hospital woonde, bezocht haar vader regelmatig, hoewel de vijandigheid van Raine de toch al gespannen situatie niet vergemakkelijkte. In haar afwezigheid stonden medelijdende verpleegkundigen toe dat Jane en Diana hun vader bezochten, maar doordat de graaf afwisselend wel en niet bij bewustzijn was, was hij zich nooit bewust van hun aanwezigheid. Zelfs wanneer hij bij was, maakte een sonde in zijn keel hem het praten onmogelijk. Zoals Diana zich herinnert: 'Hij kon niet vragen waar zijn kinderen waren. Wie weet wat hij allemaal heeft gedacht, want niemand vertelde hem iets.'

Begrijpelijk vond Diana het moeilijk zich te concentreren op de kookcursus waarvoor ze zich een paar dagen voor haar vaders hersenbloeding had ingeschreven. Drie maanden lang ging ze met de ondergrondse naar het huis van Elizabeth Russell in Wimbledon, waar ze sinds mensenheugenis de dochters van ridders, hertogen en graven heeft onderwezen in de fijne kneepjes van het bereiden van sauzen, gerezen deeg en soufflés. In de ogen van Diana was het weer zo'n 'fluwelen haarband'-toestand. Ze was de cursus gaan doen op aandringen van haar ouders, en hoewel ze het niet bepaald leuk vond, leek het op dat moment beter dan achter een typemachine zitten. Vaak kreeg de veelvraat in Diana de overhand en ze kreeg regelmatig een standje omdat ze haar vinger doopte in pannen met heerlijke sauzen. Ze was na de cursus een paar pond aangekomen, maar had er een diploma voor haar moeite aan overgehouden.

Terwijl haar vader vocht om weer gezond te worden, nam Diana's moeder het initiatief om richting te geven aan haar carrière. Ze schreef een brief aan Miss Betty Vacani, de legendarische danslerares, die drie generaties kinderen van het koningshuis had lesgegeven, om te vragen of er een vacature bestond voor een aankomend balletlerares, voor kinderen van het niveau van tweede klas basisschool. Die was er. Diana kwam goed door het kennismakingsgesprek heen en startte in het voorjaar in de Vacani-studio aan de Brompton Road. Het verenigde prachtig haar liefde voor kinderen met haar enthousiasme voor dans. Weer duurde het maar drie maanden, maar dit keer was het niet haar schuld.

In maart nodigde haar vriendin Mary-Ann Stewart-Richardson haar uit om met haar familie mee te gaan skiën in de Franse Alpen. Diana maakte een behoorlijke val op de skipiste en scheurde daarbij alle pezen van haar linkerenkel. Drie maanden lang zat ze af en aan in het gips terwijl de pezen langzaam genazen. Dat betekende het einde van haar aspiraties als danslerares.

Ondanks haar pech, kijkt Diana terug op dat uitstapje naar Val Claret als een van de heerlijkste en meest zorgeloze vakanties uit haar leven. Daar leerde ze ook veel van de mensen kennen die sindsdien haar trouwe vrienden zijn geworden aan wie ze veel steun heeft. Toen Diana bij de Stewart-Richardsons ging logeren, waren zij zich juist aan het herstellen van een familietragedie. Ze voelde zich natuurlijk niet zo op haar gemak in hun chalet en nam de uitnodiging van Simon Berry aan, de zoon van een rijke wijnhandelaar, om zich aan te sluiten bij de groep in zijn chalet.

Berry en drie andere oud-Etonians, James Bolton, Alex Lyle en Christian De Lotbiniere, vormden het brein achter reisbureau 'Ski Bob'. Ze hadden het bedrijf, dat was genoemd naar hun huismeester op Eton, Bob Baird, opgericht toen ze tot de ontdekking kwamen dat ze wettelijk te jong waren om zelfstandig een vakantie te boeken. Deze jonge ondernemers zetten dus hun eigen bedrijf op, en binnen de uit twintig personen bestaande groep die voornamelijk uit oud-Etonians bestond, was het de grootste eer om 'Bob' genoemd te worden.

Diana bobte al gauw met hun mee. 'Je begeeft je op glad ijs,' gilde ze met haar Miss Piggy-stem, terwijl ze gevaarlijk dicht achter de andere leden van de groep aan skide. Ze deed mee met kussengevechten, charades en het zingen van satirische liedjes. Diana werd genadeloos geplaagd met een ingelijste foto van prins Charles, gemaakt tijdens zijn inhuldiging in 1969, die bij haar op de slaapzaal op school had gehangen. Niet schuldig, zei ze. De school had hem cadeau gekregen. Terwijl ze in het chalet van Berry logeerde, sliep ze op de bank in de kamer. Niet dat ze veel slaap kreeg. Medicijnenstudent James Colthurst genoot ervan om de slapende menigte 's morgens vroeg wakker te maken met zijn imitatie van de beroemde toespraak van Martin Luther King: 'I had a dream...', of zijn al even flauwe imitatie van Mussolini.

Adam Russell, de achterkleinzoon van de voormalige premier Stanley Baldwin, die nu herten fokt in Dorset, was niet erg onder de indruk van Diana toen ze voor het eerst binnenkwam. Hij herinnert zich: 'Toen ze binnenkwam, maakte ze eerst een gewaagde opmerking, gevolgd door gegiechel. Ik dacht: O god, een giechelkont, help! Maar als je daarachter kon kijken was ze heel rustig en bedaard. Maar het ontbrak haar aan zelfvertrouwen, terwijl ze alle reden had om dat wel te zijn. Heel levendig en giechelig, maar niet op een leeghoofdige manier.' Toen hij ook gewond raakte, hielden ze elkaar gezelschap, en tijdens de gesprekken die ze toen voerden, zag hij de reflectieve, wat trieste kant van haar karakter. Hij vertelt: 'Oppervlakkig beschouwd leek ze heel gelukkig, maar ze had duidelijk geleden onder de scheiding van haar ouders.'

Haar zuster Sarah, die toen voor Savills werkte - een toonaangevende makelaar in onroerend goed - vond het adres dat een tijdlang het beroemdste adres in Engeland zou worden. Een vierkamer-appartement in een herenhuis aan Coleherne Court 60, was Diana's meerderjarigheidscadeau van haar ouders. In juli 1979 verhuisde ze naar het appartement dat toen een waarde van vijftigduizend pond had, en begon meteen de kamers te meubileren in de warme, maar eenvoudige stijl van Habitat. De witte wanden werden overgeschilderd in pasteltinten; de zitkamer werd lichtgeel, terwijl de badkamer vrolijk met rode kersmotieven werd opgesierd. Diana had haar schoolvriendin Carolyn Bartholomew vaak een kamer beloofd, zodra ze haar eigen appartement kreeg. Ze hield haar woord. Sophie Kimball en Philippa Coaker woonden er ook een poos, maar in augustus kregen Diana en Carolyn gezelschap van Anne Bolton, die ook bij Savills werkte, en van Virginia Pitman, de oudste van het viertal. Deze vier vriendinnen bleven tijdens haar hele liefdesaffaire met prins Charles bij haar.

Diana kijkt nu terug op die tijd in Coleherne Court als de gelukkigste van haar leven. Het was een jeugdig ongecompliceerde en vooral leuke tijd. 'Ik heb wat afgelachen daar,' zegt ze, en de enige donkere wolk was de keer dat er werd ingebroken in het appartement en vrijwel al haar sieraden werden gestolen. Als hospita vroeg ze achttien pond per week aan de anderen en organiseerde de schoonmaakbeurten. Natuurlijk had zij de grootste kamer, compleet met een tweepersoonsbed. En opdat niemand haar status zou vergeten, prijkten de woorden 'Chief Chick' op haar slaapkamerdeur. 'Ze had altijd rubber handschoenen aan wanneer ze bezig was in huis,' herinnert zich Carolyn. 'Het was haar huis en daar ben je dan natuurlijk vreselijk trots op.'

Ze hoefde zich in ieder geval nooit druk te maken over stapels vuile borden en kopjes. De meisjes kookten zelden, ondanks het feit dat Virginia en Diana allebei een dure *cordon bleu*-cursus hadden gedaan. De twee specialiteiten van Diana waren een chocoladegerecht en Russische borsjt. Vaak vroegen vrienden haar die te maken en bij hun appartement af te leveren. Maar meestal was het chocoladegerecht al op voor het Coleherne Court verliet. Verder leefden ze op Harvest Crunch muesli en chocolade. 'We bleven behoorlijk mollig,' zegt Carolyn.

De tiener die zo trots was op haar huis, stelde ook orde op zaken in haar werk. Kort nadat ze naar haar eigen woning was verhuisd, vond ze een baan waar ze zich echt in haar element voelde. Een aantal middagen per week werkte ze op de kleuterschool Little England die werd geleid door Victoria Wilson en Kay Seth-Smith, in het kerkgebouw van St. Saviour's in Pimlico. Ze leerde kinderen schilderen, tekenen en dansen, en deed mee aan de spelletjes die ze verzonnen. Victoria en Kay waren zo onder de indruk van haar goede verstandhouding met de kinderen dat ze haar vroegen ook 's morgens te komen werken. Op dinsdag en donderdag zorgde ze voor Patrick Robinson, de zoon van de Amerikaanse directeur van een oliemaatschappij, werk dat ze heerlijk vond.

Er waren nog een paar lege uren in haar werkweek, en dus nam haar zuster Sarah op zich die te vullen. Ze nam haar als werkster in dienst in haar huis aan Elm Park Lane in Chelsea. Sarahs huisgenote, Lucinda Craig Harvey herinnert zich: 'Diana vereerde haar gewoon, maar Sarah behandelde haar als een voetveeg. Ze zei dat ik me niet moest generen om Diana de afwas te laten doen enzo.' Diana, die stofzuigde, afstofte, streek en de was deed, kreeg één pond per uur betaald, maar had op een rustige manier plezier in haar werk. Toen ze zich verloofd had met prins Charles, verwees Diana naar haar schoonmaakwerk toen ze reageerde op een felicitatiebrief van Lucinda. 'Voorbij de dagen van Jif en stofdoeken. O jee, zal ik ze ooit nog terugzien?'

Wanneer ze terugging naar haar appartement, ontsnapte ze aan de scherpe blik van haar zuster. Dat was misschien maar goed ook, want de nogal puberachtige streken die haar zus uithaalde, hadden Sarahs goedkeuring vast niet kunnen wegdragen. Diana en Carolyn vrolijkten regelmatig een saaie avond op door mensen met een rare achternaam, die ze uit het telefoonboek haalden, voor de grap op te bellen. Een ander tijdverdrijf waren de zogenaamde 'overvallen' op huizen en auto's van vrienden en vriendinnen. Carolyn weet nog: 'We gingen heel vaak rond middernacht erop uit, we reden altijd door Londen op "undercover" missies in Diana's Metro.'

Mensen die de meisjes op een of andere manier beledigden, kregen dat dubbel en dwars terugbetaald. Dan werd er midden in de nacht aan de deur gebeld, er kwamen ineens telefoontjes van een wekdienst 's morgens vroeg, of het autoslot werd met plakband overdekt. Op een gegeven moment kwam James Gilbey, die toen voor een autoverhuurbedrijf in Victoria werkte, 's morgens vroeg tot de ontdekking dat zijn lievelings Alfa Romeo helemaal was overdekt met meel en ei, dat zo hard als beton was geworden. Om de een of andere reden had hij Diana laten zitten toen ze een afspraakje hadden, en dus hadden zij en Carolyn wraak genomen.

Het was niet allemaal eenrichtingsverkeer. Op een avond bonden

James Colthurst en Adam Russell stiekem twee enorme 'L'-platen aan de voor- en achterkant van Diana's Honda Civic. Ze slaagde erin die eraf te halen, maar toen ze de straat uitreed werd ze gevolgd door een kakofonie van blikjes die aan de bumper waren vastgemaakt. Wederom een gelegenheid waarbij Carolyn en Diana opgewekt wraak konden nemen met eieren en meel.

Deze onschuldige, volkomen onvervalste pretmakerij ging gewoon door tijdens haar romance met prins Charles. 'We waren inderdaad de giechelende meisjes zoals we vaak zijn beschreven, maar ergens zat er toch een sprankje volwassenheid in ons,' zegt Carolyn. In ieder geval was er een voortdurende parade van jongemannen die langskwamen voor een praatje en een kop thee, als dat er was, of om de meisjes een avond mee uit te nemen, maar het waren meer kennissen die toevallig een man waren. De vrienden van Diana waren voor het merendeel oud-Etonians, die ze had leren kennen tijdens het skiën of zo'n soort gelegenheid. Harry Herbert, de zoon van de man die de renpaarden van de koningin beheerde, de graaf van Carnarvon, James Boughey, een luitenant in de Coldstream Guards, George Plumptre, de zoon van een hereboer, die haar mee uitnam naar het ballet op de dag dat ze zich verloofde, de artiesten Marcus May en Rory Scott, toen een knappe luitenant bij de Royal Scots Guards, kwamen allemaal vaak langs, samen met Simon Bery, Adam Russell en James Colthurst. 'We waren allemaal gewoon goede vrienden,' herinnert Simon Berry zich.

De mannen in haar leven waren uit het goede hout gesneden, goed opgevoed, betrouwbaar, onpretentieus, en vormden goed gezelschap. 'Diana is een hoogstaand meisje, dat zich niet met minderwaardige types inliet,' zegt Rory Scott. Als ze een uniform droegen of door Sarah aan de kant waren gezet, des te beter. Ze had altijd medelijden met de afgewezen minnaars van Sarah en probeerde vaak, tevergeefs, of ze haar mee uit wilden nemen.

Zo deed ze de was voor William van Straubenzee, een van de voormalige vrienden van Sarah, en streek de overhemden van Rory Scott, die toen was begonnen aan een documentaire over Trooping the Colour, en Diana logeerde regelmatig het weekeinde op de boerderij van zijn ouders in de buurt van Petworth in West-Sussex. Ze bleef zijn garderobe verzorgen tijdens haar koninklijke romance, en ging bij een gelegenheid een stapeltje schone overhemden afgeven aan de achteringang van St. James's Palace, waar Rory dienst had, om de pers te ontlopen. James Boughey was een andere militair die haar uitnam naar restaurants en het theater, en Diana bezocht Simon Berry en Adam

Russell in het huis dat ze gehuurd hadden in de Blenheim-flat, toen ze in Oxford studeerden.

Er waren heel wat vrienden, maar geen van hen werd haar minnaar. Het gevoel van voorbestemming dat Diana van jongsafaan had ervaren bepaalde, zij het onbewust, haar relaties met het andere geslacht. Zoals ze zegt: 'Ik wist dat ik dat moest bewaren voor wat voor me lag.'

Carolyn merkt op: 'Ik ben niet zo'n spiritueel ingesteld mens, maar ik ben er wel van overtuigd dat het in de bedoeling lag dat ze doet wat ze doet en zijzelf gelooft daar vast in. Ze was omgeven door dat gouden aura dat mannen ervan weerhield verder te gaan; of ze dat nu wilden of niet, het gebeurde nooit. Ze werd op de een of andere manier beschermd door een volmaakt licht.'

Het is een kwaliteit die door vroegere vrienden werd opgemerkt. Rory Scott zegt kwajongensachtig: 'Ze was seksueel aantrekkelijk en de relatie was wat mij betreft niet platonisch, maar zo bleef het wel. Ze was altijd wat afstandelijk, je had altijd het gevoel dat er heel veel was waar je nooit achter zou komen bij haar.'

In de zomer van 1979 voltooide een andere vriend, Adam Russell, zijn talenstudie in Oxford en besloot een jaar te gaan reizen. Hij sprak niet uit dat hij hoopte dat de vriendschap tussen hem en Diana kon worden hernieuwd en zich verder zou ontwikkelen na zijn terugkomst. Toen hij een jaar later terugkwam, was het te laat. Een vriend vertelde hem: 'Je hebt een rivaal, de prins van Wales.'

Die winter begon Diana's ster te rijzen aan het firmament van de koninklijke familie. Ze kreeg een onverwachte kerstbonus in de vorm van een uitnodiging voor een huisfeest van de koninklijke familie ter gelegenheid van een jachtweekeinde in februari. Lucinda Craig Harvey, die door al haar vrienden Beryl wordt genoemd, herinnert zich Diana's opwinding en het ironische van het gesprek dat erop volgde. Ze praatten over het weekeinde terwijl Diana, in haar gebruikelijke Assepoester-rol, op haar knieën de keukenvloer aan het dweilen was. Diana zei: 'Ik ga naar een jachtweekeinde op Sandringham.' Lucinda antwoordde: 'Goh, misschien word je wel de aanstaande koningin van Engeland.' En terwijl ze de lap uitwrong waarmee ze aan het dweilen was, zei Diana voor de grap: 'Beryl, ik betwijfel het. Kun je je mij voorstellen met glacéhandschoenen en een baljurk?'

Terwijl Diana's leven een nieuwe wending nam, verkeerde haar zuster Sarah in een crisis. Zij en Neil McCorquodale, een voormalig officier bij de Coldstream Guards, hadden plotseling afgezien van hun huwelijk dat later in februari was gepland. In de ware Spencer-stijl -

het is zeker geen familie voor lafhartigen - vielen er harde woorden en volgde er een briefwisseling tussen de betrokken partijen. Terwijl Sarah probeerde de problemen op te lossen - uiteindelijk trouwden ze in mei 1980 in de kerk van St. Mary vlakbij Althorp - vermaakte Diana zich uitstekend. Eindelijk bevond Diana zich in, wat ze noemde, 'volwassen' kringen. Dat schonk Diana de grootste voldoening van dat weekeinde op Sandringham, niet de nabijheid van prins Charles. Ze was nog steeds vol ontzag voor de man, en haar gevoel van respect werd wat verzacht door een diep medeleven met de prins wiens 'ere-grootvader', graaf Mountbatten, een half jaar eerder was vermoord door de IRA. Hoe dan ook, deze aristocratische Assepoester moest zich de maandag erna, toen ze weer de vloer dweilde bij haar zuster, even knijpen om zich ervan te overtuigen dat het geen fata morgana was geweest.

Want wat haar intuïtie ook fluisterde over haar bestemming, het gezond verstand merkte op dat de prins al een handvol potentiële huwelijkskandidaten had. Ze reisde naar King's Lynn en vandaaruit naar Sandringham, in gezelschap van Lady Amanda Knatchbull, de kleindochter van de vermoorde graaf. Lord Mountbatten had haar kandidaatschap met klem onder de aandacht gebracht, niet alleen bij de prins van Wales, maar ook bij de koninklijke familie. Hij was het immers geweest die, in weerwil van de bedenkingen van koning George VI, een grote rol had gespeeld bij het vrij baan maken voor het huwelijk van prinses Elizabeth met zijn neef prins Philip.

Hoewel commentatoren haar niet serieus namen als mededinger, waren mensen die nauw met de prins samenwerkten en de tactiek van Mountbatten direct konden gadeslaan, ervan overtuigd dat een huwelijk tussen prins Charles en Amanda Knatchbull vrij zeker was. Een blik op zijn werkagenda uit 1979 laat zien hoe veelvuldig prins Charles logeerde in Broadlands, het buitenverblijf van de familie Mountbatten, ogenschijnlijk om weekeinden te jagen en te vissen. Amanda verkeerde regelmatig in zijn gezelschap en het was, volgens mensen die voor de prins werken, alleen de ontdekking van haar vriendschap met een diplomaat die verhinderde dat de verhouding zich verder ontwikkelde. Na de moord op Mountbatten in augustus 1979, zette prins Charles zijn vriendschap met Lady Amanda voort, en hij bracht een aantal weekeinden in haar gezelschap door terwijl ze probeerden hun verdriet te verwerken. Als de onofficiële 'koppelaar' was blijven leven en de relatie van Lady Amanda onopgemerkt was gebleven, dan zou de koninklijke geschiedenis een heel andere wending hebben kunnen nemen.

Hoewel Amanda beschouwd kan worden als de 'officiële kandidate', omdat haar opvoeding en achtergrond haar zeer acceptabel maakten voor het hof, onderhield de prins ook een stormachtige relatie met Anna Wallace, de dochter van een Schotse landeigenaar, die hij had ontmoet tijdens een vossejacht in november 1979. Zij was de laatste in een lange rij van vriendinnen, die over het algemeen werden gerecruteerd uit de hoogste kringen van de aristocratie, die aan zijn romantische horizon was verschenen. Maar de vurige, koppige en impulsieve Anna was qua temperament ongeschikt voor het strak georganiseerde koninklijke bestaan. Niet voor niets stond ze bekend als 'Zweepslag Wallace'. Prins Charles, een man die naar eigen zeggen gemakkelijk verliefd werd, maakte haar het hof, hoewel zijn adviseurs hem ervan op de hoogte stelden dat ze er andere vrienden op nahield.

Hun relatie werd zo serieus dat hij haar, volgens minstens één versie, ten huwelijk vroeg. Naar het schijnt heeft zij hem afgewezen, maar die afwijzing bekoelde zijn liefde niet. In mei werden ze door journalisten betrapt terwijl ze op een deken aan de rivier de Dee lagen, op het landgoed van de koningin in Balmoral. De prins was woedend over deze inbreuk op zijn privé-leven en stond toe dat zijn vriend, Lord Tryon, die ook van de partij was bij de picknick, een schuttingwoord riep naar de betrokken journalisten.

De beëindiging van hun romance, half juni, was al even heftig. Ze beklaagde zich bitter toen hij haar vrijwel negeerde tijdens een feest ter gelegenheid van de tachtigste verjaardag van de koningin-moeder op Windsor Castle. Men hoorde Anna woedend tekeer gaan: 'Heb niet het hart me nog eens zo te negeren. Ik ben nog nooit in mijn leven zo slecht behandeld. Niemand behandelt me zo, zelfs jij niet.' Bij hun volgende optreden in het openbaar behandelde hij haar precies zo. Ze keek met toenemende woede toe hoe hij de hele avond met Camilla Parker-Bowles danste tijdens een polofeest dat werd gehouden in Stowell Park, het landgoed in Gloucestershire dat eigendom is van Lord Vestey. Hij was er zo op gebrand in gezelschap van Camilla te verkeren dat hij zelfs zijn gastvrouw, Lady Vestey, niet ten dans vroeg. Ten slotte leende Anna de BMW van Lady Vestey en reed midden in de nacht naar huis, boos en vernederd door deze publiekelijke kleinering. Binnen een maand trad ze in het huwelijk met Johnny Hesketh, de jongere broer van Lord Hesketh.

Achteraf gezien is het interessant ons af te vragen of haar woede tegen de prins gericht was of tegen de vrouw die hem zo in haar ban hield, Camilla Parker-Bowles. Als het prins Charles ernst was geweest te willen trouwen met Anna, dan was zij zich, als wereldwijze vijfentwintigjarige, wel bewust geweest van de aard van zijn vriendschap met Camilla. Ze zou geweten hebben, zoals Diana te laat uitvond, dat Camilla's beroemde keuring van de vriendinnen van prins Charles er niet zozeer op gericht was hun potentieel als koninklijke bruid in te schatten, maar om te zien in hoeverre ze een bedreiging vormden voor haar relatie met prins Charles. Misschien zag Anna de onmiskenbare vonk tussen Camilla en prins Charles en besloot ze zich van het strijdtoneel terug te trekken.

Misschien was ze het ook wel gewoon beu om op de tweede plaats te komen, na zijn vrijetijdsbesteding. Tijdens zijn vrijgezellenjaren - en tijdens zijn huwelijk - hebben zijn partners zich altijd moeten aanpassen aan zijn levensstijl. Ze waren geïnteresseerde toeschouwers terwijl hij polo speelde, ging vissen of op vossejacht ging.

Als hij hen voor het diner uitnodigde, reisden zij naar zijn appartement in Buckingham Palace, en niet andersom. Zijn personeel zorgde voor een loge bij concerten of operavoorstellingen en dachten er zelfs aan zijn partner bloemen te sturen. 'Een charmante seksist,' zo beschrijft een vriend hem. Zijn gedrag was, zoals de victoriaanse constitutionalist Walter Bagehot honderd jaar eerder al opmerkte, het voorrecht van een prins. Hij schreef: 'De hele wereld en al wat zij aan heerlijks te bieden heeft, het aantrekkelijkste en meest verleidelijke, wordt altijd aangeboden aan de zittende Prins van Wales, en dat zal altijd zo blijven. Het is niet rationeel de grootste deugdzaamheid te verwachten waar de verleiding in haar aanlokkelijkste gedaante wordt aangeboden in de zwakste periode van het menselijk bestaan.'

In de zomer van 1980 was prins Charles een man van vaste gewoonten en een onwrikbare routine. Een voormalig lid van zijn hofhouding, die het mislukken van het huwelijk van de prins en prinses beziet, is er oprecht van overtuigd dat hij vrijgezel zou zijn gebleven als hij de keus had gehad. Hij zegt: 'Het is eigenlijk erg triest. Hij zou natuurlijk nooit zijn getrouwd, omdat hij tevreden was met zijn vrijgezellenbestaan. Hij was dik tevreden als zijn hengel klaarstond, zijn polopaarden gezadeld stonden en hij vijf pond op zak had voor de kerkcollecte. Het was ontzettend leuk. Je maakte hem om zes uur 's morgens wakker en zei: "Sir, vandaag moeten we hier en daar naartoe" en hup, dan gingen we.' Zijn relatie met Camilla Parker-Bowles, die maar al te graag haar leven aanpaste aan zijn werkschema, paste precies bij zijn levensstijl.

Helaas voor Charles bracht zijn titel niet alleen voorrechten, maar ook verplichtingen met zich mee. Zijn taak was te trouwen en voor een troonopvolger te zorgen. Het was een onderwerp waarover graaf Mountbatten eindeloos discussieerde met de koningin tijdens de middagthee op Buckingham Palace, terwijl prins Philip liet weten steeds minder geduld te hebben met de onverantwoordelijke benadering van het huwelijk door zijn zoon. De geest van de hertog van Windsor spookte rond in de gedachten van de familie, die zich er goed van bewust was dat hoe ouder hij werd, het des te moeilijker zou worden om een maagdelijke, protestante aristocrate te vinden die zijn bruid zou kunnen zijn.

Zijn speurtocht naar een vrouw had zich ontwikkeld tot een nationaal tijdverdrijf. De prins, toen bijna drieëndertig, had zich in een lastig parket gemanoeuvreerd door te verklaren dat dertig een mooie leeftijd was om te trouwen. Hij erkende openlijk hoe moeilijk het was een geschikte bruid te vinden. 'Het huwelijk is iets veel belangrijkers dan verliefd worden. Ik denk dat je het huwelijk voornamelijk moet zien als een kwestie van wederzijdse liefde en respect voor elkaar hebben. Het belangrijkste is goede vrienden te zijn en ik ben ervan overtuigd dat uiteindelijk uit die vriendschap liefde zal ontstaan. Ik heb een bijzondere verantwoordelijkheid me ervan te verzekeren dat ik de juiste keuze maak. Het laatste wat ik kan overwegen is een scheiding.'

Bij een andere gelegenheid verklaarde hij dat het huwelijk een maatschap is waarbij zijn vrouw niet alleen een man trouwde, maar ook een manier van leven. Zoals hij zei: 'Als ik moet besluiten met wie ik de komende vijftig jaar wil leven - nu, dan is dat wel het laatste besluit waarbij ik mijn hart wil laten heersen over mijn verstand.' In zijn ogen is het huwelijk dus in de eerste plaats het voldoen aan een verplichting tegenover zijn familie en zijn land, een taak die nog wordt bemoeilijkt door de onontbindbare aard van de overeenkomst. In zijn pragmatische speurtocht naar een partner om die rol te vervullen, zijn liefde en geluk overwegingen van het tweede plan.

De ontmoeting die prins Charles en Lady Diana Spencer onherroepelijk de weg naar St. Paul's Cathedral opstuurde, vond plaats in juli 1980, op een baal hooi bij het huis van kapitein-luitenant Robert de Pass, een vriend van prins Philip, en zijn vrouw Philippa, een van de hofdames van de koningin. Diana werd door hun zoon Philip uitgenodigd bij hun thuis in Petworth, West-Sussex, te komen logeren. 'Je bent een jonge meid,' zei hij haar, 'misschien vind je hem wel leuk.'

In het weekeinde reed ze naar het nabijgelegen Cowdray Park om de prins te zien polospelen voor zijn team, Les Diables Bleus. Na afloop van de wedstrijd gingen de gasten die dat weekeinde waren uitgenodigd, terug naar Petworth voor een barbecue op het terrein van het landgoed van De Pass. Diana kwam naast prins Charles te zitten op een baal hooi, en na de gebruikelijke hoffelijkheden kwam het gesprek op de dood van graaf Mountbatten en zijn begrafenis in Westminster Abbey. In een gesprek, vertelde ze later aan vriendinnen, had ze tegen hem gezegd: 'U zag er zo verdrietig uit toen u door het middenpad van de kerk liep bij de begrafenis. Het was het meest tragische dat ik ooit heb gezien. Mijn hart bloedde voor u toen ik het zag. Ik dacht: "Dit is verkeerd, u bent eenzaam, u zou iemand moeten hebben om voor u te zorgen."'

Haar woorden raakten een gevoelige snaar. Charles zag Diana met andere ogen. Zoals ze later vertelde aan vriendinnen, werd ze overdonderd door zijn enthousiaste aandacht. Diana voelde zich gevleid, in de war en opgewonden door de hartstocht die ze had opgewekt bij een man die twaalf jaar ouder was dan zij. Ze hervatten hun conversatie en kletsten tot laat in de avond. De prins, die belangrijke paperassen had na te zien op Buckingham Palace, vroeg haar de volgende dag met hem mee terug te rijden. Ze weigerde, omdat ze het onbeleefd vond staan tegenover haar gastheer.

Vanaf dat moment begon hun relatie tot bloei te komen. Haar huisgenote Carolyn Bartholomew herinnert zich: 'Prins Charles verscheen kalmpjes aan op het toneel. Ze had beslist een speciaal plekje voor hem in haar hart.' Hij nodigde haar uit voor een uitvoering van Verdi's Requiem - een van haar lievelingswerken - in de Royal Albert Hall. Haar grootmoeder Ruth, Lady Fermoy, fungeerde als haar chaperonne en vergezelde hen later toen ze teruggingen naar Buckingham Palace voor een koud souper in zijn appartement. Zijn memo aan zijn persoonlijke bediende, de inmiddels overleden Stephen Barry, over deze ontmoeting is kenmerkend voor de uitgebreide planning die voorafgaat aan de eenvoudigste afspraak met iemand van het koningshuis. De memo luidde: 'Bel s.v.p. kapitein Anthony Asquith [een voormalig adjudant] voordat we gaan jagen en vertel hem dat ik Lady Diana Spencer (de kleindochter van Lady Fermoy) heb uitgenodigd zondagavond naar de Albert Hall te komen en daarna te komen eten op BP. Vraag hem of dit geregeld kan worden en zij met haar grootmoeder naar de Albert Hall kan komen. Als het geregeld is, bel dan rond lunchtijd wanneer we weer in het Huis zijn. C.' [Het Huis is Buckingham Palace.]

Het probleem was dat de uitnodiging vrij laat moet zijn gedaan, want

Carolyn herinnert zich: 'Ik kwam om zes uur binnenlopen en Diana riep meteen: "Snel, snel, over twintig minuten ontmoet ik Charles." Nu, we hebben enorme lol gehad, haar haar moest gewassen en gedroogd, op zoek naar een jurk, waar is de jurk. We hebben het in precies twintig minuten voor elkaar gekregen. Maar ik bedoel, hoe durfde hij haar zo kort van te voren te vragen.'

Ze had zich nog maar nauwelijks van die koortsachtige avond hersteld, toen hij haar uitnodigde hem te vergezellen op het koninklijke jacht Britannia tijdens de Cowes Week. Het koninklijke jacht, het oudste schip van de Koninklijke Marine, is een vertrouwde aanblik in de wateren van de Solent tijdens de regatta in augustus, wanneer prins Philip gastheer is voor een aantal genodigden, onder wie meestal zijn Duitse familieleden, samen met prinses Alexandra, haar echtgenoot, Sir Angus Ogilvy en talloze enthousiaste zeilvrienden.

Tijdens dat weekeinde had Diana gezelschap van Lady Sarah Armstrong-Jones, de dochter van prinses Margaret, en Susan Deptford, die later de tweede vrouw werd van majoor Ronald Ferguson. Zij ging waterskiën terwijl prins Charles windsurfte. Verhalen als dat ze hem voor de grap van zijn surfplank heeft gegooid, lijken onwaarschijnlijk, omdat Diana toen volkomen geïntimideerd was in zijn gezelschap. Ze was 'behoorlijk onder de indruk' van de sfeer aan boord van het koninklijke jacht. Niet alleen waren zijn vrienden veel ouder dan zij, maar ze leken ook op de hoogte van de strategie van prins Charles ten opzichte van haar. Ze vond hen te vriendelijk en te goed op de hoogte. 'Ik kon ze haast niet van me afslaan,' vertelde ze haar vriendinnen. Voor een meisje dat graag de zaken in de hand houdt, was het een behoorlijk verontrustende ervaring.

Er was weinig tijd om over de implicaties na te denken, omdat prins Charles haar al had uitgenodigd om het weekeinde naar Balmoral te komen voor de Braemar Games in begin september. Het kasteel van de koningin in de Schotse Hooglanden wordt omgeven door 10.000 hectare heide- en veengrond en is eigenlijk het echte familiedomein van de Windsors. Vanaf de tijd dat koningin Victoria het landgoed aankocht, in 1848, heeft het een speciale plaats ingenomen in het hart van de koninklijke familie. Maar de familiegrappen en ondoorgrondelijke tradities die daaromheen in de loop der jaren zijn ontstaan, kunnen intimiderend zijn voor nieuwkomers. 'Niet daar gaan zitten,' roepen ze in koor tegen de onfortuinlijke gast die zo dom is om in de salon op de stoel te willen gaan zitten waar koningin Victoria als laatste op heeft gezeten. Degenen die succesvol door dit sociale mijnenveld weten te manoeuvreren, wat in de wandelgangen bekend staat als 'de Balmoral-test', worden door de koninklijke familie opgenomen. Mensen die tekortschieten, verdwijnen even snel uit de koninklijke gunst als de mist in de Hooglanden kan optrekken.

Het vooruitzicht van haar verblijf op Balmoral benauwde Diana nogal. Ze was 'doodsbang' en wilde er ontzettend graag in slagen zich op de juiste wijze te gedragen. Gelukkig hoefde ze niet in het hoofdgebouw te logeren, maar kon haar intrek nemen bij haar zuster Jane en haar echtgenoot Robert die, omdat hij deel uitmaakte van de koninklijke hofhouding, als privilege een woning op het landgoed ter beschikking had gekregen. Prins Charles belde haar elke dag op met voorstellen voor een wandeling of een barbecue.

Het waren een paar 'heerlijke' dagen, totdat de glinstering van een verrekijker aan de overkant van de rivier de Dee hun idylle verstoorde. De verrekijker behoorde toe aan royalty-journalist James Whitaker, die prins Charles had zien vissen aan de oever van de Dee. Zo werden de jagers tot opgejaagden. Diana zei meteen tegen Charles dat ze uit het zicht zou verdwijnen, en terwijl hij verder viste, verstopte zij zich een halfuur lang achter een boom in de vergeefse hoop dat de journalisten zouden verdwijnen. Ze was zo slim het spiegeltje uit haar poederdoos te gebruiken om te zien of het vervelende drietal bestaande uit James Whitaker en zijn rivalen, de fotografen Ken Lennox en Arthur Edwards, gade te slaan terwijl ze probeerden haar op film vast te leggen. Ze dwarsboomde hun bedoelingen door rustig, kaarsrecht langs de dennebomen weg te lopen, haar hoofd verborgen onder een sjaaltje en pet, om de beste krachten van Fleet Street achter te laten zonder een clou over haar identiteit.

Ze kwamen haar al gauw op het spoor en van toen af aan was het zo goed als gedaan met haar privé-leven. Dag en nacht stonden verslaggevers haar op te wachten, terwijl fotografen haar belegerden bij de kleuterschool Young England, waar ze werkte. Bij één gelegenheid stemde ze erin toe te poseren voor foto's op voorwaarde dat ze daarna met rust gelaten zou worden. Helaas poseerde ze met tegenlicht, waardoor haar katoenen jurk tot een doorkijkjurk werd en de hele wereld haar benen kon zien. 'Ik wist dat je benen er mochten zijn, maar ik had me niet gerealiseerd dat ze zo fantastisch waren,' schijnt prins Charles te hebben opgemerkt. 'Maar moest je ze nu echt aan de hele wereld laten zien?'

Prins Charles kon zich permitteren erom te lachen, maar Diana kwam er al snel achter wat de prijs was van een koninklijke romance.

Ze werd midden in de nacht opgebeld over reportages in de kranten en durfde toch de hoorn van de gemeenschappelijke telefoon er niet naast te leggen voor het geval een van hun familieleden 's nachts ziek zou worden. Steeds wanneer ze erop uitging in haar opvallend rode Metro, werd ze gevolgd door een horde persmensen. Ze verloor echter nooit haar zelfbeheersing, gaf beleefde, nietszeggende antwoorden op de eindeloze reeks vragen over haar gevoelens voor de prins. Haar charmante glimlach, haar ontwapenende optreden en haar onberispelijke gedrag maakten haar al snel tot de lieveling van het publiek. Haar huisgenote Carolyn Bartholomew zegt: 'Ze speelde het precies goed. Ze heeft op geen enkele manier publiciteit gezocht, omdat dat juist de kansen van haar zuster Sarah had bedorven. Diana was zich er goed van bewust dat als er iets speciaals wilde ontstaan, dat zonder enige druk van de pers zou moeten gebeuren.'

Niettemin was er een voortdurende spanning waardoor haar zenuwen tot het uiterste op de proef werden gesteld. In de beslotenheid van haar appartement kon ze zich veroorloven haar gevoelens te tonen. 'Ik heb als een klein kind zitten huilen, ik kon het gewoon niet aan,' herinnert ze zich. Prins Charles bood nooit aan te helpen en toen ze in haar wanhoop een keer de voorlichtingsdienst van Buckingham Palace belde, liet men haar weten dat ze het zelf moest zien af te handelen. Terwijl zij hun handen van haar aftrokken, moest Diana diep uit haar innerlijke krachtbron putten en haar intuïtieve vastberadenheid aanspreken om te overleven.

Wat het erger maakte, was dat het leek alsof prins Charles zich minder zorgen over haar situatie leek te maken dan over die van zijn vriendin Camilla Parker-Bowles. Als hij Diana opbelde, praatte hij vaak op medelevende toon over de moeilijke tijd die Camilla doormaakte omdat er drie of vier journalisten voor haar deur postten. Diana verbeet zich en zei niets over de ware belegering waaronder ze leefde. Ze vond het niet haar taak dat te doen en bovendien wilde ze geen last zijn voor de man van wie ze hield.

Naarmate de romance opbloeide, begon Diana twijfels te koesteren over haar nieuwe vriendin Camilla Parker-Bowles. Ze leek op de hoogte van alles wat Diana en Charles hadden besproken tijdens hun zeldzame momenten van privacy, en zat vol adviezen over hoe je het beste met prins Charles kon omgaan. Het was allemaal erg vreemd. Zelfs Diana, een volkomen nieuweling waar het de regels van de liefde betrof, begon te vermoeden dat dit niet de manier was waarop de meeste mannen een verhouding zouden hebben. Om te beginnen waren

Charles en zij nooit alleen. Tijdens haar eerste bezoek aan Balmoral, toen ze bij haar zuster Jane logeerde, waren de Parker-Bowles prominent onder de gasten aanwezig. Toen Charles haar uitnodigde voor een etentje op Buckingham Palace, waren de Parker-Bowles of zijn skivrienden Charlie en Patti Palmer-Tomkinson ook altijd aanwezig.

Op 24 oktober 1980, toen Diana van Londen naar Ludlow reed om prins Charles zijn paard Allibar te zien berijden tijdens de Clun Handicap voor amateurruiters, brachten ze het weekeinde met de Parker-Bowles door in Bolehyde Manor in Wiltshire. De volgende dag reden Charles en Andrew Parker-Bowles uit met de Beaufort Hunt, en brachten Diana en Camilla de ochtend samen door. Het volgende weekeinde logeerden ze opnieuw in Bolehyde Manor.

Tijdens het eerste weekeinde leidde prins Charles Diana rond op Highgrove, een landgoed van 140 hectare in Gloucestershire dat hij in juli had gekocht - dezelfde maand waarin hij Diana het hof begon te maken. Toen hij haar rondleidde door het huis met de acht slaapkamers, vroeg de prins haar of zij de leiding op zich wilde nemen van de binnenhuisarchitectuur. Hij bewonderde haar smaak, maar zij vond het een 'hoogst ongepast' voorstel omdat ze niet eens verloofd waren.

Diana was dan ook zeer verstoord toen de Sunday Mirror met een voorpaginareportage verscheen waarin werd beweerd dat Diana op 5 november per auto uit Londen was vertrokken voor een geheime ontmoeting met prins Charles aan boord van de koninklijke trein, ergens op een rangeerspoor bij Holt in Wiltshire. Eindelijk kwam Buckingham Palace haar te hulp. De koningin gaf haar perschef opdracht om herroeping van het artikel te eisen. Er volgde een briefwisseling met de hoofdredacteur, Bob Edwards, die prompt werd gepubliceerd, toevallig op de dag waarop prins Charles per vliegtuig naar India en Nepal vertrok voor een officiële rondreis. Diana hield vol dat ze in haar appartement was geweest, uitgeput na een late nacht in het Ritz Hotel, waar zij en prins Charles het feest ter gelegenheid van de vijftigste verjaardag van prinses Margaret hadden bijgewoond. 'Het loopt allemaal volkomen uit de hand, ik ben niet verveeld, maar voel me ellendig,' vertrouwde Diana een meelevende buurman toe, die toevallig journalist was.

Haar moeder, Frances Shand Kydd, maakte ook van deze gelegenheid gebruik om in het strijdperk te treden voor haar dochter. Begin december schreef ze een brief aan The Times, waarin ze zich beklaagde over de manier waarop Diana werd lastig gevallen en de leugens die ze moest verdragen sinds de romance openbaar was geworden.

'Mag ik de hoofdredacteuren van Fleet Street vragen of zij het bij de uitoefening van hun beroep noodzakelijk achten mijn dochter dagelijks lastig te vallen, van 's morgens vroeg tot 's avonds laat? Is het, ongeacht de omstandigheden, eerlijk van wie dan ook te verlangen zich zo te laten behandelen?' Hoewel haar brief zestig parlementsleden aanzette tot het opstellen van een motie waarin 'de wijze waarop Lady Diana Spencer door de media wordt behandeld ernstig wordt betreurd', en leidde tot een bijeenkomst tussen hoofdredacteuren en de voorlichtingsdienst, duurde de belegering van Coleherne Court voort.

Sandringham, het fort waar de koninklijke familie de winter doorbrengt, was ook omringd door journalisten. Het Huis van Windsor, dat werd beschermd door politie, perschefs en eindeloos veel hectaren grond, toonde minder zelfbeheersing dan het Huis van Spencer. De koningin riep: 'Waarom gaan jullie niet weg?' tegen de menigte persmuskieten, terwijl prins Charles sarcastisch zei: 'Ik wens jullie een heel gelukkig nieuwjaar, en jullie hoofdredacteuren een bijzonder slecht jaar!' Prins Edward schijnt zelfs een geweerkogel te hebben afgevuurd over het hoofd van een fotograaf van de Daily Mirror.

Terug op Coleherne Court slaagde de belegerde bewoonster er, als het echt nodig was, in om de vijand te verslaan. Op een keer, toen Diana met prins Charles in Broadlands zou gaan logeren, haalde ze de lakens van haar bed en gebruikte die om haar koffer uit het keukenraam op straat te laten zakken, uit het zicht van de wachtende riooljournalisten. Bij een andere gelegenheid klauterde ze over vuilnisemmers en ontsnapte door de branduitgang van een winkel in Knightsbridge, en op een keer lieten zij en Carolyn de auto achter en sprongen aan boord van een dubbeldekkerbus om de fotografen te ontlopen. Toen de bus kwam vast te zitten in het verkeer, sprongen ze eruit en renden weg door een schoenenwinkel van Russell en Bromley die in de buurt was. 'We hebben enorm plezier gehad,' zegt Carolyn, 'alsof we midden in Londen een soort puzzeltocht deden.'

Ze hadden een misleidingssysteem opgezet waarbij Carolyn rondreed in de auto van Diana om haar achtervolgers weg te lokken, waar- na Diana te voorschijn kwam uit het huis aan Coleherne Court en de andere kant uitliep. Zelfs haar grootmoeder, Lady Fermoy, deed mee aan de misleiding. Diana, die Kerstmis 1980 op Althorp had doorgebracht, keerde terug naar Londen om de oudejaarsavond met haar vriendinnen door te brengen.

De volgende dag reed ze naar Sandringham, maar liet eerst haar opvallende Metro bij Kensington Palace achter, waar de zilverkleurige

VW Golf van haar grootmoeder klaarstond. Ze reed weg in de VW en liet de heren van de pers achter zich.

Terwijl het hysterische perscircus Charles en Diana voortjoeg naar het altaar, moest ze proberen in het reine te komen met haar eigen gevoelens en gedachten over de prins van Wales. Het was niet eenvoudig. Ze had nooit eerder een serieuze vriend gehad en had dus geen ervaringen waaraan ze het gedrag van Charles kon relateren. Tijdens hun bizarre hofmakerij was ze zijn gewillige jonge hondje dat kwam wanneer hij floot. Hij verwachtte niet anders. Als de prins van Wales was hij eraan gewend in het middelpunt van de belangstelling te staan en gevlei en lovende woorden aan te horen. Hij noemde haar Diana, zij sprak hem aan met 'Sir'.

Hij maakte moederlijke gevoelens bij haar wakker. Als ze terugkwam van een afspraakje met de prins, was ze een en al medelijden met hem en zei dingen als: 'Ze beulen hem af' of 'Het is vreselijk zoals ze met hem omspringen'. In haar ogen was hij een trieste, eenzame man, voor wie gezorgd moest worden. En ze was volkomen hopeloos verliefd op hem. Hij was de man met wie ze de rest van haar leven wilde doorbrengen en ze was bereid hem met kunst- en vliegwerk voor zich te winnen.

Diana vroeg regelmatig advies aan haar huisgenoten over hoe ze haar romance het beste kon aanpakken. Carolyn herinnert zich: 'Het was gewoon zoals dat tussen vriendinnen gaat. Sommige dingen kan ik niet onthullen, andere dingen waren zoiets als: 'Zorg ervoor dat je dit of dat doet. Het was als een spelletje.'

Terwijl ze zich koesterde in de warme gloed van haar eerste liefde, werd ze af en toe van haar stuk gebracht door twijfels. Verrassend genoeg was het haar grootmoeder Ruth, Lady Fermoy, een van de hofdames van de koningin-moeder, die een voorzichtig waarschuwend woord liet horen. Het was zeker niet zo, als alom is verondersteld, dat haar grootmoeder de verbintenis in scène had gezet, ze waarschuwde haar juist voor de moeilijkheden die een huwelijk met iemand van het koninklijk huis oplevert. 'Je moet begrijpen dat hun gevoel voor humor en hun levensstijl heel anders zijn,' waarschuwde ze haar. 'Ik denk niet dat het je zal aanstaan.'

Diana werd ook door andere zorgen geplaagd. Zo was er zijn kliek van hielenlikkende vrienden, voor het merendeel van middelbare leeftijd, die te kruiperig en onderdanig waren. Ze voelde intuïtief dat dergelijke aandacht niet goed voor hem was. Dan was er de altijd aanwezige Mrs. Parker-Bowles, die alles van hun scheen te weten, zelfs voordat ze het gedaan hadden. Tijdens hun verhouding had Diana hem gevraagd naar zijn vroegere vriendinnen.

Hij vertelde haar toen dat het getrouwde vrouwen waren omdat die, zoals hij het formuleerde, 'veilig waren'. Zij moesten aan hun man denken en zouden er dus nooit over durven praten. Toch geloofde Diana echt dat hij van haar hield, omdat hij zich zo verliefd gedroeg in haar aanwezigheid. Tegelijkertijd moest ze zich er wel over verbazen dat hij in een tijdsbestek van een jaar verwikkeld was geweest in drie verhoudingen, met Anna Wallace, Amanda Knatchbull en haar, en dat elk van die verhoudingen op een huwelijk had kunnen uitlopen. Die twijfels verdwenen na een telefoontje dat ze kreeg terwijl prins Charles op ski-vakantie was in Klosters in Zwitserland. Tijdens het gesprek, dat hij voerde vanuit het chalet van zijn vrienden Charlie en Patti Palmer-Tomkinson, zei hij dat hij haar bij zijn terugkeer iets belangrijks te vragen had. Haar intuïtie vertelde haar wat dat 'iets' zou zijn en die avond praatte ze tot in de kleine uren met haar huisgenoten over wat ze zou doen. Ze was verliefd, ze dacht dat hij ook van haar hield en toch was ze zich ervan bewust dat er op de achtergrond een andere vrouw meespeelde, Camilla Parker-Bowles.

Hij keerde op 3 februari 1981 terug naar Engeland, fit en zongebruind. De donderdag daarop ging hij voor oefeningen mee aan boord van het HMS Invincible, het nieuwste vliegdekschip van de Koninklijke Marine, en keerde weer terug naar Londen, waar hij de nacht op Buckingham Palace doorbracht. Hij had afgesproken dat hij Diana de volgende dag, op vrijdag 6 februari, zou ontmoeten op Windsor Castle. Daar vroeg de prins van Wales Lady Diana Spencer officieel ten huwelijk.

Het huwelijksaanzoek zelf vond plaats 's avonds laat in de kinderkamer van Windsor Castle. Hij vertelde haar hoe hij haar had gemist toen hij aan het skiën was en vroeg haar toen eenvoudigweg ten huwelijk. Eerst nam ze zijn verzoek luchthartig op en barstte uit in gegiechel. De prins was heel serieus en benadrukte de ernst van zijn verzoek door haar in herinnering te brengen dat ze op een dag koningin zou worden.

Hoewel een stemmetje in haar hoofd fluisterde dat ze nooit koningin zou worden, maar wel een moeilijk leven tegemoet ging, nam ze zijn aanzoek aan en vertelde hem herhaaldelijk hoeveel ze van hem hield. 'Wat liefde dan ook mag zijn,' antwoordde hij, een zinsnede die hij opnieuw zou gebruiken tijdens de vraaggesprekken met de media gedurende hun officiële verlovingstijd.

Hij liet haar alleen om boven de koningin op te bellen, die in Sandringham was, en haar op de hoogte te stellen van de gelukkige afloop van zijn aanzoek. Intussen probeerde Diana haar lot te overzien. Ondanks haar nerveuze gelach, had ze veel nagedacht over het vooruitzicht. Afgezien van haar onbetwistbare liefde voor prins Charles, vormden haar plichtsgevoel en haar verlangen om een nuttige rol in het leven te vervullen factoren die meespeelden bij haar belangrijke besluit.

Toen ze die avond terugkeerde naar haar appartement, waren haar vriendinnen ontzettend nieuwsgierig. Ze liet zich op het bed vallen en zei: 'Raad eens?' Ze riepen in koor: 'Hij heeft je gevraagd.' Diana antwoordde: 'Hij heeft me gevraagd en ik heb gezegd: "Ja, graag."' Na de omhelzingen, tranen en kussen waarmee ze haar gelukwensten, maakten ze een fles champagne open voor ze een rondrit door Londen gingen maken om hun geheim te vieren.

De volgende dag stelde ze haar ouders op de hoogte. Ze waren natuurlijk opgetogen, maar toen ze haar broer Charles in het appartement van hun moeder in Londen vertelde over haar huwelijksplannen, maakte hij een grapje: 'Met wie?' Hij herinnert zich: 'Toen ik daar kwam, was ze dolgelukkig en straalde dat ook uit. Ik herinner me haar als volkomen extatisch.' Had hij toen het gevoel dat ze verliefd was op de functie of de persoon? 'Door de vuurdoop van de media wist ze dat ze die rol ook aan kon. Ik heb haar nog nooit zo gelukkig gezien. Het was oprecht, want iemand met onzuivere motieven kan er niet zo gelukkig uitzien. Ze bood niet de aanblik van iemand die de jackpot heeft gewonnen, maar van iemand die ook geestelijk vervulling heeft gevonden.'

Nadat ze zolang de Spencer-dochter was geweest die in het licht van de schijnwerpers stond, moest Sarah nu plaatsmaken voor Diana. Hoewel ze blij was voor haar jongere zus, gaf ze toe dat ze een beetje jaloers was op Diana's nieuwe faam. Het duurde even voor ze zich leerde aanpassen aan haar rol als zuster van de prinses van Wales. Jane koos voor een praktischer benadering. Terwijl ze deelde in de euforie van de aanstaande bruid, als de vrouw van de assistent privé-secretaris van de koningin, kon ze niet verhinderen dat ze zich zorgen maakte over hoe Diana het leven binnen het koningshuis zou ondergaan.

Maar dat was nog toekomst. Twee dagen later nam Diana een welverdiende vakantie, haar laatste als burger. Ze vergezelde haar vader en moeder voor een vliegreis naar Australië, waar ze naar zijn schapenfarm in Yass in New South Wales reisden. Ze logeerden aan het strand in het huis van vrienden en genoten van tien dagen vredige rust en afzondering.

Terwijl Diana en haar moeder voorbereidingen begonnen te treffen voor het opstellen van de lijst van genodigden, de aanpassing van haar garderobe en andere details voor het huwelijksfeest van het jaar, probeerden de media tevergeefs hun schuilplaats te achterhalen. De enige man die het wist was de prins van Wales. De dagen verstreken en Diana smachtte naar haar prins, maar toch belde hij nooit. Als excuus voor zijn stilzwijgen zag ze de druk van zijn koninklijke verplichtingen. Uiteindelijk belde ze hem op om tot de ontdekking te komen dat hij niet in zijn appartement in Buckingham Palace was. Pas nadat zij hem had gebeld, belde hij terug. Na dat ene telefoontje was ze gerustgesteld, en Diana's gekwetste trots werd kortstondig gestreeld bij haar terugkeer naar Coleherne Court. Er werd aangeklopt, en een van de stafleden van de prins verscheen met een groot boeket bloemen. Er zat echter geen kaartje bij van haar aanstaande echtgenoot en ze kwam tot de conclusie dat het alleen een tactvol gebaar was van zijn kantoor.

Deze zorgen waren een paar dagen later vergeten toen Diana bij het krieken van de dag opstond en naar het huis van Nick Gaselee, de trainer van Charles, reisde in Lambourn om hem zijn paard Allibar te zien berijden. Terwijl zij en zijn rechercheur toekeken hoe de prins met zijn paard de gangen doornam op het galoppeerterrein, werd Diana overvallen door weer een voorgevoel over iets rampzaligs. Ze zei dat Allibar een hartaanval zou krijgen en doodgaan. Seconden nadat ze die woorden had uitgesproken, wierp de elfjarige Allibar het hoofd achterover en stortte, getroffen door een hartaanval, ter aarde. Diana sprong uit de Land Rover en rende naar Charles. Niemand kon er nog iets aan doen. Het paar bleef bij het paard tot een veearts de dood had geconstateerd, en om de wachtende fotografen te ontlopen verliet Diana de Gaselees achterin de Land Rover met een jas over haar hoofd getrokken.

Het was een afschuwelijke gebeurtenis, maar er was weinig tijd om bij de tragedie stil te staan. De onontkoombare koninklijke verplichtingen voerden prins Charles naar Wales, zodat Diana hem alleen telefonisch kon troosten met zijn verlies. Binnenkort zouden ze voorgoed samen zijn en zou er een einde komen aan de voorwendselen en het bedrog. Het tijdstip om de wereld van hun geheim op de hoogte te stellen was bijna aangebroken.

De avond voor de aankondiging van de verloving, die plaatsvond op

24 februari 1981, pakte ze een weekendtas in, omhelsde haar trouwe vriendinnen en verliet Coleherne Court voorgoed. Ze was in gezelschap van een bewapende bodyguard van Scotland Yard, hoofdinspecteur Paul Officer, een filosofisch ingestelde politieman die wordt gefascineerd door runetekens, mystiek en het hiernamaals. Terwijl zij zich opmaakte om afscheid te nemen van haar privéleven, zei hij tegen haar: 'Ik wil dat u beseft dat dit de laatste avond in vrijheid is in uw leven, dus geniet er optimaal van.'

Bij die woorden bleef ze stokstijf staan. 'Het was alsof mijn hart door een zwaard werd doorboord.'

4

'Zoveel hoop in mijn hart'

De speurtocht van de knappe prins was voltooid. Hij had zijn schone maagd gevonden en de wereld had haar sprookje. In haar ivoren toren voelde Assepoester zich ongelukkig, afgesloten van haar vrienden, familieleden en de buitenwereld. Terwijl het publiek het geluk van de prins vierde, sloten de schaduwen van de gevangenis zich onweerhoudbaar om Diana.

Ondanks haar aristocratische opvoeding voelde de onschuldige jonge kleuterjuf zich totaal verloren in de eerbiedwaardige hiërarchie van Buckingham Palace. Er werden heel wat tranen gestort tijdens die eerste drie maanden, en nog heel wat meer daarna. Haar gewicht schoot omlaag, en haar taille slonk van 72 centimeter toen de verloving werd bekend gemaakt, tot 57 centimeter op haar trouwdag. In die turbulente tijd kreeg ze voor het eerst last van haar boulimie nervosa, en het zou bijna tien jaar duren voor ze die meester werd. Op het briefje dat Diana achterliet voor haar vriendinnen in Colherne Court stond: 'Bel me in godsnaam op - ik zal jullie nodig hebben.' Dat bleek pijnlijk accuraat.

Carolyn Bartholomew, die haar zag wegkwijnen tijdens haar verloving, herinnert zich: 'Ze ging op Buckingham Palace wonen en toen kwamen de tranen. Het jonge ding werd zo mager. Ik maakte me zoveel zorgen om haar. Ze was niet gelukkig, ze kwam zomaar midden in al die spanningen terecht en dat was een nachtmerrie voor haar. Het duizelde haar; ze werd van alle kanten bestookt. Het was als een wervelwind, en ze zag bleek en grauw.'

Haar eerste nacht in Clarence House, de Londense residentie van de koningin-moeder, vormde de stilte voor de storm die naderde. Ze werd aan zichzelf overgelaten toen ze arriveerde, niemand van de koninklijke familie, niet eens haar aanstaande echtgenoot, had het nodig geacht haar welkom te heten in haar nieuwe wereld. De populaire mythe schildert een huiselijk beeld van de koningin-moeder die als een kloek voor Diana zorgde terwijl ze haar onderrichtte in de subtiele kunst van het koninklijk protocol, en van de oudste hofdame van de koningin, Lady Susan Hussey, die de jonge vrouw apart nam voor lessen in koninklijke geschiedenis. In werkelijkheid werd Diana minder goed op haar nieuwe functie voorbereid dan de gemiddelde caissière in een supermarkt.

Diana werd door een bediende naar haar slaapkamer op de eerste verdieping gebracht. Er lag een brief op haar bed. Die was afkomstig van Camilla Parker-Bowles en was geschreven een aantal dagen voordat de verloving officieel werd bekend gemaakt. Het vriendelijke briefje nodigde haar uit voor de lunch. Tijdens die ontmoeting, die zo was gearrangeerd dat hij samenviel met de rondreis van prins Charles door Australië en Nieuw-Zeeland, begon Diana in te zien hoe Camilla dacht. Ze bleef maar vragen of Diana zou gaan jagen als ze haar intrek zou nemen op Highgrove. Een beetje verbaasd door zo'n merkwaardige vraag, antwoordde Diana ontkennend. De opluchting op het gezicht van Camilla was zonneklaar. Diana realiseerde zich later dat haar rivale prins Charles' liefde voor de jacht als een manier zag om haar eigen relatie met hem te handhaven.

Dat was toen nog niet duidelijk. Maar dat was zoveel niet. Diana verhuisde al snel naar vertrekken in Buckingham Palace waar zij, haar moeder en een klein team haar huwelijk en haar garderobe moesten organiseren. Diana ontdekte al snel dat de enige verandering die de koninklijke familie op prijs stelt, kleding betreft. Het jaar is onderverdeeld in drie officiële seizoenen, en vaak dient er vier keer per dag andere formele kleding aangetrokken te worden, dus haar garderobe, die bestond uit één lange avondjurk, een zijden blouse en een paar nette schoenen, was volkomen ontoereikend. In haar verkeringstijd had ze regelmatig de kledingvoorraad van haar vriendinnen geplunderd zodat ze iets presentabels had om in uit te gaan. Haar moeder hielp haar bij het uitkiezen van het beroemde blauwe mantelpakje, dat ze bij Harrods kocht, en Diana vroeg advies over de opbouw van een officiële garderobe aan de vriendin van haar zuster, Anna Harvey, de moderedactrice van het tijdschrift Vogue.

Ze begon in te zien dat haar werkkleding niet alleen modieus moest zijn, maar ook moest zijn opgewassen tegen onverwachte dingen die gebeuren tijdens een rondgang in het openbaar, de inbreuk van fotografen, en tegen haar altijd aanwezige vijand, de wind. Langzaam ontdekte ze de trucjes van het vak, zoals het verzwaren van de zoom, zodat die niet opwaaide in de wind, en ze verzamelde geleidelijkaan een groepje ontwerpers om zich heen, onder wie Catherine Walker, David Sassoon en Victor Edelstein, op wie ze nu afgaat.

In het begin was er geen allesomvattend plan, het was gewoon een kwestie van kiezen uit de mensen die populair waren, of haar waren aanbevolen door haar nieuwe vrienden bij Vogue. Ze koos twee jonge ontwerpers uit, David en Elizabeth Emanuel, om haar trouwjurk te ontwerpen, omdat ze onder de indruk was geraakt van hun werk toen ze een fotosessie bijwoonde in Lord Snowdons studio in Kensington. Zij maakten ook de avondjurk voor haar eerste officiële verplichting, het bijwonen van een liefdadigheidsbal in het centrum van Londen, die vrijwel net zoveel opschudding veroorzaakte als de japon die een paar maanden later St. Paul's Cathedral opsierde.

De zwarte tafzijden baljurk was strapless, had een laag uitgesneden rug, en een decolleté zo diep, dat het de zwaartekracht leek uit te dagen. Prins Charles was niet onder de indruk van haar verschijning. Terwijl zij dacht dat zwart de meest gedistingeerde kleur was die een meisje van haar leeftijd kon dragen, had hij daar andere ideeën over. Toen ze zo uitgedost in de deuropening van zijn studeerkamer verscheen, zei hij kritisch-afkeurend dat alleen mensen die in de rouw zijn zwart dragen. Diana antwoordde dat ze nog geen deel uitmaakte van zijn familie, en dat ze bovendien niets anders had dat passend was voor de gelegenheid.

Die kritiek deed haar zelfvertrouwen weinig goed toen ze tegenover een batterij van camera's kwam te staan die buiten voor Goldsmith's Hall stonden opgesteld. Ze was ongeschoold in de finesses van het koninklijk gedrag en was doodsbang dat ze haar verloofde op een of andere manier in verlegenheid zou brengen. 'Het was een vreselijke aangelegenheid,' vertelde ze haar vriendinnen. In de loop van de avond ontmoette ze prinses Gracia van Monaco, een vrouw die ze van een afstand altijd had bewonderd.

Zij merkte Diana's onzekerheid op, negeerde de andere gasten die nog druk aan het praten waren over Diana's kledingkeuze, en nam haar mee naar het damestoilet. Diana luchtte haar hart over de publiciteit, haar gevoel van isolement en haar angst over wat de toekomst voor haar in petto had. 'Maak je maar geen zorgen,' zei prinses Gracia voor de grap, 'het wordt nog veel erger.'

Tegen het eind van die gedenkwaardige maand maart vloog prins Charles naar Australië voor een bezoek van vijf weken. Voordat hij aan boord ging van de RAF VC10 pakte hij haar bij de arm en kuste haar op beide wangen. Toen ze zijn vliegtuig zag wegtaxiën, kon ze zich niet meer flink houden en barstte in snikken uit. Deze kwetsbaarheid maakte haar nog geliefder bij het publiek. Haar tranen waren echter niet wat ze leken. Voor hij naar het vliegveld vertrok, moest Charles nog een paar laatste dingen regelen in zijn studeerkamer. Diana was met hem aan het praten toen de telefoon ging. Het was Camilla. Diana vroeg zich af of ze kon blijven zitten of hen ongestoord afscheid moest laten nemen. Ze liet haar verloofde alleen, maar vertelde later aan vriendinnen dat het voorval haar veel pijn had gedaan.

Ze zat nu alleen in haar ivoren toren. Voor een meisje dat gewend was aan het rumoer en de chaos van een huis vol meisjes, was het niet makkelijk zich thuis te voelen op Buckingham Palace. Diana vond het een oord vol 'dode energie', en voelde minachting voor de gladde ontwijkingen en de subtiele dubbelzinnigheden die door de hovelingen werden gebezigd, met name wanneer ze hun rechtstreeks vroeg naar de relatie van haar verloofde met Camilla Parker-Bowles. Omdat ze zich eenzaam voelde en medelijden met zichzelf had, liep ze regelmatig van haar appartement op de tweede verdieping naar de keukens om met het personeel te praten. Befaamd is de gelegenheid waarbij Diana, op blote voeten en informeel gekleed in spijkerbroek, geroosterd brood smeerde voor een verbaasde lakei.

Ze putte enige troost uit haar liefde voor de dans en nodigde de schoolpianiste van West Heath, de inmiddels overleden Lilian Snipp, en Wendy Mitchell, haar danslerares, uit naar Buckingham Palace te komen om haar privéles te geven. Veertig minuten lang werkte Diana, in haar zwarte balletpakje, een programma af waarin ballet was gecombineerd met tapdansen.

Miss Snipp hield een dagboek bij van deze gedenkwaardige dagen, dat uit eerste hand een indruk geeft van de twijfels die Lady Diana Spencer voelde toen de huwelijksdag naderde. De eerste keer dat Miss Snipp in haar dagboek schreef, op vrijdag 5 juni 1981, maakte ze aantekeningen van Diana's eerste les. Ze schreef: 'Naar Buckingham Palace om voor Lady Diana te spelen. We hebben allemaal hard gewerkt tijdens de les, geen tijd verloren laten gaan. Toen de les afgelopen was, zei Lady Diana voor de grap: "Ik neem aan dat Miss Snipp nu rechtstreeks naar Fleet Street gaat." Ze heeft een goed gevoel voor humor - dat zal ze de komende jaren nodig hebben.'

De meest ontroerende les, die de laatste zou blijken te zijn, vond een paar dagen voor het huwelijk plaats. Diana's gedachten waren bij de ingrijpende veranderingen die voor haar lagen. Miss Snipp schreef: 'Lady Diana nogal moe - te vaak laat geworden. Ik heb de zoutstrooiers afgegeven - cadeautje van West Heath - erg mooi en werden zeer bewonderd. Lady Diana telt af hoeveel dagen van vrijheid ze nog over heeft. Een beetje triest. Massa's mensen voor Buckingham Palace. We hopen de lessen in oktober te hervatten. Lady Diana zei: "Over twaalf dagen ben ik mezelf niet meer".'

Maar zelfs terwijl ze die woorden sprak, moet Diana hebben geweten dat ze de persoon die ze was vóór haar verloving, achter zich had gelaten zodra ze de paleisdeuren was binnengegaan. In de weken na haar verloving had ze meer zelfvertrouwen gekregen en was ze zelfverzekerder geworden, en haar gevoel voor humor kwam regelmatig naar boven. Lucinda Craig Harvey ontmoette haar voormalige werkster bij een aantal gelegenheden tijdens haar verloving, zo ook een keer op het feest voor de dertigste verjaardag van haar zwager, Neil McCorquodale. 'Ze had iets afzijdigs en iedereen was vol ontzag voor haar,' herinnert ze zich. Een trekje dat ook James Gilbey was opgevallen. 'Ze werd altijd beschouwd als een typische Sloan Ranger, maar dat is niet waar. Ze heeft er altijd buiten gestaan, had altijd iets heel vastberadens over zich en was heel nuchter, bijna dogmatisch. Door die eigenschap is ze nu een ongelooflijke aanwezigheid.'

Hoewel ze veel ontzag had voor prins Charles en zich schikte in elk besluit dat hij nam, leek ze niet erg onder de indruk van haar omgeving. Misschien was ze innerlijk gespannen, maar naar buiten toe leek ze kalm, ontspannen en in voor plezier. Ze voelde zich volkomen op haar gemak onder vrienden tijdens het feest voor de eenentwintigste verjaardag van prins Andrew, dat werd gehouden op Windsor Castle. Toen haar toekomstige zwager haar vroeg waar hij de hertogin van Westminster kon vinden, de vrouw van Engelands rijkste aristocraat, grapte ze: 'O Andrew, doe toch niet zo snobistisch.' Ze had snel haar woordje klaar, kon scherp zijn, maar was niet gemeen, wat deed denken aan haar oudste zuster Sarah toen zij de koningin van het society circuit was.

'Kijk niet zo ernstig, dat helpt niet,' zei Diana toen ze Adam Russell voorstelde aan de koningin, prins Charles en andere leden van de koninklijke familie die in Buckingham Palace in een rij klaarstonden voor de ontvangst van de gasten van het feest dat twee dagen voor het huwelijk werd gehouden. Opnieuw leek ze goedgehumeurd en ontspannen in haar imposante omgeving. Er was niet het geringste dat erop wees dat ze een paar uur eerder in een enorme huilbui was losgebarsten en ernstig had overwogen de hele zaak af te gelasten.

De oorzaak van haar tranen was een pakje dat een paar dagen eerder was bezorgd in het drukke kantoor van Buckingham Palace, dat ze deelde met Michael Colbourne, die toen de financiën van de prins beheerde, en een aantal andere mensen. Diana stond erop het open te maken, ondanks heftige protesten van de rechterhand van de prins. Het pakje bevatte een gouden schakelarmband met een blauw emaille plaatje waarop de letters 'F' en 'G' vervlochten waren. Die initialen stonden voor 'Fred' en 'Gladys', de bijnamen die, naar Diana van vrienden had gehoord, gebruikt werden door Charles en Camilla. Daar was ze al eerder achter gekomen, toen ze ontdekte dat de prins een boeket bloemen naar zijn maîtresse had gestuurd toen ze ziek was. Toen gebruikte hij ook die koosnaam.

Het werk in het prinselijk kantoor in Buckingham Palace kwam stil te liggen toen Diana haar aanstaande man confronteerde met wat hij cadeau wilde geven. Ondanks haar woedende en tranenrijke tegenwer-pingen stond prins Charles erop dat symbool cadeau te doen aan de vrouw die tijdens hun romance steeds opdook, en sindsdien diepe schaduwen heeft geworpen over hun huwelijk. De enormiteit van de vertoning trof haar een week voor het huwelijk toen ze de repetitie bijwoonde in St. Paul's Cathedral. Zodra de schijnwerpers aangingen, kwamen de kolkende emoties in haar hart los en brak ze in een ontroostbare huilbui uit.

Het publiek ving een glimp van haar frustratie en wanhoop op in het weekeinde voor het huwelijk, toen ze in een vloed van tranen het poloveld in Tidworth verliet. Toen stonden echter de televisiecamera's al opgesteld voor het huwelijk, de taart was gebakken, de menigten verzamelden zich al op de trottoirs en het gevoel van blijde verwachting was bijna voelbaar. De maandag voor haar huwelijksdag overwoog Diana in alle ernst de hele zaak af te zeggen. Ze wist dat prins Charles omstreeks lunchtijd met zijn cadeau naar Camilla was gegaan en zelfs zijn oudste lijfwacht, hoofdinspecteur John McLean, had thuisgelaten.

Terwijl hij zijn minnares ontmoette, lunchte Diana met haar zusters op Buckingham Palace en overlegde haar situatie met hen. Ze was in de war, van streek en ongerust door de stroom van gebeurtenissen. Op dat moment overwoog ze serieus het huwelijk af te zeggen. Ze staken de draak met haar voorgevoelens over het rampzalige dat voor haar lag. 'Pech, Duch,' zeiden ze, gebruik makend van de bijnaam die ze in de familie voor hun jongere zuster hadden, 'je gezicht prijkt op de theedoeken, dus het is te laat om er nu nog onderuit te willen.'

Haar hoofd en hart waren in grote verwarring, maar dat zou niemand hebben kunnen vermoeden toen zij en Charles later die avond achthonderd vrienden en familieleden ontvingen voor een feest op Buckingham Palace. Het was een memorabele avond van een enorme uitgelatenheid. Prinses Margaret bond een ballon aan haar diadeem, prins Andrew aan een van de panden van zijn smokingjasje, terwijl personeel in de koninklijke bar een cocktail schonk met de naam 'A Long Slow Comfortable Screw up against the Throne'. Rory Scott weet nog dat hij met Diana danste vlak voor de toenmalige premier, Margaret Thatcher, en zich blameerde door voortdurend op Diana's tenen te trappen.

De cabaretier Spike Milligan hield een lang betoog over God, Diana gaf een zeer kostbare halsketting van parels en diamanten in bewaring bij een vriendin toen ze ging dansen, terwijl men de koningin door het programma zag bladeren en op verbaasde toon hoorde zeggen: 'Hier staat dat ze levende muziek hebben', alsof dat pas was uitgevonden. Diana's broer Charles, die pas van Eton was gekomen, herinnert zich nog goed dat hij een buiging maakte voor een van de obers. 'Hij stond krom van de medailles,' vertelt hij, 'en omdat er zoveel leden van het koninklijke huis waren, was ik in het stadium beland waarin ik boog als een automaat. Ik boog voor hem en hij keek verbaasd. Toen vroeg hij of ik iets wilde drinken.'

Voor de meeste gasten verliep de avond in een waas van euforie. 'Er was een duizelingwekkende sfeer van blijdschap,' herinnert Adam Russell zich. 'Iedereen was vreselijk dronken en dook in de vroege uurtjes in een taxi naar huis, het was als een roes, een fantastische roes van geluk.'

De avond voor het huwelijk, die Diana in Clarence House doorbracht, knapte haar humeur enorm op toen Charles haar een zegelring stuurde, waarop de pluimen van de prins van Wales stonden gegraveerd, met een lief kaartje erbij waarop stond: 'Ik ben zo trots op je, en als je morgen de kerk binnen komt, sta ik bij het altaar voor je klaar. Kijk ze recht in de ogen en verblind ze.'

Hoewel zijn lieve kaartje hielp om haar twijfels te sussen, was het moeilijk om de innerlijke onrust te beheersen die zich in de loop der maanden had opgebouwd. Toen ze die avond dineerde met haar zuster Jane, at ze zoveel ze kon en werd daarna prompt misselijk. De spanningen en de druk die de gelegenheid met zich meebracht, waren daar deels schuld aan, maar het voorval was ook een vroeg symptoom van boulimie nervosa, de ziekte waar ze later in dat jaar zo'n last van kreeg. Ze heeft later aan een goede vriendin verteld: 'De avond voor het huwelijk was ik heel kalm, dodelijk kalm. Ik voelde me het lam dat naar de slachtbank wordt geleid. Ik wist het, maar ik kon er niets meer aan doen.'

Op de ochtend van 29 juli 1981 werd ze 's morgens al vroeg wakker, wat niet verbazingwekkend was, omdat haar kamer uitkeek op de Mall, waar zich al dagenlang een zingende, pratende menigte had verzameld. Het was het begin van wat ze later beschreef als 'de emotioneel meest verwarrende dag van mijn leven'. Terwijl ze luisterde naar de mensenmenigte die buiten stond, voelde ze een dodelijke beheersing gecombineerd met grote verwachtingen over de gebeurtenis die voor haar lag.

Haar kapper, Kevin Shanley, visagiste Barbara Daly en David en Elizabeth Emanuel waren in de buurt om ervoor te zorgen dat de bruid er op haar mooist zou uitzien. Daar slaagden ze in. Haar broer Charles herinnert zich de gedaanteverwisseling van zijn zus. 'Ze gebruikte nooit veel make-up, maar ze zag er fantastisch uit. Ze zag er echt prachtig uit die dag en was heel beheerst, liet niets merken van gespannenheid, hoewel ze een beetje bleek zag. Ze was kalm en gelukkig.'

Haar vader, die de bruid weggaf, was verrukt. 'Lieverd, ik ben zo trots op je,' zei hij, toen ze de trap van Clarence House af kwam lopen. Toen ze met haar vader de Glazen Koets instapte, moest Diana een aantal praktische beperkingen overwinnen. De ontwerpers van haar japon hadden zich te laat gerealiseerd dat ze geen rekening hadden gehouden met de afmetingen van de koets toen ze de ivoorkleurige zijden trouwjapon met zijn acht meter lange sleep ontwierpen. Hoe Diana ook haar best deed, ze kon niet voorkomen dat de japon behoorlijk kreukte tijdens de korte rit naar St. Paul's.

Ze wist ook dat het belangrijkste was om haar vader, die lichamelijke ongemakken had overgehouden aan zijn beroerte, door het middenpad van de kathedraal te loodsen. 'Het was een ontzettend ontroerend moment voor ons toen het hem gelukt was,' merkt Charles Spencer op. Graaf Spencer genoot van de rit in de koets en wuifde enthousiast naar de mensenmenigte. Toen ze bij de kerk van St.-Martin-in-the-Field kwamen, was het gejuich zo luid, dat hij dacht dat ze al bij St. Paul's waren en maakte aanstalten om uit te stappen.

Toen ze ten slotte bij de kathedraal aankwamen hield de hele wereld zijn adem in, en Diana schreed met haar vader, die zwaar op haar arm steunde, pijnlijk langzaam naar het altaar. Diana had alle gelegenheid de gasten op te nemen, onder wie Camilla Parker-Bowles. Terwijl ze door het middenpad liep, vloeide haar hart over van liefde en bewondering voor Charles. Toen ze hem door haar sluier heen aankeek, verdwenen haar angsten en dacht ze dat ze het gelukkigste meisje ter wereld was. Ze koesterde zoveel hoop voor de toekomst, vertrouwde er zo vast op dat hij haar zou liefhebben, verzorgen en beschermen tegen de moeilijkheden die voor haar lagen. Dat moment werd gadegeslagen door 750 miljoen mensen die in meer dan zeventig landen aan de televisie gekluisterd zaten. Het was, om te spreken met de woorden van de aartsbisschop van Canterbury, 'stof waar sprookjes uit bestaan'.

Maar voor het moment moest ze zich concentreren op het maken van een revérence voor de koningin, iets waar ze zich in de voorafgaande dagen behoorlijk zorgen over had gemaakt. Toen de nieuwe prinses van Wales St. Paul's uitliep, het gejuich van de menigte tegemoet, stroomde haar hart over van hoop en geluk. Ze was ervan overtuigd dat de boulimie die haar verlovingstijd had getekend, gewoon een aanval van zenuwen voor het huwelijk was geweest, en dat Mrs. Parker-Bowles tot het verleden behoorde. Nu praat ze met wrange geamuseerdheid over die uren vol naar het hoofd stijgende emoties: 'Ik koesterde enorm veel hoop in mijn hart.'

Ze bleek zich helaas te vergissen. De verhouding tussen prins Charles en zijn geliefde duurt tot op de dag van vandaag voort en kan nog steeds de katalysator zijn die de loop van de Engelse koninklijke geschiedenis gaat veranderen. Deze onhoudbare emotionele driehoeksverhouding heeft tien jaar lang angst, verdriet en woede veroorzaakt. Een kennis van hun beiden, die het verloop van deze ongelukkige situatie in de afgelopen tien jaar heeft gadegeslagen, zegt nu: 'De tragedie van dit alles doet me verdriet. Verdriet om de hele wantoestand, maar het meest om Diana.'

Maar op die dag in juli koesterde Diana zich in de warme genegenheid van de mensenmassa die zich langs de route naar Buckingham Palace had opgesteld, waar de koninklijke familie en de genodigden de traditionele koninklijke huwelijkslunch gebruikten. Toen was ze al te moe om nog helder te kunnen denken, omdat ze totaal overweldigd was door de spontane uitingen van genegenheid van de vaderlandslievende mensenmenigte.

Ze verlangde naar wat rust en privacy en dacht dat ze, nu de trouwerij achter de rug was, kon terugvallen in relatieve onopvallendheid. Het prinselijk paar vond die afzondering in Broadlands, het landgoed van graaf Mountbatten in Hampshire, waar ze de eerste drie dagen van hun huwelijksreis doorbrachten, gevolgd door een ontspannen cruise door het Middellandse Zeegebied op het koninklijke jacht Britannia, waarop ze in Gibraltar aan boord gingen. Prins Charles hield er zijn eigen ideeën op na over het huwelijksleven. Hij had zijn hengelspullen meegenomen, die hij ook had gebruikt tijdens hun verblijf in Hampshire, samen met een stuk of zes boeken, geschreven door zijn vriend en mentor, de Zuidafrikaanse filosoof en avonturier Sir Laurens van der Post. Zijn idee was dat ze die boeken samen zouden lezen om tijdens de maaltijden te kunnen praten over de mystieke ideeën van Van der Post.

Anderzijds wilde Diana de gelegenheid hebben om haar echtgenoot echt te leren kennen. Een groot deel van hun verlovingstijd hadden zijn koninklijke verplichtingen hem van haar zijde gehouden. Aan boord van het koninklijke jacht, met zijn 21 officieren en 256 bemanningsleden, waren ze nooit alleen. Het diner was een officiële aangelegenheid in formele kleding, dat werd bijgewoond door een aantal daarvoor geselecteerde officieren. Terwijl zij de voorvallen van de dag doornamen, speelde in een aangrenzend vertrek een band van de Koninklijke Marine. Door de nerveuze spanningen in de tijd die aan het huwelijk voorafging, was het prinselijk paar volkomen uitgeput. Een groot deel van de tijd brachten ze slapend door, en wanneer ze niet sliep, bracht Diana vaak een bezoek aan het kombuis, het domein van 'Swampie' Marsh en andere koks. Zij vonden het vermakelijk dat ze eindeloos veel coupes met ijs at of hun vroeg haar lievelingshapje te maken tussen de maaltijden door.

In de loop der jaren hebben het paleispersoneel en haar vrienden versteld gestaan over Diana's eetlust, vooral omdat ze er altijd zo slank uitzag. Ze werd regelmatig 's avonds laat in de keukens van Highgrove aangetroffen terwijl ze de koelkast plunderde, en verbaasde op een keer een lakei toen ze, tijdens een verblijf op Windsor Castle, een hele pastei met rundvlees en niertjes opat. Haar vriend Rory Scott herinnert zich dat ze in mum van tijd een pondzak snoep leegat tijdens een bridge-avond, terwijl haar bekentenis dat ze voor het naar bed gaan een schaaltje vla at, bijdroeg tot de verbijstering over haar eetpatroon.

Eigenlijk leed Diana al vanaf het moment dat ze prinses van Wales werd aan boulimie nervosa, wat haar merkwaardige eetgedrag helpt verklaren. Zoals Carolyn Bartholomew, die veel invloed heeft uitgeoefend om Diana ervan te overtuigen dat ze medische hulp moest zoeken, opmerkt: 'Het heeft zonder twijfel een rol gespeeld tijdens haar leven als prinses. Ik vind het vervelend om te zeggen, maar ik denk dat het de kop weer kan opsteken als ze onder druk staat.' Boulimie is volgens een recente uitgave *Medicijnen en geneeskunde* van de consumentenbond, een ziekte waar rond de twee procent van de jonge vrouwen in

Engeland aan lijdt. Deze vrouwen gaan zich te buiten aan perioden van ongelooflijk overeten, wat samengaat met een gevoel van controleverlies. Tussen de eetbuien door proberen de meeste patiënten te vasten of over te geven. De eetbuien vinden meestal heimelijk plaats, worden soms van te voren gepland en worden vaak gevolgd door sterke humeurwisselingen, wat tot uiting komt in schuldgevoel, depressie, zelfhaat en zelfs suïcidaal gedrag. Patiënten hebben vaak een normaal lichaamsgewicht, maar zien zichzelf als dik, vadsig en lelijk. Deze afkeer van het eigen lichaam leidt tot vasten tussen de periodes van overeten, en patiënten kampen vaak met een gevoel van mislukking, een gering zelfvertrouwen en verlies van zelfbeheersing. Spierkrampen, nier- en hartproblemen zijn de gevolgen van een langdurige boulimie.

In tegenstelling tot anorexia overleeft boulimie door zich te verbergen achter een masker. Het is een geraffineerde ziekte, in zoverre dat mensen die eraan lijden niet toegeven dat ze een probleem hebben. Ze maken altijd een gelukkige indruk en besteden hun leven aan het helpen van anderen. Maar toch gaat er woede schuil achter de zonnige glimlach, een woede waarvoor patiënten zo'n angst hebben dat ze hem niet naar buiten laten komen. Vooral vrouwen in verzorgende beroepen, zoals verpleegkundigen of kindermeisjes, vallen vaak ten prooi aan deze ziekte. Ze zien hun eigen behoeften als inhaligheid en voelen zich daardoor schuldig als ze goed voor zichzelf zorgen. Die afkeer leidt tot heftig purgeren door middel van braken of laxeermiddelen. Een medische publicatie concludeert: 'Boulimie nervosa is een ernstige, onderschatte, potentieel chronische en soms fatale ziekte waardoor veel jonge vrouwen getroffen worden, en maar zelden mannen.'

Hoewel de oorzaken van boulimie en anorexia in de jeugd en in verstoorde gezinsverhoudingen liggen, kunnen onzekerheid en angsten in het volwassen bestaan de ziekte ook opwekken. Voor Diana waren de laatste paar maanden een emotionele slagzee geweest, waarin ze had geprobeerd greep te krijgen op haar nieuwe leven als publieke persoonlijkheid, moest leren omgaan met de verstikkende publiciteit, en tevens de minnares van haar man en zijn tweeslachtige houding ten opzichte van haarzelf moest zien te verwerken. Dat was een explosief brouwsel dat maar één vonkje nodig had om haar ziekte te doen ontwikkelen. Vlak voor de trouwdag sloeg Charles een keer zijn arm om haar middel en zei iets over haar, in zijn ogen, mollige figuur. De opmerking was onschuldig genoeg, maar het maakte iets in haar los. Kort daarna zorgde ze ervoor dat ze moest overgeven. Er kwamen enorme spanningen los, op een wat vluchtige manier gaf het haar het gevoel dat ze zichzelf in de hand had, en het was een manier om de woede die ze voelde, naar buiten te laten komen.

Ook hun huwelijksreis bood geen respijt. Het werd in feite erger, en Diana zorgde ervoor dat ze vier, soms vijf keer per dag moest braken. De altijd aanwezige schaduw die Camilla wierp, was alleen maar meer olie op het vuur. Er was genoeg om haar eraan te herinneren. Op een keer waren ze afspraken in hun agenda's aan het vergelijken, toen er twee foto's van Camilla uit de pagina's van Charles' agenda vielen. Woedend en in tranen smeekte ze hem te vertellen hoe hij over haar en Camilla dacht. Maar ze sprak tegen dovemansoren. Een paar dagen later ontvingen ze de Egyptische premier Anwar Sadat en zijn vrouw Jihan aan boord van het koninklijke jacht. Toen Charles aan het diner verscheen, zag Diana dat hij een paar nieuwe manchetknopen droeg in de vorm van twee verstrengelde 'C's'. Hij gaf toe dat ze van Camilla kwamen, maar deed het af als een gewoon vriendschappelijk gebaar. Diana kon het zo niet zien en, zoals ze later boos tegen vrienden vertelde, ze begreep niet waarom Charles met dat constante aandenken aan Camilla moest rondlopen.

In het openbaar leek Diana echter vrolijk en gelukkig. Ze zong mee in de officiersmess en nadat ze een blikje bier had gedronken, speelde ze *What shall we do with the drunken sailor?* 'We vonden het ontzettend leuk,' herinnert een opvarende zich. Tijdens een maanverlichte avond genoten ze van een barbecue in een baai bij de kust van Ithaca. Die werd georganiseerd door de officieren van het jacht, die al het eten zelf klaarmaakten. Nadat ze gegeten hadden, kwam de accordeonist van de Koninklijke Marine aan land, werd er bladmuziek uitgedeeld, en schalden padvindersliedjes en zeemansliederen door de nacht.

In zekere zin was de laatste avond van de huwelijksreis het hoogtepunt. Dagenlang hadden officieren en bemanningsleden geoefend voor een afscheidsoptreden. Er waren meer dan veertien acts, van conferences tot luidruchtige meezingers. Het prinselijk paar keerde uitgerust, gebruind en zeer verliefd naar Engeland terug, en vlogen naar Balmoral om zich bij de koningin en de rest van de koninklijke familie te voegen.

Maar de mist van de Hooglanden deed Diana's geplaagde geest weinig goed. Pas toen ze op Balmoral arriveerden, waar ze van augustus tot eind oktober bleven, drong de volle betekenis van het leven als de prinses van Wales tot haar door. Ze had gedacht, en met haar vele anderen in de koninklijke familie, dat haar faam maar van korte duur zou zijn, dat haar ster na het huwelijk wel zou verbleken. Iedereen, zelfs de hoofdredacteuren van de kranten, waren overvallen door het fenomeen Diana. Hun lezers konden niet genoeg van haar krijgen; haar gezicht prijkte op alle tijdschriften, elk aspect van haar leven werd becommentarieerd, en iedereen die haar ooit had gekend werd door de gulzige mediamensen opgespoord om te worden geïnterviewd.

In minder dan een jaar had dit onzekere meisje, dat zonder diploma van school was gegaan, een verafgodingsproces door pers en publiek doorgemaakt. Zelfs haar 'gewoon doen' werd toegejuicht; alledaagse dingen als het eigenhandig openen van een autoportier of de aanschaf van een zakje snoep werd geprezen en als bewijs gezien dat we te maken hadden met een heel menselijke prinses. Iedereen werd erdoor aangestoken, zelfs de gasten van de koninklijke familie op Balmoral dat najaar. Diana raakte er danig door van streek. Ze was niet veel veranderd in dat jaar nadat ze auto's had overdekt met ei en meel en met haar giechelende vriendinnen mensen uit bed had gebeld.

Als ze zich onder de gasten mengde op het Schotse buitenverblijf van de koningin, realiseerde ze zich dat ze niet langer werd behandeld als een persoon, maar als een functie, niet langer als een mens van vlees en bloed met gedachten en gevoelens, maar als een symbool, terwijl haar titel 'Hare Koninklijke Hoogheid de Prinses van Wales' haar niet alleen ver verwijderde van het grote publiek, maar ook van mensen die behoorden tot de intieme koninklijke kringen. Het protocol vereiste dat ze bij eerste gelegenheid werd aangesproken met 'Uwe Koninklijke Hoogheid' en daarna met 'Ma'am'. En natuurlijke maakte iedereen een revérence voor haar. Het stoorde Diana. 'Je hoeft geen 'Ma'am' tegen me te zeggen, zeg maar Duch,' zei ze kort na haar huwelijk tegen een vriendin. Maar hoe ze ook haar best deed, ze kon niet voorkomen dat mensen anders tegen haar aankeken.

Ze realiseerde zich dat mensen met andere ogen naar haar keken, haar behandelden als breekbaar porselein dat bestond om bewonderd, niet om aangeraakt te worden. Diana werd met fluwelen handschoenen aangepakt, terwijl ze alleen maar behoefte had een goede raad, een arm om haar heen en een troostend woord. Toch liep de verwarde jonge vrouw die de echte Diana was, ernstig gevaar ten onder te gaan in de vloedgolf van veranderingen die haar wereld op zijn kop had gezet. Voor de buitenwereld die toekeek, glimlachte en lachte ze, schijnbaar volkomen gelukkig met haar echtgenoot en pasverworven status. Tijdens een beroemd geworden fotosessie bij de brug over de Dee op het landgoed Balmoral, vertelde Diana de verzamelde mediamensen dat ze de gehuwde staat 'zeer kon aanbevelen'. Maar buiten bereik van camera's en microfoons maakte het echtpaar voortdurend ruzie. Diana was altijd gespannen, vermoedde Camilla's invloed bij alles wat Charles deed. Soms dacht ze dat hij bij Camilla advies inwon over hun huwelijk, of regelingen trof om haar te ontmoeten. Een goede vriendin vertelde: 'Ze hadden vreselijke ruzies over haar, echt knallende ruzies, en ik kan het Diana absoluut niet kwalijk nemen.'

Ze was aan grote emotionele schommelingen onderhevig, omdat haar jaloezie gepaard ging met eindeloze devotie voor Charles. Diana was nog steeds volkomen verliefd op hem, en Charles hield op zijn manier ook van haar. Ze maakten lange wandeltochten door de heuvels die Balmoral omringen, en als ze op de hei lagen las hij haar passages voor uit boeken van de Zwitserse psychiater Carl Jung, of van Laurens van der Post. Charles was gelukkig, en als hij tevreden was, dan was Diana het ook. De ontroerende liefdesbrieven die ze elkaar schreven, getuigen van een groeiende liefdesband.

Maar deze romantische perioden waren slechts een adempauze tijdens Diana's zorgen over haar optreden in het openbaar, angsten die haar boulimie niet bepaald verminderden. Ze was voortdurend misselijk, haar gewicht nam drastisch af tot ze letterlijk broodmager was. In dat kritieke stadium van haar leven had ze het gevoel dat ze niemand in vertrouwen kon nemen. Ze ging er, terecht, van uit dat de koningin en andere leden van de koninklijke familie de kant van haar man zouden kiezen. Het is zeker zo dat de koninklijke familie, van nature en door hun training, niet veel op hebben met het tentoonspreiden van emoties. Zij leven in een wereld van beheerste gevoelens en strak georganiseerde activiteiten. Ze veronderstelden dat Diana er van de ene dag op de andere in zou slagen zich op een of andere manier aan te passen aan hun strenge gedragscode.

Evenmin had ze het gevoel dat ze haar eigen familie kon benaderen voor hulp. Haar ouders en zusters leefden met haar mee, maar verwachtten dat ze zich zou aanpassen aan de status quo. Haar vriendinnen, vooral haar vroegere huisgenoten, zouden haar zeker hebben willen helpen, maar ze vond niet dat ze hen kon belasten met zo'n zware verantwoordelijkheid. Ze voelde aan dat zij, net als de rest van de wereld, wilden dat het koninklijke sprookje een succes zou blijken. Ze geloofden in de mythe, en Diana kon zich er niet toe brengen hun de vreselijke waarheid te vertellen. Ze voelde zich ontzettend alleen en onbeschermd. Onwillekeurig gingen haar gedachten uit naar zelfdoding, niet omdat ze wilde sterven, maar omdat ze wanhopig graag hulp wilde.

Haar man nam de zaak in eigen hand door Laurens van der Post uit te nodigen voor een bezoek aan Schotland om te zien wat hij eraan kon doen. Zijn hulp had weinig effect, zodat ze begin oktober naar Londen vloog voor professionele therapie. Ze ontving een aantal artsen en psychologen op Buckingham Palace. Ze raadden een aantal kalmerende middelen aan om tot rust te komen en haar evenwicht te hervinden. Diana verzette zich echter heftig tegen hun advies. Diep van binnen wist ze dat ze geen medicijnen nodig had, maar rust, geduld en begrip van de mensen om haar heen. Juist toen ze werd overladen met adviezen om de aanbevelingen van de artsen op te volgen, ontdekte ze dat ze zwanger was. 'Goddank dat William kwam,' heeft ze daarna wel gezegd, omdat het betekende dat ze nu alle reden had om de pillen te weigeren die haar aangeboden werden, en kon aanvoeren dat ze het lichamelijke en geestelijke welzijn van de baby die ze droeg niet in gevaar wilde brengen.

Haar zwangerschap was als een adempauze, maar die zou niet lang duren.

5

'Mijn noodkreten'

Het geluid van in woede verheven stemmen en hysterisch gehuil was duidelijk afkomstig uit de vertrekken die in Sandringham House bezet werden door de prins en prinses van Wales. Het was vlak na kerst, maar er hing een weinig feestelijke stemming tussen het prinselijk paar. Diana was toen drie maanden zwanger van William en voelde zich afschuwelijk. Haar relatie met prins Charles verslechterde in hoog tempo. De prins kon of wilde niet begrijpen hoezeer Diana's leven in opschudding verkeerde. Ze leed heel erg aan ochtendmisselijkheid, werd geobsedeerd door Camilla Parker-Bowles, en probeerde wanhopig zich aan te passen aan haar nieuwe positie en nieuwe familie.

Later vertelde ze aan vriendinnen: 'Het ene moment was ik niemand, het andere de prinses van Wales, moeder, mediaspeeltje, lid van deze familie, en dat was gewoon te veel voor één mens om aan te kunnen.' Ze had gesmeekt, gebedeld en ontzettende ruzies gemaakt om zich te verzekeren van de hulp van de prins. Vergeefs. Op die noodlottige dag in januari 1982, haar eerste jaarwisseling binnen de koninklijke familie, dreigde ze zich van het leven te beroven. Hij beschuldigde haar ervan dat het loze dreigementen waren en trof voorbereidingen om te gaan paardrijden op het landgoed van Sandringham. Ze meende wat ze zei. Ze stond bovenaan de houten trap, wierp zich omlaag, en kwam als een hoopje beneden terecht.

De koningin-moeder was de eerste die ter plaatse kwam. Ze vond het afschuwelijk en stond te trillen van schrik door wat ze had gadegeslagen. Er werd een plaatselijke arts bijgeroepen, terwijl George Pinker, Diana's gynaecoloog, vanuit Londen overkwam om zijn koninklijke patiënte te onderzoeken. Gelukkig was Diana niet ernstig gewond geraakt door de val, hoewel ze rond haar buik behoorlijke blauwe plekken had opgelopen. Een grondig onderzoek wees uit dat de foetus er niet onder geleden had.

Het incident was een van de vele huiselijke crisissen waardoor het prinselijk paar werd geplaagd in die tumultueuze begintijd. En bij ieder keerpunt werd de afstand tussen hen groter. Zoals haar vriend James Gilbey opmerkt over haar zelfmoordpogingen: 'Het waren signalen van absolute wanhoop. Help me alsjeblieft.' Tijdens de eerste jaren van hun huwelijk ondernam Diana een aantal pogingen tot zelfdoding en dreigde er ontelbare keren mee. Het dient benadrukt te worden dat het geen serieuze pogingen waren om zich van het leven te beroven, maar dat ze bedoeld waren als noodkreet.

Bij een bepaalde gelegenheid wierp ze zich tegen een glazen vitrine-kast in Kensington Palace, een andere keer sneed ze zich met een scheermes in haar polsen. Ze sneed zich een keer met de kartelrand van een citroensnijder, en bij weer een andere gelegenheid, tijdens een verhitte ruzie met prins Charles, pakte ze een pennemes dat op zijn dressoir lag en sneed zich in borst en bovenbenen. Hoewel ze bloedde, behandelde hij haar met bestudeerde minachting. Zoals altijd dacht hij dat ze zich aanstelde wanneer ze het over haar problemen had. Later maakte haar zuster Jane, die haar kort erna ontmoette, een opmerking over de snijwonden op haar lichaam. Jane schrok enorm toen ze de waarheid hoorde.

Sindsdien heeft Diana aan vrienden verteld: 'Het waren wanhoops-kreten om hulp. Ik had gewoon tijd nodig om me aan te passen aan mijn nieuwe positie.' Een vriendin, die het bergafwaarts heeft zien gaan met hun verhouding, wijst op de desinteresse van prins Charles en zijn absolute gebrek aan respect voor haar in een tijd waarin Diana zijn hulp hard nodig had. Door zijn onverschilligheid werd ze nog verder gedreven, terwijl hij met een beetje liefde van alles had kunnen bewerkstelligen. Samen hadden ze de wereld uit haar baan kunnen brengen. Dat hij die zelfhaat bij haar opriep, kwam niet door een persoonlijke fout van hem, maar door zijn onwetendheid, zijn opvoe-ding, en doordat hij nooit in zijn leven een allesomvattende verhouding met iemand had gekend.

Dit is echter een afwijkende opvatting. In de begintijd van hun huwelijk heeft prins Charles een pooslang wel geprobeerd zijn vrouw in te werken in de koninklijke gang van zaken. Haar eerste grote test was een driedaags bezoek aan Wales, in oktober 1980. De mensenme-nigte maakte het pijnlijk duidelijk wie de nieuwe ster van de show was - de prinses van Wales. Charles restte niets anders dan zich ervoor te verontschuldigen dat hij niet genoeg vrouwen had die een rondgang konden maken. Als hij tijdens een rondwandeling de ene kant van de straat nam, begon het publiek en masse te kreunen; men was gekomen om zijn vrouw te zien. 'Ik lijk tegenwoordig wel niets anders te doen dan bloemen aannemen,' zei hij. 'Ik ken mijn rol.' Ondanks de hartelijkheid werden er al bezorgde opmerkingen gefluisterd. De eerste aanblik van de prinses op een regenachtige kade in Wales kwam als een schok voor mensen die het koningshuis scherp observeren. Het was de eerste gelegenheid om Diana van dichtbij te zien na de langdurige huwelijksreis, en het was alsof ze een andere vrouw zagen. Ze was niet gewoon slank, ze was pijnlijk mager.

Voor het huwelijk was ze afgevallen; dat viel te verwachten - maar het meisje dat door de mensenmenigte liep, handen schudde en bloemen aannam, was bijna doorschijnend. Diana was twee maanden zwanger en voelde zich beroerder dan ze eruit zag. Ze koos de verkeerde kleding voor de stortbuien die hen overal achtervolgden, ze werd ondermijnd door ochtendmisselijkheid, en was volkomen overdonderd door de mensenmassa's die uitgelopen waren om haar te zien.

Diana geeft toe dat ze tijdens die vuurdoop wat onhandelbaar was. Ze was vaak in tranen terwijl ze naar de verschillende onderdelen van hun bezoek reisden, en zei tegen haar man dat ze zulke menigten niet onder ogen kon komen. Ze had de energie en de reserves niet om het vooruitzicht zoveel mensen te ontmoeten, aan te kunnen. Er waren keren, heel wat keren, dat ze ernaar verlangde terug te zijn in haar beschermde vrijgezellenwoning met haar vrolijke, ongecompliceerde vriendinnen.

Hoewel prins Charles meeleefde met zijn betraande vrouw, stond hij erop dat de koninklijke show gewoon doorgang vond. Begrijpelijkerwijs was hij gespannen toen Diana haar eerste toespraak hield - gedeeltelijk in het Welsh - in het stadhuis van Cardiff, toen ze het ereburgerschap van de stad kreeg aangeboden. Hoewel Diana met vlag en wimpel voor die test slaagde, liep ze in een andere valkuil van het koninklijk bestaan. Hoe goed ze het ook deed, hoezeer ze ook haar best deed, ze kreeg nooit een lovend woord van haar echtgenoot, de koninklijke familie of iemand van de hofhouding. In haar kwetsbare, eenzame positie had een beetje applaus wonderen kunnen doen. 'Ik herinner me nog dat ze eens zei dat ze zo verdomde hard haar best deed en alleen maar een schouderklopje nodig had,' herinnert zich een vriendin. 'Maar dat kreeg ze nooit.' Elke dag vocht ze tegen de golven van misselijkheid om aan haar publieke verplichtingen te kunnen voldoen. Ze had zo'n ziekelijke angst haar man en het koninklijke 'bedrijf' teleur te stellen, dat ze zelfs haar officiële verplichtingen nakwam terwijl ze zich overduidelijk niet goed voelde. Bij twee gelegenheden moest ze haar afspraken afzeggen, bij andere gelegenheden zag ze er bleek en ziekelijk uit, en was zich er zeer van bewust dat ze haar man zo niet hielp. In ieder geval kon ze na de officiële aankondiging van haar zwangerschap, op 5 november 1981, openlijk over haar toestand praten. De vermoeide prinses zei: 'Op sommige dagen voel ik me vreselijk. Niemand heeft me ooit verteld dat je je zo kon voelen als ik deed.' Ze bekende dat ze een hartstocht had opgevat voor sandwiches met bacon en tomaat, en begon regelmatig te bellen met haar vriendin, Sarah Ferguson, die de dochter is van de polomanager van Charles, majoor Ronald Ferguson. De spontane, roodharige vrouw liet regelmatig haar baan bij een Londense kunsthandelaar in de steek om naar Buckingham Palace te rijden en de aanstaande moeder op te vrolijken.

Privé ging het al niet beter. Ze weigerde halsstarrig om medicijnen in te nemen, en voerde opnieuw het argument aan dat ze niet de verantwoordelijkheid op zich wilde nemen voor eventuele afwijkingen bij de baby. In diezelfde tijd realiseerde ze zich ook dat ze nu door de rest van de koninklijke familie als 'een probleem' werd gezien. Tijdens officiële diners op Sandringham of Buckingham Palace moest ze regelmatig van tafel gaan om over te geven. In plaats van gewoon naar bed te gaan, stond ze erop terug te komen, omdat ze vond dat het haar taak was om te blijven proberen aan haar verplichtingen te voldoen.

Het dagelijks leven was al moeilijk, maar het optreden in het openbaar vond ze een nachtmerrie. Het bezoek aan Wales was een succes geweest, maar Diana voelde zich overweldigd door haar populariteit, de omvang van de mensenmenigte en de nabijheid van de media. Ze bevond zich in een stroomversnelling, en er was geen ontkomen meer aan. De eerste paar maanden sidderde ze bij het idee om in haar eentje een officiële verplichting na te komen. Wanneer het maar mogelijk was, vergezelde ze Charles en bleef aan zijn zijde, stil, aandachtig, maar nog altijd angstig. Toen ze haar eerste solo-optreden aannam, het in bedrijf stellen van de kerstverlichting in Regent Street in het Londense West End, was ze verlamd door de zenuwen. Ze was misselijk terwijl ze een korte toespraak hield, die ze monotoon afraffelde. Aan het einde van het gebeuren was ze blij weer naar Buckingham Palace te kunnen teruggaan.

Het werd er niet makkelijker op. Het meisje dat alleen wilde meedoen in een toneelproduktie van school als ze geen tekst had, had nu de hoofdrol. Naar haar eigen zeggen duurde het zes jaar voor ze zich in die sterrol op haar gemak voelde. Gelukkig voor haar was de camera allang verliefd op de nieuwe koninklijke covergirl. Hoe nerveus ze innerlijk ook geweest mag zijn, haar warme glimlach en haar onpretentieuze gedrag waren een droom voor iedere fotograaf. Deze ene keer loog de camera wel, niet over de schoonheid die ze aan het worden was, maar door de kwetsbare persoonlijkheid te verhullen die schuilging achter haar moeiteloze vermogen om mensen te verblinden.

Ze gelooft dat ze in staat was om door de pijn heen te lachen, dankzij eigenschappen die ze van haar moeder heeft geërfd. Toen vrienden haar eens vroegen hoe ze er in slaagde er in het openbaar altijd zo zonnig uit te zien, zei ze: 'Ik heb wat mijn moeder ook bezit. Hoe afgrijselijk je je ook voelt, je kunt altijd verbazingwekkend goed de schijn van geluk ophouden. Mijn moeder is daar een expert in en dat heb ik overgenomen. Het hield de wolven van de deur.'

Het vermogen om in het openbaar het glimlachende image op te houden wordt ondersteund door de aard van haar boulimie, een ziekte waarbij patiënten hun normale lichaamsgewicht kunnen behouden - in tegenstelling tot de zusterziekte, anorexia nervosa, waarbij je afvalt tot je vel over been bent. Ook gaf Diana's gezonde levensstijl, bestaande uit regelmatige lichaamsbeweging, weinig alcohol en vroeg naar bed gaan, haar de energie om haar koninklijke verplichtingen te blijven nakomen. Een deskundige op het gebied van eetstoornissen legde uit: 'Mensen die lijden aan boulimie geven niet toe dat ze een probleem hebben. Ze blijven glimlachen, ze ontkennen dat er problemen bestaan in hun leven, en besteden hun tijd eraan het anderen naar de zin te maken. Maar er gaat onvrede achter schuil, en ze zijn bang om hun woede te uiten.'

Tegelijkertijd dwong haar intense gevoel van plicht en taakbetrachting haar ertoe om ter wille van het publiek de schijn op te houden. Een goede vriendin zei: 'In het openbaar liet ze een heel andere kant zien dan privé. Mensen wilden dat een sprookjesprinses hen zou aanraken en alles in goud zou veranderen. Dat al hun zorgen zouden verdwijnen. Mensen realiseerden zich helemaal niet dat het individu daarbinnen zichzelf opofferde.' Diana, die ongewild een internationale mediaberoemdheid was geworden, moest het al doende leren. Er was geen opleiding, er kwam geen steun of advies vanuit het koninklijk huis. Alles ging met vallen en opstaan. Het personeel van Charles was eraan gewend om te gaan met een vrijgezel met vaste gewoontes en een vast levenspatroon. Door het huwelijk veranderde dat allemaal. Tijdens de voorbereidingen voor het huwelijk ontstond er consternatie omdat prins Charles niet in staat zou zijn om zijn aandeel in de kosten te dragen. 'Er werden bedragen uitgerekend op de achterkant van enveloppen, het was een chaos,' herinnert zich een voormalig lid van zijn hofhouding. De voortstuwende kracht die tot lang na het huwelijk merkbaar bleef, verraste iedereen. Ondanks het feit dat er extra personeel werd aangetrokken, ging Diana er zelf voor zitten om veel van de 47.000 felicitatiebrieven te beantwoorden en te bedanken voor de 10.000 cadeaus ze bij het huwelijk ontvingen.

De absurditeit van het geheel maakte dat ze zich regelmatig in de arm moest knijpen. Het ene moment dweilde ze nog vloeren om de kost te verdienen, het volgende moment kreeg ze een paar koperen kandelaars cadeau van de koning en koningin van Zweden, of moest ze een gesprek gaande houden met de president van een of ander land. Gelukkig had ze door haar opvoeding voldoende maatschappelijke ervaring opgedaan om deze situaties aan te kunnen. Dat was maar goed ook, omdat de federale structuur binnen de koninklijke familie inhield dat iedereen zich met zijn eigen terrein bezighoudt.

Afgezien van het feit dat ze zich haar publieke rol moest eigen maken, had de jonge prinses ook twee huizen te stofferen en meubileren. Prins Charles bewonderde haar gevoel voor stijl en kleur, en liet de taak van het inrichten aan haar over. Daar had ze echter wel professionele hulp bij nodig. Ze verwelkomde het voorstel van haar moeder om Dudley Poplak in dienst te nemen, een bescheiden Zuidafrikaanse binnenhuisarchitect, die haar eigen huizen had ingericht. Hij begon met de appartementen acht en negen in Kensington Palace en Highgrove.

Zijn voornaamste taak bestond eruit op een smaakvolle manier zoveel huwelijkscadeaus als praktisch mogelijk was in te passen in hun nieuwe behuizing. Een achttiende-eeuwse reiscommode van de hertog en hertogin van Wellington, een paar Georgian stoelen van de bevolking van Bermuda, en smeedijzeren hekken van het naburige dorp Tetbury, waren slechts enkele voorbeelden uit de overvloed aan cadeaus waarmee het prinselijk paar was overstelpt.

Een groot gedeelte van haar zwangerschap bracht Diana op Buckingham Palace door, terwijl schilders en timmerlieden in hun nieuwe Londense behuizing bezig waren. Pas vijf weken voor de geboorte van prins William nam het paar zijn intrek in Kensington Palace, dat ook het huis was van prinses Margaret, de hertog en hertogin van Gloucester, en hun naaste buren, prins en prinses Michael van Kent. Toen was Diana dan ook echt aan het einde van haar latijn. Ze werd voortdurend gevolgd door fotografen en verslaggevers, en in de kranten werd elke handeling becommentarieerd. Buiten medeweten van de prinses had de koningin al de hoofdredacteuren van de kranten op Buckingham Palace ontboden, waar haar perschef hun verzocht Diana een beetje rust en privacy te gunnen. Het verzoek werd genegeerd.

Toen Charles en Diana in februari naar het eiland Windermere bij de Bahama's vlogen, werden ze gevolgd door twee vertegenwoordigers van de roddelpers. De prinses, die toen vijf maanden zwanger was, werd gefotografeerd terwijl ze in bikini door de branding rende. Zij en prins Charles waren woedend over de publikatie van de foto's, terwijl het paleis in een afspiegeling van hun woede opmerkte dat het een van de 'zwartste dagen in de Engelse journalistiek' was. De wittebroodsweken tussen de pers, de prinses en het paleis waren definitief voorbij.

Deze dagelijkse obsessie voor alles wat te maken had met prinses Diana legde een zware druk op haar toch al overbelaste mentale en fysieke vermogens. De boulimie, de ochtendmisselijkheid, haar verslechterende huwelijk en de jaloezie die Camilla bij haar opwekte, maakten haar leven ondraaglijk. De belangstelling van de media voor de naderende bevalling was te veel om te verdragen. Ze besloot de bevalling te laten opwekken, hoewel haar gynaecoloog, George Pinker, gezegd schijnt te hebben: 'Een geboorte is een natuurlijk proces en moet ook als zodanig worden behandeld.' Hoewel ze zich goed bewust was van het trauma van haar moeder na de geboorte van haar broer John, gaf haar intuïtie aan dat het goed ging met de baby. 'De tijd is rijp,' zei ze tegen een vriendin voordat zij en prins Charles afreisden naar de privé-vleugel Lindo van het St. Mary's ziekenhuis, in Paddington in West-Londen.

Haar bevalling was, net als de zwangerschap, schijnbaar eindeloos en moeilijk. Diana was voortdurend misselijk, en op een gegeven moment overwogen Pinker en zijn collega's om overhaast een keizersnede uit te voeren. Tijdens de bevalling schoot de temperatuur van Diana zo drastisch omhoog, dat er enige bezorgdheid ontstond over de gezondheid van de baby. Uiteindelijk slaagde Diana, die een verdovende ruggeprik had gehad, erin om op eigen kracht te bevallen, zonder hulp van een verlostang of een ingreep.

De vreugde was grenzeloos. Om drie minuten over negen op 21 juni 1982 beviel Diana van een zoon en erfgenaam, wat aanleiding was tot nationale vreugde. Toen de koningin de volgende dag haar kleinzoon kwam bezoeken, was haar commentaar typerend. Toen ze naar het kleine bundeltje mens keek, merkte ze droog op: 'Goddank heeft hij niet de oren van zijn vader.' De tweede in lijn voor de troonopvolging stond officieel nog bekend onder de naam 'Baby Wales', en het echtpaar moest enkele dagen overleggen voordat ze een naam konden kiezen. Prins Charles gaf dat min of meer toe toen hij zei: 'We hebben een paar namen. We zijn er nog niet helemaal uit, maar we zullen het er uiteindelijk wel over eens worden.' Charles wilde zijn eerste zoon 'Arthur' noemen en zijn tweede 'Albert', naar de gemaal van koningin Victoria. William en Harry waren de keuzes van prinses Diana, en de voorkeursnamen van haar man werden uiteindelijk gebruikt als tweede voornaam van hun kinderen.

Toen het zover was, was ze even vastberaden over de schoolopleiding van de jongens. Prins Charles wilde dat ze de eerste jaren zouden worden opgevoed door Mabel Anderson, de kinderjuf uit zijn jeugdjaren, en wilde dan een gouvernante in dienst nemen om de jongens de eerste jaren les te laten geven in de beslotenheid van Kensington Palace. Dat was de manier waarop prins Charles was opgevoed en hij wilde hetzelfde voor zijn zoons. Diana stelde voor dat de jongens met andere kinderen naar school zouden gaan. Ze is ervan overtuigd dat het van essentieel belang is dat haar kinderen in de buitenwereld opgroeien en niet worden weggestopt in de onnatuurlijke omgeving van een koninklijk paleis.

Binnen de beperkingen van haar werkschema heeft Diana geprobeerd de kinderen zo normaal mogelijk op te voeden. Haar eigen jeugd had voldoende bewezen hoeveel emotionele schade kan worden toegebracht wanneer een kind heen en weer geslingerd wordt tussen twee ouders. Ze was vast van plan dat het haar kinderen niet zou ontbreken aan de affectie waar zij en haar broer Charles in hun jeugd zo naar hadden verlangd. Hoewel Barbara Barnes, het kindermeisje van de kinderen van Lord en Lady Glenconner, werd aangesteld, werd duidelijk gemaakt dat Diana intensief betrokken zou zijn bij de opvoeding van haar kinderen. De eerste tijd gaf ze haar zoons borstvoeding, een onderwerp waarover ze eindeloos van gedachten wisselde met haar zuster Sarah.

Een tijdlang overwon ze haar eetstoornis door de vreugde van het moederschap. Carolyn Bartholomew, die haar drie dagen na de geboorte van William bezocht in Kensington Palace, herinnert zich: 'Ze was zeer ingenomen met zichzelf en de baby. Ze straalde grote tevredenheid uit.' Haar stemming werkte aanstekelijk. Een tijdlang verbaasde Charles zijn vrienden door zijn enthousiasme over bezigheden in de kinderkamer. 'Ik hoopte dat ik wat zou kunnen spitten,' zei hij op een vrijdagavond tegen Harold Haywood, de secretaris van het prinselijk Fonds. 'Maar de grond is zo hard, dat ik de spade er niet in krijg. Toen ben ik maar een luier gaan verwisselen.' Toen William opgroeide, lekten er verhalen uit over prins Charles die samen met zijn zoon in bad ging, over William die zijn schoenen door het toilet spoelde, en over Charles die afspraken inkortte om bij zijn gezin te kunnen zijn.

Er deden ook minder gunstige verhalen de ronde: dat Diana aan anorexia nervosa leed; dat prins Charles zich zorgen maakte over haar gezondheid; dat ze haar invloed deed gelden waar het zijn vrienden en het personeel betrof. In werkelijkheid leed de prinses zowel aan boulimie als aan een ernstige post-natale depressie. De gebeurtenissen van de laatste jaren hadden haar geestelijk uitgeput, en lichamelijk was ze er slecht aan toe door haar chronische ziekte.

De geboorte van prins William en de daaruit voortvloeiende psychologische reactie, maakten sombere gevoelens bij haar los over de vriendschap van haar man met Camilla Parker-Bowles. Er waren tranen en paniekerige telefoontjes wanneer Charles niet op tijd thuiskwam, en slapeloze nachten wanneer hij weg was. Een vriend herinnert zich nog goed hoe de prinses hem in tranen opbelde. Ze had per ongeluk iets opgevangen toen haar man met zijn draagbare telefoon in bad zat te bellen. Ze was heel erg van streek toen ze hem hoorde zeggen: 'Wat er ook gebeurt, ik zal altijd van je blijven houden.' Ze twijfelde er geen moment aan dat hij het tegen Camilla Parker-Bowles had.

Ze was snel in tranen en nerveus, bezorgd over haar baby - 'Gaat het goed met hem, Barbara?' vroeg ze altijd aan haar nieuwe kindermeisje - terwijl ze niet goed voor zichzelf zorgde. Het was een vreselijk eenzame tijd. Haar familie en vrienden waren op de achtergrond geraakt in haar leven. Tegelijkertijd wist ze dat de koninklijke familie haar niet alleen als een probleem zag, maar ook als een bedreiging. Ze maakten zich ernstig zorgen over het besluit van prins Charles om het jagen eraan te geven, en ook over zijn voorliefde voor vegetarisch eten. Omdat de koninklijke familie grote landgoederen bezit in Schotland en Norfolk, waar jagen, schieten en vissen een integraal onderdeel vormen van de bedrijfsvoering, maakten ze zich zorgen over de toekomst. Diana kreeg de schuld van de veranderde inzichten van haar man. Een betreurenswaardig verkeerde interpretatie van haar positie.

Diana had het gevoel dat ze niet in de positie verkeerde om invloed uit te oefenen op het gedrag van haar echtgenoot. Veranderingen in zijn garderobe waren één ding, radicale veranderingen in de traditionele gedragscode van het landleven waren iets geheel anders. Waarschijnlijk is het accurater te stellen dat de bekering van prins Charles tot het vegetarisme, hetgeen erg veel aandacht kreeg in de pers, is toe te schrijven aan zijn voormalige lijfwacht, Paul Officer, die tijdens hun lange autoritten regelmatig met hem discussieerde over de voordelen van een vleesloos dieet.

Ze begon ook in te zien wat haar positie was binnen de koninklijke familie. Tijdens een heftige ruzie met Diana, maakte Charles duidelijk wat de stellingname van de koninklijke familie was. Hij vertelde haar in niet mis te verstane bewoording dat zijn vader, de hertog van Edinburgh, had toegezegd dat Charles, als na vijf jaar was gebleken dat het huwelijk geen succes was, kon teruggaan naar Camilla Parker-Bowles. Of deze opmerking, die werd geuit in het vuur van het gesprek, waar is of niet, doet er niet toe. Het gevolg was dat Diana op haar hoede was wanneer ze iets met haar schoonfamilie te maken had.

Op Balmoral werd haar stemming nog depressiever. Het weer werkte ook niet mee om haar wat op te monteren. Het regende aan één stuk door, en toen de prinses werd gefotografeerd terwijl ze het kasteel verliet en op weg ging naar Londen, kwamen de media overhaast tot de conclusie dat ze zich verveelde op het buitenverblijf van de koningin in de Schotse Hooglanden, en wilde gaan winkelen. Maar ze keerde terug naar Kensington Palace om professioneel te worden behandeld voor haar chronische depressie. In die periode werd ze bezocht door een aantal psychotherapeuten en psychologen, die verschillende behandelwijzen voorstelden voor haar talloze problemen. Sommigen stelden medicijnen voor, zoals toen ze in verwachting was van William, anderen probeerden iets te weten te komen over haar geestelijke staat.

Een van de eersten die haar behandelden was de beroemde Jungiaanse psychotherapeut dr. Allan McGlashan, een vriend van Laurens van der Post, die een praktijk heeft in de buurt van Kensington Palace. Hij wilde graag haar dromen interpreteren en moedigde haar aan ze op te schrijven voor hij de verborgen boodschappen interpreteerde die ze mogelijkerwijs bevatten. Later vertelde ze aan vrienden dat ze niet helemaal achter deze vorm van behandeling stond. Hierdoor besloot hij de behandeling te staken. Maar dat was niet het einde van zijn betrokkenheid bij de koninklijke familie. In de afgelopen jaren heeft hij regelmatig vertrouwelijke zaken met prins Charles besproken, die hem van tijd tot tijd consulteert in zijn praktijk bij Sloane Street.

Een andere arts, David Mitchell, was er meer in geïnteresseerd om de gesprekken tussen Diana en prins Charles te bespreken en te analyseren. Hij kwam elke avond en vroeg haar dan de gebeurtenissen van die dag door te nemen. Ze gaf eerlijk toe dat hun gesprekken meer uit tranen dan uit woorden bestonden. Er waren nog andere therapeuten met wie de prinses gesprekken voerde. Hoewel ze er allemaal hun eigen ideeën en opvattingen op na hielden, had Diana niet het gevoel dat een van hen ook maar enigszins begreep wat de ware aard was van de verwarring die in haar hart en geest heerste.

Op 11 november sprak Diana's dokter, Michael Linnett, zijn bezorgdheid over haar gezondheid uit tegen haar voormalige pianiste van West Heath, Lily Snipp. Ze schreef in haar dagboek: 'Diana is erg mooi en erg mager (Haar arts wil dat ze wat aankomt - ze heeft geen eetlust). Ik heb naar prins William geïnformeerd - hij heeft gisternacht dertien uur geslapen! Ze vertelde dat zij en prins Charles dol op hem waren en dat hun zoon fantastisch is.'

Terwijl ze zich diep wanhopig voelde, wilde de wrede ironie dat het tij van de publiciteit zich tegen haar keerde. Ze was niet langer de sprookjesprinses, maar een lid van het koningshuis die verslaafd was aan winkelen en een fortuin had uitgegeven aan een eindeloze stroom nieuwe kleding. Het was Diana die verantwoordelijk werd gesteld voor de gestage stroom paleispersoneel dat in het afgelopen anderhalf jaar ontslagen was, en het was de prinses die ervan werd beschuldigd dat ze Charles ertoe dwong zijn vrienden te laten vallen, zijn eetgewoonten en zijn kleding te veranderen. Zelfs de perschef van de koningin beschreef hun relatie als 'luidruchtig'. In een periode waarin zwaarmoedige gedachten over zelfdoding regelmatig bij haar opkwamen, beschreef de roddelcolumnist Nigel Dempster haar als 'een kwade geest en een monster'. Hoewel dit een groteske parodie op de waarheid was, trok Diana zich de kritiek heel erg aan.

Enige tijd later versterkte haar broer Charles ongewild de indruk dat zij personeel aannam en ontsloeg, toen hij vertelde: 'Stilletjesaan heeft ze heel wat van de hielenlikkers weggewerkt die Charles omringden.' Hij doelde op de ja-en-amen knikkende vrienden van de prins, maar het werd geïnterpreteerd als een uitspraak over het grote verloop van personeel op Kensington Palace en Highgrove.

In werkelijkheid vocht Diana om haar hoofd boven water te houden, laat staan dat ze in staat zou zijn tot herstructurering van het managementbeleid. Toch moest ze de schuld dragen voor wat in de media zo leuk werd genoemd: 'Gekrijs in het paleis', waarbij de prinses werd omschreven als 'de muis die brulde'. In een vlaag van wanhoop vertelde ze James Whitaker: 'Ik wil dat u beseft dat ik niet verantwoordelijk ben voor ontslagen. Ik ontsla geen mensen.' Haar uitbarsting volgde op de ontslagname van Edward Adeane, de privé-secretaris van de prins en een lid van de familie die de monarchie had bijgestaan sinds de tijd van George V.

In werkelijkheid kon Diana vrij goed opschieten met Adeane, die haar voorstelde aan veel van de vrouwen die ze heeft aangesteld als hofdame, en zij was een enthousiast koppelaarster, die hem voortdurend probeerde te interesseren voor ongehuwde dames. Toen de toegewijde persoonlijk bediende van de prins, Stephen Barry, die later aan AIDS is overleden, ontslag nam, werd de schuld ook bij Diana gezocht. Ze had al zoiets verwacht toen hij met haar praatte over zijn vertrek, toen ze de zon zagen ondergaan boven de Middellandse Zee tijdens haar huwelijksreis op het jacht. Hij wist, net als de rechercheur van de prins, John McLean, en een aantal andere personeelsleden die de prins in zijn vrijgezellenjaren hadden gediend, dat het tijd was om op te stappen als hij veilig en wel was getrouwd. Dat bleek ook zo te zijn.

Terwijl ze zich ervoor inzette de realiteit van haar huwelijk en het leven binnen het koninklijk huis te accepteren, waren er in die beginjaren momenten waarop Diana voelde dat ze het echt aankon, en een waardevolle bijdrage leverde aan de koninklijke familie en het land als geheel. Dat sprankje hoop manifesteerde zich voor het eerst tijdens tragische omstandigheden. Toen prinses Gracia in september 1982 bij een auto-ongeluk om het leven kwam, was ze vastbesloten de begrafenis bij te wonen. Diana voelde dankbaarheid jegens de vrouw die zo aardig voor haar was geweest tijdens haar traumatische eerste optreden in het openbaar, anderhalf jaar geleden, en vereenzelvigde zich met haar omdat ze, net als zij, als buitenstaander in een koninklijke familie was terechtgekomen. Eerst besprak ze haar wens om naar de begrafenis te gaan met haar echtgenoot. Hij had er zijn twijfels over en raadde haar aan de privé-secretaris van de koningin om toestemming te vragen. Ze stuurde hem een memo - de gebruikelijke manier van communicatie binnen het koningshuis - maar hij antwoordde negatief, en voerde aan dat het niet mogelijk was, omdat ze haar rol nog maar zo kort vervulde. Diana hechtte er zoveel waarde aan om te gaan, dat ze voor die ene keer geen genoegen nam met een afwijzende reactie. Dit keer schreef ze naar de koningin, die geen bezwaar had tegen haar verzoek. Het was de eerste buitenlandse reis die ze alleen maakte, en bij terugkeer werd ze door het publiek geprezen om haar waardige optreden tijdens de uiterst emotionele, en soms sentimentele rouwdienst.

Er verschenen andere uitdagingen aan de horizon. Prins William verkeerde nog in het kruipstadium, toen ze door de regering werden uitgenodigd een bezoek aan Australië te brengen. Er ontstond een hele controverse in de media over hoe Diana tegen de wens van de koningin in prins William meenam tijdens haar eerste belangrijke overzeese bezoek. In feite was het de Australische premier, Malcolm Fraser, die doorslaggevend was in deze beslissing. Hij schreef het prinselijk paar een brief waarin hij uitlegde dat hij begrip had voor de problemen van een jong gezin, en nodigde hen uit de prins ook mee te nemen. Tot dat moment hadden ze zich erbij neergelegd hem achter te laten voor het voorgestelde bezoek van vier weken. Het attente gebaar van Fraser stelde hen in staat hun bezoek te verlengen en ook een bezoek van twee weken aan Nieuw-Zeeland te brengen. De koningin werd nooit om toestemming gevraagd.

Tijdens hun bezoek logeerde William op Woomargama, een schapenfarm van 1600 hectare groot in New South Wales, met zijn kindermeisje Barbara Barnes en wat veiligheidsmensen. Hoewel zijn ouders hem slechts af en toe, als er een onderbreking in het drukke schema zat, konden opzoeken, wist Diana tenminste dat hij in de buurt was. Zijn aanwezigheid in het land kwam goed van pas als gespreks-onderwerp tijdens hun eindeloze rondwandelingen, en vooral Diana vond het heerlijk om over zijn vorderingen te praten.

Het bezoek was een test voor Diana's uithoudingsvermogen. Er zijn sindsdien maar weinig gelegenheden geweest waarbij ze met zulk genadeloos enthousiasme werd begroet. In een land van 17 miljoen mensen nam één miljoen mensen de moeite om naar hen te komen kijken tijdens hun rondreis van stad naar stad. Soms grensde de verwelkoming aan waanzin. In Brisbane stonden 300.000 mensen dicht opeengepakt in het centrum van de stad, en de hysterie liep hoog op bij de verzengende temperatuur van bijna veertig graden. Er waren momenten waarop het onverwachte opdringen van het publiek tot een catastrofe had kunnen leiden. Niemand uit het koninklijk gevolg, ook de prins van Wales niet, had ooit een dergelijke adoratie meegemaakt.

De eerste paar dagen waren vreselijk. Ze had last van een jetlag, was nerveus, en misselijk door haar boulimie. Tijdens haar eerste werkbe-zoek, aan de Alice Springs School of the Air, moesten zij en haar hofdame, Anne Beckwith-Smith, steun zoeken bij elkaar. Achter gesloten deuren kreeg Diana enorme huilbuien van pure zenuwuitput-ting. Ze verlangde naar William; ze wilde naar huis; ze wilde overal zijn behalve in Alice Springs. Zelfs Anne, een evenwichtige vrouw van

29, verkeerde op de rand van instorting. Die eerste week bleef traumatisch. Ze was zo in het diepe gegooid en het was zwemmen of verdrinken. Diana putte uit haar innerlijke kracht en slaagde erin op de been te blijven.

Diana verwachtte leiding en hulp van haar man, maar de manier waarop de pers en het publiek reageerden op het prinselijk paar, dreef alleen maar een wig tussen hen. Net als in Wales mopperde de menigte wanneer prins Charles tijdens een rondwandeling naar hun kant van de straat kwam. Ook de pers richtte zich op de prinses. Charles had een bijrol toebedeeld gekregen. Het ging al net zo toen ze later dat jaar voor een bezoek van drie weken naar Canada gingen. Zoals een voormalig lid van de hofhouding uitlegde: 'Hij had zo'n reactie nooit verwacht. Hij was immers de prins van Wales. Als hij uit de auto stapte, klonken er teleurgestelde geluiden. Het kwetste zijn trots en het was onvermijdelijk dat hij jaloers werd. Uiteindelijk leek het wel alsof je voor twee popsterren werkte. Het was allemaal nogal triest, en het is een van de redenen dat ze nu alles afzonderlijk doen.'

In het openbaar leek prins Charles de omkering van de status quo te accepteren, maar achter de schermen gaf hij Diana er de schuld van. Natuurlijk wees ze hem erop dat ze deze adoratie nooit had gewild, in tegendeel, en eerlijk gezegd was ze bang voor al die aandacht in de media. En zeker voor een vrouw die aan een ziekte leed die rechtstreeks verband hield met haar zelfbeeld, deed haar glimlachende gezicht op alle voorpagina's van kranten en tijdschriften haar weinig goed.

Maar uiteindelijk bracht die zware rondreis een keerpunt teweeg in haar leven als prinses. Ze ging weg als een meisje en kwam terug als vrouw. Het haalde het niet bij de transformatie die ze een paar jaar later zou ondergaan, maar het wees erop dat ze haar geestkracht langzaam weer hervonden had. Lange tijd had ze zichzelf niet in de hand gehad en was ze niet opgewassen geweest tegen de eisen die dagelijks aan haar werden gesteld in haar nieuwe rol als prinses. Nu had ze een zelfverzekerdheid ontwikkeld en ervaring opgedaan die haar in staat stelden dit publieke leven vol te houden. Er waren nog altijd tranen en pijnlijke ervaringen, maar het ergste was achter de rug. Langzamerhand begon ze de draad van haar leven weer op te pakken. Een hele poos was ze niet in staat geweest om contact te hebben met veel van haar vriendinnen. Omdat zij in een gevangenis leefde, wist ze dat ze het ondraaglijk zou vinden nieuwtjes uit haar vroegere kring te horen. En wat hen betrof, leek gebabbel over hun vakantie, etentjes en nieuwe banen onbelangrijk vergeleken met haar nieuwe status als internationale superster. Maar voor Diana betekende dit gebabbel vrijheid, een vrijheid die zij niet meer had.

Diana wilde tegelijkertijd niet dat haar kennissen haar in zo'n ontdane, ongelukkige toestand zouden zien. Heel lang leek ze wel een gewond dier, dat haar wonden in vrede en afzondering wilde likken. Na haar rondreizen door Australië en Canada voelde ze dat ze genoeg zelfvertrouwen bezat om de vriendschappen te hernieuwen, en schreef een aantal brieven waarin ze informeerde hoe het hun ging en wat ze deden. Een van de brieven was gericht aan Adam Russell, en ze spraken af elkaar te ontmoeten in een Italiaans restaurant in Pimlico.

De vrouw die hij ontmoette, verschilde heel erg van het gelukkige, ondeugende meisje dat hij kende van de skihellingen. Ze had zeker meer zelfvertrouwen, maar achter die houding was Diana een erg eenzame en ongelukkige jonge vrouw. 'Ze voelde echt het schuren van de tralies. Toen kon ze daar nog niet mee overweg,' herinnert hij zich.

De grootste weldaad in haar leven was om met een bord bonen in tomatensaus op geroosterd brood voor de tv te zitten. 'Dat is mijn voorstelling van het paradijs,' vertelde ze hem. Het meest in het oog springende aspect van Diana's nieuwe leven was de aanblik van haar lijfwacht van Scotland Yard, die aan een naburig tafeltje zat. Ze heeft lang moeten wennen aan die aanwezigheid; de nabijheid van een gewapende politieman was de krachtigste herinnering aan de vergulde kooi waarin ze was binnengegaan. Het waren de kleine dingen die ze zo miste, zoals die heerlijke momenten van alleen zijn, waarop ze kon luisteren naar muziek van haar lievelingscomponisten, terwijl de stereo-installatie in de auto op zijn hardst stond. Nu moest ze voortdurend rekening houden met de wensen van iemand anders.

In haar begintijd ging ze wel eens een avondje rondrijden in haar auto door het centrum van Londen, waarbij ze haar lijfwacht van Scotland Yard achterliet. Op een keer werd ze door de straten achtervolgd door een auto vol opgewonden jonge Arabieren. Tegenwoordig rijdt ze liever naar haar lievelingsstrand aan de zuidkust, zodat ze kan genieten van de wind door haar haren en de prikkelende zeebries op haar gezicht. Ze is graag bij het water, of het nu de rivier de Dee is of de zee. Dat zijn de plaatsen waar ze graag nadenkt, met zichzelf in het reine komt.

De aanwezigheid van een lijfwacht herinnerde haar voortdurend aan de onzichtbare sluier die haar gescheiden hield van haar familie en vrienden. Het was het besef dat ze nu een mogelijk doelwit vormde voor een anonieme terrorist of een onbekende waanzinnige. De bloederige poging om prinses Anne te ontvoeren op de Mall, op slechts een paar honderd meter afstand van Buckingham Palace, en de geslaagde insluiping in de slaapkamer van de koningin door een onbekende arbeider, Michael Fagan, waren voldoende bewijs van het voortdurende gevaar dat de koninklijke familie onder ogen moet zien. Het was kenmerkend voor Diana dat ze heel nuchter tegenover deze altijd aanwezige dreiging stond. Ze ging naar het hoofdkwartier van de Special Air Services in Hereford, waar ze 'doodenge' rijlessen kreeg, waarbij ze de basistechnieken leerde voor hoe te handelen in geval van een mogelijke terroristische aanslag of een poging tot ontvoering. Lichtpijlen en rookbommen werden door 'belagers' naar haar auto gegooid om ervoor te zorgen dat de training zo realistisch mogelijk was. Bij een andere gelegenheid ging ze naar Lippits Hill in Loughton in Essex, waar officieren van de Metropolitan Police haar wapentraining gaven. Hier leerde ze omgaan met een .38 kaliber Smith en Wesson revolver, en een Hechler en Koch machinepistool, dat nu standaard worden gebruikt door leden van de beveiligingsdienst van het koninklijk huis.

Ze had zich verzoend met het idee van een eeuwige schaduw; ze kwam erachter dat haar lijfwachten absoluut niet bedreigend waren, maar eerder een veel beter klankbord vormden dan veel van de heren aan het hof die om haar heenfladderden. Officieren als sergeant Allan Peters en inspecteur Graham Smith werden vriendelijke vaderfiguren die moeilijke situaties oplosten, en net zo makkelijk oververhitte onderdanen kalmeerden met een grapje of een kort bevel. Ze riepen ook moederlijke gevoelens bij haar op. Ze dacht aan hun verjaardagen, stuurde een verontschuldigend briefje naar hun echtgenote wanneer ze haar moesten vergezellen op een overzeese reis, en zorgde ervoor dat ze van een 'natje en droogje' werden voorzien voordat ze Kensington Palace verlieten. Toen Graham Smith kanker kreeg, nodigde ze hem en zijn vrouw uit voor een vakantie naar Necker in het Caribisch gebied, en ook voor een cruise op de Middellandse Zee, aan boord van een jacht dat eigendom was van de Griekse tycoon John Latsis. Haar affectie voor deze populaire politieman is zo groot, dat ze een etentje gaf te zijner ere toen hij genezen was verklaard, dat ook door haar familie werd bijgewoond.

Wanneer ze met vrienden in San Lorenzo eet, haar lievelingsrestaurant, schuift haar huidige rechercheur, Ken Wharfe, tegen het einde van de maaltijd bij aan tafel om de gasten te vermaken met zijn grappen. Misschien bewaart ze wel de dierbaarste herinneringen aan sergeant

Barry Mannakee, die haar lijfwacht werd in een periode waarin ze zich erg verloren en alleen voelde in de koninklijke wereld. Hij voelde haar verwarring aan en bood haar in een moeilijke periode een stevige schouder om op te steunen en soms op uit te huilen. De warme gevoelens die zich tussen hen ontwikkelden, bleven niet onopgemerkt door prins Charles en evenmin door de collega's van Mannakee. Vlak voor het huwelijk van de hertog en hertogin van York, in juli 1986, werd hij overgeplaatst, zeer tot ongenoegen van Diana. In het voorjaar daarop kwam hij tragisch om het leven bij een motorongeluk.

Tijdens een groot deel van de ongelukkige begintijd van haar leven als prinses, had Diana de mensen die haar dierbaar waren en na stonden uitgesloten, hoewel prins Charles nog wel altijd zijn vroegere vrienden zag, met name de Parker-Bowles en de Palmer-Tomkinsons. De prins en prinses woonden het feest bij waarop het nieuwe huis van de Parker-Bowles werd ingewijd, toen ze verhuisden van Bolehyde Manor naar Middlewich House, zo'n vijftien kilometer verwijderd van Highgrove, en Charles ontmoette Camilla regelmatig wanneer hij op vossejacht ging. Op Kensington Palace en Highgrove ontving het echtpaar weinig gasten, zo weinig zelfs dat hun butler, Allan Fisher, zijn werk voor de familie Wales omschreef als 'saai'. Er werd niet veel georganiseerd: een jaarlijks diner voor de polo-spelende vrienden van Charles, een avond voor de 'jongens onder elkaar', en af en toe een lunch voor vriendinnen van Diana als Catherine Soames, Lady Sarah Armstrong-Jones en de toenmalige Sarah Ferguson.

De buitenlandse bezoeken, de nieuwe huizen, de nieuwe baby, en Diana's ziekte eisten een zware tol. In haar wanhoop consulteerde ze Penny Thornton, een astrologe die ze via Sarah Ferguson had leren kennen. Diana biechtte tegenover Penny op dat ze de druk van haar positie niet meer aankon en dat ze weg wilde uit het systeem. 'Op een dag mag u eruit, maar u mag er uit in plaats van te gaan scheiden,' vertelde Penny haar, en bevestigde zo de opvatting die bij Diana had postgevat dat ze nooit koningin zou worden.

In 1984 verbeterde haar stemming niet door het feit dat ze in verwachting was van prins Harry. Weer leed ze behoorlijk aan ochtendmisselijkheid, hoewel niet zo erg als de eerste keer. Toen ze alleen terugkeerde van een bezoek aan Noorwegen, verkeerde Diana nog in het beginstadium van haar zwangerschap. Zij en de inmiddels overleden Victor Chapman, de voormalige assistent van de perschef van de koningin, maakten tijdens de vliegreis naar huis om beurten gebruik van het toilet. Hij had zoals gewoonlijk last van een kater en

zij van haar ochtendmisselijkheid. Gedurende die maanden van wachten voelde ze intuïtief aan dat haar man weer contact had met Camilla.
De tekenen wezen erop. Telefoongesprekken 's avonds laat, onver-
klaarde afwezigheid en andere kleine, maar veelbetekenende veranderingen in zijn alledaags gedrag. Ironischerwijs maakten Charles en
Diana toen de gelukkigste tijd van hun huwelijk mee. De zwoele
zomermaanden voor de geboorte van Harry was een tijd van tevredenheid en wederzijdse toewijding. Maar er pakten zich al donkere wolken
samen aan de horizon. Diana wist dat prins Charles dolgraag wilde dat
hun tweede kind een dochter zou zijn. Maar op een scanfoto had ze
al gezien dat het een jongen was. Het was een geheim dat ze koesterde
tot het moment dat hij geboren werd, om 4.20 uur op zaterdag 15
september, in de Lindo-vleugel van het ziekenhuis St. Mary. De reactie
van Charles maakte een eind aan de liefde die Diana nog voor hem
kan hebben gevoeld. 'Ach, het is een jongen,' zei hij, 'en hij heeft ook
nog roestbruin haar.' (Een typisch Spencer-trekje.) Na deze ontmoedi-
gende opmerkingen ging hij weg om polo te spelen. Diana vertelde aan
vrienden: 'Op dat moment stierf er iets in me.' Het was een reactie die
het begin van het einde van hun huwelijk inluidde.

6

'Lieveling, ik ga er even tussenuit'

Het was een heel normaal verzoek van de koningin aan haar schoondochter, de prinses van Wales. De week van paardenrennen, Royal Ascot, naderde en ze was bezig een lijst van genodigden op te stellen voor het traditionele huisfeest op Windsor Castle. Kon de prinses twee welopgevoede, ongetrouwde jonge vrouwen aanbevelen die acceptabel waren als gast? Diana noemde meteen twee van haar vriendinnen, Susie Fenwick en Sarah Ferguson, de dochter van majoor Ronald Ferguson, de polomanager van prins Charles.

Sarah, een levenslustige roodharige vrouw, die bij iedereen bekend stond als 'Fergie', ontmoette Diana voor het eerst in de begintijd van haar romance met prins Charles, toen ze hem had zien polospelen in Cowdray Park, vlakbij het huis van Sarahs moeder, Susie Barrantes, in Sussex. Ze waren aangetrouwde achterachternichten van elkaar, en de jonge vrouwen waren van elkaars bestaan op de hoogte en hadden een aantal gemeenschappelijke vrienden. Ze werden al gauw goede vriendinnen. Sarah werd uitgenodigd voor Diana's huwelijk, en ontving haar vriendin wel eens in haar appartement in de buurt van Clapham Junction, in Zuid-Londen.

Tijdens een van Sarahs cocktailparties in haar huis in Lavender Gardens, maakte Diana kennis met Paddy McNally, een ondernemer en autocoureur, die een weinig stabiele en uiteindelijk ongelukkige verhouding had met Fergie. Het was Paddy die op een junidag in 1985 Sarah afzette bij de privé-ingang van Windsor Castle, waar ze door een lakei werd ontvangen en door een van de hofdames van de koningin naar haar kamer werd gebracht. Naast haar bed stond een kaart, in reliëf bedrukt met het wapen van de koningin, waarop de tijden van de maaltijden stonden vermeld met de tafelschikking, en waar ook een briefje lag waarop stond hoe de verschillende gasten naar de renbaan zouden worden vervoerd, in open rijtuigen of zwarte Daimlers. Hoewel haar familie al jarenlang omging met de koninklijke familie, was Sarah begrijpelijkerwijs nerveus. Ze zorgde ervoor stipt op tijd in de Groene Salon te verschijnen voor een drankje voor het diner, en kwam naast prins Andrew te zitten, die piloot was bij de Koninklijke Marine, maar met verlof thuis was.

Ze konden meteen goed met elkaar overweg. Hij plaagde haar door te proberen haar chocoladesoesjes op te dringen. Ze weigerde, stompte hem speels tegen zijn schouder en voerde een van haar eindeloze dieet-perioden als excuus aan. 'Soms is het maar een kleinigheid in het begin, maar het moet ergens beginnen,' zei prins Andrew acht maanden later tijdens een interview naar aanleiding van hun verloving. Hoewel Diana is afgeschilderd als de koppelaarster bij deze prinselijke romance, merkte ze in werkelijkheid de vonk van romantiek niet op tussen haar zwager en een van haar beste vriendinnen. Sarah had immers al een langdurige verhouding met Paddy McNally, terwijl Andrew een zwak had voor Katherine, 'Koo', Stark, een Amerikaanse actrice die nogal de aandacht van de media had getrokken door haar optreden in soft-pornofilms.

Koo had een gunstige indruk op prinses Diana gemaakt tijdens haar romance met Andrew. De prinses kende Andrew al van jongs af aan, en had altijd geweten dat er achter dat luidruchtige masker van onbezonnenheid een veel scherpzinniger en eenzamer karakter schuilging dan hij of zijn familie wilden toegeven. Charles was alleen wel eens jaloers op hem geweest toen hij zich had onderscheiden als helikopterpiloot in de Falkland-oorlog. Hoewel hij een stuk volwassener uit die campagne terugkeerde, zouden zelfs zijn beste vrienden hem niet omschreven hebben als een ambitieus man. In zijn vrije tijd keek hij graag naar teken- en videofilms op tv, of zwierf doelloos door de talloze vertrekken van het paleis, maakte een praatje met het keuken-personeel, of keek toe terwijl Diana haar balletoefeningen deed in Kensington Palace. Diana had gezien hoe de zachtmoedige, rustige en volkomen toegewijde Koo Stark deze wat eenzame man de liefde en vriendschap had geschonken die hij nodig had. Dus toen Andrew begon uit te gaan met Sarah, hield de prinses zich afzijdig. Ze zei tegen haar vriendin: 'Ik ben er als je me nodig hebt.' Toen hun romance opbloeide, vond Diana het prima in te gaan op Andrews verzoek of hij en Sarah het weekeinde op Highgrove konden doorbrengen. Susan Ferguson, Sarahs stiefmoeder zei: 'Naarmate de weken verstreken ging het steeds beter tussen hen. Het was nooit 'uit of aan'. Het verliep ongecompliceerd omdat ze zo goed met elkaar konden opschieten. Dat was het leuke ervan, een recht toe recht aan liefdesverhaal. Als Sarah niet bevriend was geweest met de prinses van Wales, zou de situatie in het begin natuurlijk veel moeilijker zijn geweest. Zij maakte het makkelijker voor Sarah om hem te ontmoeten. Je moet niet vergeten dat het in zijn positie erg moeilijk is om vrouwen te ontmoeten.'

Net als bij Diana's romance, volgden de gebeurtenissen elkaar als vanzelf op. De koningin nodigde Sarah in januari 1986 uit om op Sandringham te komen logeren; kort daarna gingen Charles en Diana voor een skivakantie naar Klosters in Zwitserland. Diana leende Sarah een zwart-wit geruite mantel uit toen ze prins Andrew bezochten aan boord van zijn schip, HMS Brazen, die in de haven van Londen lag gemeerd. Diana loodste Sarah behendig door haar eerste openbare verschijning met de koninklijke familie heen. Vergeleken met deze ambitieuze nieuwkomelinge leek Diana voor de camera's een ervaren kracht. Ze was opgebloeid tot een charmante schoonheid die met haar aangeboren gevoel voor stijl de hele wereld had veroverd.

Nu de trauma's van het kinderen krijgen, huizen inrichten en het opbouwen van een huwelijk achter de rug waren, leek het er voor een buitenstaander op dat Diana eindelijk haar draai gevonden had in haar rol als prinses. Ze werd immers nog steeds overladen met complimenten over haar eerste verschijning op tv na haar verloving. Een paar weken eerder waren zij en prins Charles geïnterviewed op Kensington Palace door Sir Alastair Burnet, een van de meest ervaren journaalmedewerkers. Ze was er tevreden over dat ze zijn vragen helder en duidelijk had beantwoord, wat door andere leden van de koninklijke familie niet onopgemerkt bleef. Tegelijkertijd gonsde het in de betere kringen nog na over haar onverwachte optreden op het toneel van het koninklijke operagebouw Covent Garden, met de balletdanser Wayne Sleep. Ze hadden in het geheim een choreografie gemaakt bij het liedje *Uptown Girl* van Billy Joel, en hadden haar zitkamer in Kensington Palace als balletstudio gebruikt. In de koninklijke loge zat Prins Charles geheel onkundig van de verrassing die zijn vrouw hem had bereid naar de galavoorstelling te kijken.

Twee nummers voor het einde verliet ze de loge en kleedde zich om in een zilverkleurige zijden japon voordat Wayne haar wenkte op het toneel te komen. Het publiek slaakte een kreet van verbazing toen zij hun dansnummer uitvoerden. Ze kregen acht open doekjes en prinses Diana maakte zelfs een revérence voor de koninklijke loge. In het openbaar bekende prins Charles 'volkomen verrast' te zijn door het optreden van Diana; privé uitte hij zijn krachtige afkeuring over haar gedrag. Ze gedroeg zich niet waardig, was te mager en te demonstratief.

Ze had zich inmiddels al neergelegd bij zijn volkomen negatieve houding. Ongeacht hoe ze haar best deed of wat ze deed, telkens wanneer ze probeerde iets van zichzelf te laten zien, smoorde hij het in de kiem. Het was heel ontmoedigend. Tijdens de voorbereidingen voor het huwelijk van Andrew en Sarah waren er nog meer blijken van zijn onverschilligheid tegenover haar, zoals toen ze naar Vancouver vlogen om de mammoet Expo-tentoonstelling te openen. Voor hun vertrek was er het een en ander te doen geweest over haar gezondheid en wat in de roddelpers haar 'broodmagere' verschijning werd genoemd. Er werd gefluisterd dat Diana het zomerverblijf op Balmoral had benut om zich aan haar neus te laten opereren. Haar fysieke verschijning was in de laatste vier jaar zo veranderd dat plastische chirurgie de enig aannemelijke verklaring leek. Maar chronische eetstoornissen zoals boulimie en anorexia kunnen fysiologische veranderingen veroorzaken, en dit was bij de prinses het geval. Diana mocht zich gelukkig prijzen dat ze, door haar lichaam de essentiële vitaminen en mineralen te onthouden, geen last heeft gekregen van haaruitval, problemen met haar gebit, of huidklachten.

De discussie over haar dieet stak opnieuw de kop op, toen ze tijdens een bezoek aan de Californische inzending bij de opening van de Expo flauwviel. Tijdens de periode waarin ze aan chronische boulimie leed, was Diana er altijd in geslaagd om te ontbijten. Maar voorafgaand aan dit bezoek had ze dagenlang niet gegeten, en had alleen een Kit Kat-reep opgepeuzeld tijdens de vlucht naar de Canadese kust. Ze voelde zich vreselijk terwijl ze de verschillende inzendingen bewonderde. Uiteindelijk legde ze haar arm over de schouder van haar man en fluisterde: 'Lieveling, ik ga er even tussenuit,' waarna ze prompt flauwviel. Haar hofdame, Anne Beckwith-Smith, en hun assistent privé-secretaris David Roycroft, hielpen haar naar een rustig vertrek waar ze zich kon herstellen.

Toen ze zich ten slotte weer bij haar man voegde, ontving ze weinig sympathie. In een opwelling van irritatie zei hij haar ronduit dat ze, als ze flauw moest vallen, dat maar privé moest doen. Toen ze terugkeerden naar de penthouse-suite in het Pan Pacific Hotel met uitzicht op Vancouver Bay, plofte Diana neer en kreeg een enorme huilbui. Ze was uitgeput, had niet gegeten en was van streek door de onverschillige houding van haar man. Ze wist dat ze zo'n reactie kon verwachten, maar zijn afkeurende toon deed nog altijd pijn.

Hoewel de rest van het gezelschap het verstandiger vond dat de prinses het officiële banket van die avond zou overslaan om wat extra te kunnen slapen, stond Charles erop dat ze haar plaats aan de hoofdtafel moest innemen, en voerde aan dat haar afwezigheid een onnodig dramatische indruk zou maken. Diana had inmiddels begrepen dat ze hulp nodig had, maar besefte dat dit noch de tijd noch de plaats was om die zorgen te verwoorden. In plaats daarvan liet ze toe dat de arts die hen op de rondreis vergezelde, haar medicijnen voorschreef om haar door de avond heen te helpen. Ze slaagde erin dat onderdeel van hun bezoek tot een goed einde te voeren, maar bij hun aankomst in Japan zag Diana er bleek, afwezig en zichtbaar ziek uit. Haar stemming verbeterde niet bepaald toen ze bij hun terugkeer naar Kensington Palace, vlak voor het huwelijk van Andrew en Fergie, ontdekte dat Barry Mannakee was overgeplaatst. Hij was de enige in haar directe omgeving geweest aan wie ze haar zorgen kon toevertrouwen over haar geïsoleerde bestaan, over haar ziekte en haar positie als buitenstaander in de koninklijke familie. Na zijn vertrek voelde ze zich wel heel erg eenzaam.

In sommige opzichten maakte de komst van de hertogin van York haar het leven nog minder draaglijk. De nieuwe hertogin pakte haar rol op als een overdreven speelse labrador. Tijdens haar eerste bezoek aan Balmoral, een vakantie waar Diana altijd moe en ontmoedigd van terugkeerde, leek de hertogin alles makkelijk aan te kunnen. Ze ging paardrijden met de koningin, maakte een rondrit in een rijtuig met de hertog van Edinburgh, en zorgde ervoor dat ze tijd doorbracht met de koningin-moeder. De hertogin had altijd al beschikt over een persoonlijkheid als van een kameleon, was altijd bereid zich aan te passen aan de wensen van anderen. Dat deed ze toen ze in Verbier-kringen verkeerde, de zeer bemiddelde, wereldse, maar wreed-sarcastische vrienden van haar voormalige minnaar Paddy McNally, en dat deed ze nu, terwijl ze zich aanpaste aan het leven binnen de koninklijke familie.

De hertogin was iets ouder dan Diana, maar oneindig meer ervaren in wereldse zaken; zij legde enthousiasme aan de dag waar Diana verbijstering liet zien, hartelijke jovialiteit tegenover het mismoedige stilzwijgen van Diana, en tomeloze energie in tegenstelling tot het eeuwige ziekzijn van Diana. Fergie was meteen een succes binnen de familie; Diana werd nog altijd gezien als een raadselachtige vreemde die zich afzijdig hield. Toen Fergie als een frisse bries haar intrede deed, duurde het niet lang voor prins Charles hen met elkaar vergeleek. 'Waarom lijk je niet wat meer op Fergie?' vroeg hij. Het was weer eens iets anders dan zijn gebruikelijke liedje, haar te vergelijken met zijn zeer geliefde grootmoeder, de koningin-moeder, maar de boodschap bleef dezelfde.

Diana verkeerde in grote verwarring. Haar gezicht prijkte op de omslag van een miljoen tijdschriften en het publiek zong haar lof, en toch lieten haar man en zijn familie zelden een woord van advies, bemoediging of lof horen. Het was dan ook geen wonder dat Diana, die in die tijd weinig zelfvertrouwen had, zich de mening van de koninklijke familie aantrok, namelijk dat ze er naar moest streven om meer op haar schoonzuster te lijken. Dit punt werd onderstreept toen de prins en prinses naar Mallorca gingen, en als gast van koning Juan Carlos van Spanje logeerden in het paleis Marivent. Hoewel het publiek dacht dat Diana deze 'strandvakantie' had verzonnen om te ontsnappen aan het regime op Balmoral, was het een idee van prins Charles. Er ontstonden zelfs belachelijke geruchten over romantische betrekkingen tussen Diana en Juan Carlos. In werkelijkheid stond de koning veel dichter bij Charles dan de prinses, want naar haar smaak was hij te veel een playboy. Diana had een vreselijke tijd tijdens die eerste vakantie. Ze was een groot deel van de week misselijk, terwijl Charles door zijn gastheer feestelijk werd onthaald. Dat nieuws bereikte al snel de rest van de koninklijke familie. En opnieuw werd Diana als een probleem gezien; opnieuw vroeg haar man zich af waarom ze niet wat meer op Fergie leek.

Terwijl het volkomen ontbreken van steun, en de sfeer van afkeuring en kritiek Diana's zelfvertrouwen ondermijnden, werd het probleem nog vergroot door de verwachtingen die het publiek van de koninklijke familie had. Het komt erop neer dat de mannen worden beoordeeld naar wat ze zeggen, en de vrouwen uit de koninklijke familie naar hoe ze eruit zien. Nu haar natuurlijke schoonheid opbloeide, werd Diana bepaald door haar uiterlijk en niet door haar prestaties. Heel lang accepteerde de prinses de rol van volgzame assistente van haar strijd-vaardige, goed formulerende echtgenoot. Haar astroloog, Felix Lyle, observeert: 'Een van de ergste dingen die haar konden overkomen, was dat ze op een voetstuk werd geplaatst, waardoor ze zich niet kon ontwikkelen in de richting die ze wilde, maar haar dwong zich bezig te houden met haar image en perfectie.'

Diana werd eenvoudigweg geprezen omdat ze bestond. Omdat ze bestond, niet om wat ze deed. Een van haar officieuze adviseurs vertelt: 'Binnen het koninklijke systeem werd alleen verwacht dat ze rondliep als een mannequin en dat ze een volgzame echtgenote was. Als je zo iemand bent, valt er weinig anders te prijzen dan de keuze van de kleding. Ze gaven haar niets te doen dat het prijzen waard was.' De hertogin van York, die onstuimige, onafhankelijke en energieke jonge vrouw, werd door prins Charles, zijn familie en de media als een welkome aanwinst gezien, en een geschikt voorbeeld geacht voor de prinses van Wales. De hele wereld leek Diana aan te moedigen om haar tot voorbeeld te nemen.

De verandering in haar gedrag bleek voor het eerst tijdens de vrijgezellenavond van prins Andrew, toen prinses Diana en Sarah Ferguson, verkleed als politie-agentes, vergeefs probeerden door te dringen tot het feest. Toen dat niet lukte, dronken ze champagne met jus d'orange in de nachtclub Annabel's, voordat ze teruggingen naar Buckingham Palace, waar ze Andrews auto bij de ingang aanhielden toen hij thuiskwam. Formeel is het je voordoen als een politieagent een overtreding, iets wat niet onopgemerkt bleef door een aantal afkeurende parlementsleden. Een tijdlang kreeg dit uitbundige gedrag de overhand binnen de koninklijke familie. Toen de hertog en de hertogin een feest gaven op Windsor Castle om iedereen te bedanken die had geholpen bij de voorbereidingen van hun huwelijk, was het Fergie die iedereen aanmoedigde om, geheel gekleed, in het zwembad te springen. Er werden talloze luidruchtige etentjes gegeven, en met kerst werd er op Windsor Castle een disco georganiseerd in de Waterloo Room. Fergie daagde Diana zelfs uit om met haar mee te doen in een geïmproviseerde versie van de can-can.

Dit waren echter alleen maar voorboden van hun eerste publieke optreden, toen de vrouwen, vergezeld van hun echtgenoten, naar Klosters vlogen voor een skivakantie van een week. De eerste dag stelden ze zich voor de camera's op voor de traditionele fotosessie. Dit jaarlijkse spektakel heeft altijd nogal wat voeten in de aarde, en het is een absurd schouwspel om negentig verschillende fotografen, beladen met ladders en foto-apparatuur, door de sneeuw te zien ploeteren om een plaatsje te bemachtigen. Diana en Sarah namen de flauwekul luchthartig op en maakten een show van de sneeuwpret; ze deden alsof ze ruzie hadden, en stoeiden met elkaar tot prins Charles bestraffend zei: 'Toe nou, toe nou!' Tot dan toe was Diana's snelle gevoel voor humor slechts af en toe te zien geweest, onvermijdelijk overschaduwd door blozen en ongemakkelijke stiltes. De groep fotografen was dan ook verrast toen ze haar toevallig diezelfde middag tegenkwamen in een café in Klosters. Ze wees op een buitenmodel medaille op haar jasje en zei: 'Die heb ik mezelf toegekend voor bewezen diensten aan het vaderland, want een ander zal dat niet doen.' Het was een terzijde dat boekdelen sprak over haar onderhuidse twijfels aan zichzelf. De frivole stemming duurde voort, met kussengevechten in hun chalet bij Wolfgang, hoewel het verkeerd zou zijn de stemming tijdens de vakantie te karakteriseren als die van een uitgelaten schoolreisje. Een van de gasten zei: 'Het was heel leuk, maar binnen redelijke grenzen. Je moet toch op je woorden letten in aanwezigheid van mensen van het koninklijk huis, vooral van prins Charles. Het is vrij formeel en dat kan nogal vermoeiend zijn.'

Op een keer bleven Charles, Andrew en Sarah naar een videofilm kijken in het chalet, terwijl Diana uitging in een plaatselijke disco, waar ze danste met Peter Greenall, die uit de brouwersfamilie afkomstig is, en praatte met Philip Dunne, een oud-Etonian en een van de jeugd-vrienden van Sarah. Het was ook de hertogin, die al een uitpuilend adresboekje had voordat ze in koninklijke kringen terechtkwam, aan wie prins Charles had gevraagd om twee ongetrouwde vrienden uit te nodigen voor de vakantie. Hij wilde er zeker van zijn dat zijn vrouw en de andere vrouwelijke gasten, die niet zo goed skiën als hij, geschikt gezelschap zouden hebben. De hertogin had Dunne uitgenodigd, een handelsbankier, die later werd omschreven als 'een dubbelganger van Superman', en David Waterhouse, die toen kapitein was in de House-hold Cavalry. Wanneer het merendeel van het skigezelschap zich op zwaar terrein buiten de normale skipiste begaf, vergezelden de twee mannen Catherine Soames, de vroegere vrouw van het conservatieve kamerlid Nicholas Soames, en Diana naar de minder moeilijke hellin-gen. Ze konden prima met elkaar opschieten. Diana vond Waterhouse iemand met een fantastisch humeur en een zeer aantrekkelijke persoon-lijkheid. Philip was 'erg aardig', maar meer niet. Ze was eigenlijk meer bevriend met zijn zuster Millie, die toen voor Capital Radio werkte en de leiding had over de campagne 'Help een kind in Londen'.

Ironisch genoeg kwam Dunne in het middelpunt van de belangstel-ling te staan, toen die zomer het ontwrichte huwelijk van de prins en prinses van Wales onder de loep werd genomen. Het begon met een onschuldige uitnodiging, dit keer van Philips moeder, Henrietta, die met haar echtgenoot Thomas, commissaris van de koningin in Here-fordshire, in Gatley Park woont. Het echtpaar Dunne ging dat week-einde jagen en stelden met alle plezier hun huis ter beschikking voor een feest. De skivrienden waren er, en nog een tiental andere gasten. Dat tiental andere gasten werd voor het gemak vergeten, toen een columnist van een van de roddelbladen ondeugend meldde dat ze een weekeinde alleen met Dunne had doorgebracht in het huis van zijn ouders.

De bezorgdheid van het publiek over het huwelijk van de prins en prinses van Wales ging gepaard met toenemende irritatie over het gedrag van de jongere leden van het koninklijk huis. De luchthartige, hedonistische stemming waarin iedereen zich baadde tijdens de eerste jaren van Fergies leven als hertogin, begon zijn tol te eisen. Diana werd ervoor gewaarschuwd door haar astrologe Penny Thornton. Toen ze haar in het voorjaar van 1987 bezocht, vertelde ze de prinses dat ze duur zou betalen voor alles wat ze de komende maanden zou doen. Het grappig bedoelde gedrag op de skihellingen werd in april gevolgd door kritiek, toen men Diana zag giechelen terwijl ze de afzwaaiparade bijwoonde van jonge legerofficieren van Sandhurst. Ze legde later uit dat haar nerveuze gelach was veroorzaakt door een combinatie van de flauwe grapjes van de commandant en haar nervositeit over een korte toespraak die ze moest houden. Maar het kwaad was al geschied, en tijdens de races op Ascot, twee maanden later, was haar gedrag opnieuw aan kritiek onderhevig. Fotografen legden het moment vast waarop Diana en Sarah hun vriendin Lulu Blacker in de rug porden met hun opgerolde paraplu's.

De altijd toekijkende wereld liet zijn kritiek horen. 'Veel te frivool,' snibde de Daily Express, terwijl andere commentatoren Diana en Sarah ervan beschuldigden dat ze zich gedroegen als actrices uit een soap-opera. Er was ook veel te doen over Diana's gedrag tijdens het huwelijksfeest van de zoon van de hertog van Beaufort, de markies van Worcester, met de actrice Tracy Ward. Het viel op dat prins Charles vroeg wegging, terwijl zij tot in de kleine uurtjes met een aantal verschillende partners danste, onder wie de galeriehouder David Kerr, kunsthandelaar Gerry Farrell, en Philip Dunne. Haar razend energieke dansstijl maakte nogal wat commentaar los, maar er werd nauwelijks aandacht aan besteed dat Charles een groot deel van de avond opging in gesprekken met Camilla Parker-Bowles.

De naam van Philip Dunne dook opnieuw op toen hij abusievelijk werd omschreven als haar partner tijdens een concert van David Bowie in het Wembley-stadion. Het was David Waterhouse met wie ze op de foto in gesprek was, terwijl de man naast haar, burggraaf Linley, gemakshalve van de foto was geknipt. Diana was in tranen toen ze op maandag de foto in de kranten zag staan. Ze was zich bewust van de belangstelling van de media voor haar vrienden, en nam zichzelf kwalijk dat ze had toegelaten dat David Waterhouse zo dichtbij haar zat. Het was een goede les. Bovendien werd ze, zoals ze het uitdrukt, 'op haar vingers getikt', omdat ze een leren broek droeg tijdens het concert. Weer probeerde ze zich te gedragen als Fergie, maar paleismedewerkers van Buckingham Palace vonden dat haar gedrag niet passend was voor een toekomstige koningin.

Het zou nog erger worden. Op 22 september vloog prins Charles naar Balmoral, terwijl Diana en de kinderen op Kensington Palace bleven. Ze zouden elkaar meer dan een maand niet zien. De spanningen waren merkbaar. Telkens wanneer ze Kensington Palace verliet, was ze zich ervan bewust dat ze werd gevolgd door fotografen, die hoopten haar tijdens een onbewaakt moment te kunnen betrappen. Zij, Julia Samuel en David Waterhouse werden gefotografeerd toen ze uit een bioscoop in West End kwamen. Waterhouse verbeterde de zaak niet door over een hekje te springen en in de nacht te verdwijnen. Bij een andere gelegenheid beweerde een free-lance fotograaf dat hij de prinses had gefotografeerd terwijl ze stoeiend met David Waterhouse en andere vrienden het huis van Kate Menzies verliet. Tegelijkertijd waren andere fotografen actief in Schotland. Lady Tryon, die bekend staat als 'Kanga', en een van Charles' vertrouwelingen van voor zijn huwelijk, werd aan zijn zijde gefotografeerd. Maar in de pers noemde niemand de naam van zijn onafscheidelijke metgezel, Camilla Parker-Bowles, die zich ook onder de huisgasten bevond.

Hoewel het publiek niet van haar aanwezigheid op de hoogte was, wist de prinses heel goed dat Camilla veel tijd doorbracht met prins Charles. Diep van binnen maakte de onrechtvaardigheid haar woedend. Telkens wanneer zij met een alleenstaande man werd gesignaleerd, hoe onschuldig ook, werd dat in vette koppen in de krant vermeld, terwijl aan de liefdesaffaire van haar man met Camilla nauwelijks aandacht werd besteed. Philip Dunne, David Waterhouse en later James Gilbey en kapitein James Hewitt, kwamen er achter dat een ontmoeting met de prinses van Wales qua publiciteit een hoge tol eiste, en veel onwelkome aandacht op hen persoonlijk vestigde.

De crisis in de relatie tussen de prins en prinses van Wales werd een kwestie die niet alleen in de roddelpers werd becommentarieerd, maar ook door serieuze kranten, de radio, televisie en buitenlandse media. Eindelijk besteedde het paleis eens aandacht aan de storm in de media. Jimmy Savile, die wel vaker als machtig tussenpersoon fungeert in koninklijke kringen, bood zijn diensten aan. In oktober, toen de speculaties over het huwelijk van de prins en prinses koortsachtige hoogten bereikten, stelde hij het van elkaar vervreemde echtpaar voor dat het vanuit het oogpunt van public relations effectief zou zijn als ze samen Dyfed in Zuid-Wales zouden bezoeken, dat door een overstroming was getroffen. Zijn argument was dat het zou helpen om de schadelijke roddels in te dammen. Dat korte bezoek werd geen succes. De toon werd gezet toen Diana zich bij haar man voegde op RAF Northolt, voor de korte vlucht naar Swansea. In die scène, die werd gadegeslagen door talloze stafleden, werd de verwijdering tussen de echtelieden duidelijk. Diana was al nerveus voor ze haar man zag, maar was niet voorbereid op zijn vijandigheid toen ze aan boord ging van de BAe 146 jet van de koningin. Toen ze probeerde uit te leggen dat ze een vreselijke tijd had gehad doordat de media haar bij iedere stap volgden, toonde de prins absoluut geen begrip. 'O God, wat is er nu weer,' zei hij op berustende toon, terwijl ze vertelde hoe moeilijk het was in zo'n sfeer aan haar koninklijke verplichtingen te voldoen. Hij weigerde naar haar te luisteren en negeerde haar een groot deel van de vlucht. 'Het was vreselijk,' vertelde ze later aan vrienden. 'Ik smeekte om hulp.' De verwijdering in hun persoonlijke relatie werd nog eens benadrukt toen ze na afloop van het bezoek ieder terugkeerden naar ver uit elkaar gelegen delen van het land.

Voor de prinses was het tijd om de balans op te maken. Ze herinnert zich de gelegenheid nog goed; ze reed weg van het claustrofobische Kensington Palace met zijn bespionerende camera's, oplettende hovelingen en de gevangenismuren, naar haar lievelingsstrand aan de kust van Dorset. Terwijl ze over het verlaten strand liep, realiseerde Diana zich dat alle hoop die ze ooit nog had gekoesterd over een verzoening met haar echtgenoot, was vervlogen. Zijn vijandige onverschilligheid toonde aan dat gedachten over een nieuwe start volkomen onrealistisch waren. Ze had geprobeerd zich aan te passen aan alles wat hij wilde, maar haar pogingen om het gedrag van de hertogin van York - die door Charles zo bewonderd werd - te imiteren, waren een regelrechte ramp geworden. Het bracht Charles niet dichterbij en bewerkstelligde alleen dat de spot werd gedreven met haar image. De prinses zelf voelde zich diep ongelukkig in de wereld van oppervlakkige pretmakerij, die zo kenmerkend was voor de hertogin van York. Diep in haar hart wist ze dat ze de ware Diana Spencer moest zien te ontdekken om te kunnen overleven, haar eigen karakter moest hervinden dat ze zeven jaar lang had verloochend en op de tweede plaats had gesteld. Het werd tijd om de feiten onder ogen te zien. Heel lang was ze de controle kwijtgeraakt, en had zich deemoedig geschikt naar de wensen van haar man, de koninklijke familie en de media. Tijdens die lange, eenzame wandeling begon ze de moeilijke kwestie van haar positie en haar bestemming onder ogen te zien. Het werd tijd om in zichzelf te gaan geloven.

7

'Mijn leven heeft een andere wending genomen'

De prinses van Wales had medelijden met zichzelf. Haar skivakantie werd bedorven door een vervelende griepaanval, waardoor ze dagenlang het bed moest houden. In het begin van de middag van 10 maart 1988 verscheen de verfomfaaide hertogin van York aan haar bed in hun afgelegen huurchalet in Wolfgang, vlakbij Klosters. Fergie, die toen in verwachting was van prinses Beatrice, had geskied op de zwarte Christobel-piste, toen ze een voor haar ongebruikelijke val maakte, en weinig eervol op haar rug in een bergbeek belandde.

Ze werd door een plaatselijke arts onderzocht en werd bleek en ontdaan teruggereden naar het chalet. Terwijl ze praatten, hoorden ze een helicopter overvliegen. Ze hadden allebei het voorgevoel dat er een lawine was geweest en dat hun skiënde vrienden erbij betrokken waren. Ze waren zeer gespannen toen de perssecretaris van prins Charles, Philip Mackie, het chalet binnenkwam. Hij wist niet dat er iemand boven was, en ze konden hem horen zeggen: 'Er is een ongeluk gebeurd.' Toen hij klaar was met het telefoongesprek, riepen ze naar beneden wat er aan de hand was. Mackie, een voormalig assistent-hoofdredacteur van de Edinburgh Evening News, probeerde de vraag te ontwijken. 'We zullen het u spoedig laten weten,' zei hij. Maar Diana liet zich dit keer niet door de hoffunctionaris afschepen en stond erop dat hij hen zou zeggen wat er aan de hand was. Hij vertelde toen dat zich een ongeluk had voorgedaan op de berghelling, en dat iemand uit hun gezelschap om het leven was gekomen.

Het leek een eeuwigheid te duren; de prinses en haar vriendin zaten bovenaan de trap, hielden hun adem in en durfden zich nauwelijks te verroeren terwijl ze gespannen op nieuws wachtten. Vele minuten later kwam er een telefoontje binnen om te melden dat het slachtoffer een man was. Kort daarna belde prins Charles op, die erg geschokt en verward klonk en aan Philip Mackie vertelde dat hij het goed maakte, maar dat majoor Hugh Lindsay, voormalig stalmeester van de koningin, om het leven was gekomen. Iedereen zat te trillen tijdens die eerste golven van verdriet. Terwijl de hertogin in tranen uitbarstte, bedacht Diana, met samengetrokken maag van de emoties, dat het het beste zou zijn om zich met praktische dingen bezig te houden, voordat de volle omvang van de tragedie bezit van hen nam. Ze pakte Hughs koffer in, en gaf Fergie zijn paspoort om aan inspecteur Tony Parker te overhandigen, de lijfwacht van Charles. De prinses deed zorgvuldig de zegelring van Hugh in de koffer, samen met zijn horloge en de zwarte afro-pruik die hij de avond tevoren had gedragen tijdens zijn geestige imitatie van Al Jolson.

Toen de koffer was gepakt, nam Diana hem mee naar beneden en schoof hem onder het bed van Tony Parker, zodat hij makkelijk voorhanden zou zijn wanneer ze vertrokken. Het chalet verkeerde die avond in rep en roer en er diende zich een eindeloze stroom bezoekers aan. Er kwam een Zwitserse schouwarts informeren onder welke omstandigheden het gezelschap was overvallen door een lawine terwijl ze de Wang afskieden, een beruchte, vrijwel loodrechte helling, die in de loop van het seizoen voortdurend levens eiste. Een andere bezoeker was Charles Palmer-Tomkinson, wiens vrouw Patti een zeven uur durende operatie aan haar benen onderging als gevolg van de verwondingen die ze door de lawine had opgelopen. Diana maakte zich de meeste zorgen over Charles' voornemen om de volgende dag weer naar de skipiste te gaan. De prins was er niet meteen van overtuigd dat ze hun vakantie moesten beëindigen, maar Diana zette door. Ze ging ervan uit dat hij aan een shock leed en op dat afschuwelijke moment nog niet de volle omvang van de tragedie tot zich had laten doordringen. Eindelijk voelde Diana dat ze een uiterst beproevende situatie volledig in de hand had. Ze was zelfs nogal dwingend en hield haar echtgenoot voor dat het hun verantwoordelijkheid was om met het lichaam van Hugh mee terug te reizen naar Engeland. Ze beweerde dat dat het minste was dat ze konden doen voor zijn vrouw Sarah, een populaire medewerkster van het persbureau van Buckingham Palace, die pas een paar maanden getrouwd was, en in verwachting was van haar eerste kind.

De volgende dag vloog het gezelschap terug naar RAF Northholt buiten Londen, waar Sarah, die toen zes maanden zwanger was, moest toezien hoe de doodkist van haar man met gepast militair ceremonieel uit het vliegtuig werd geladen. Terwijl de leden van het koninklijk huis Sarah bijstonden, dacht Diana: 'Je hebt geen idee wat je de komende dagen nog moet doormaken.' Haar intuïtie bleek pijnlijk juist. Sarah bleef een paar dagen op Highgrove logeren bij Diana en haar zuster Jane, terwijl ze probeerde de dood van Hugh te accepteren. Er stroomden tranen van 's morgens vroeg tot 's avonds laat, terwijl Sarah en Diana praatten over Hugh en wat hij voor haar had betekend. Zijn verlies was nog moeilijker te dragen omdat hij in het buitenland was overleden.

De tragedie maakte een diepe indruk op Diana. Ze leerde er niet alleen van dat ze een crisis aankon, maar ook dat ze belangrijke beslissingen kon nemen tegen het oordeel van haar man in. Klosters was het begin van een traag proces van ontwaken voor de kwaliteiten en mogelijkheden die ze in zich had.

Een kort telefoontje van haar vriendin Carolyn Bartholomew wierp ander licht op haar toestand. Al enige tijd maakte Carolyn zich zorgen over Diana's boulimie, en ze had tot haar afschuw ontdekt dat een chronisch tekort aan belangrijke mineralen zoals chroom, zink en kalium kan leiden tot depressies en vermoeidheid. Ze belde Diana en drong erop aan dat ze een dokter zou bezoeken. Maar Diana had niet de moed om haar problemen met een specialist te bespreken. Toen stelde Carolyn een scherp ultimatum. Of Diana ging naar een dokter, of zij zou de buitenwereld op de hoogte stellen van de ziekte die ze tot dan toe geheim had weten te houden. Diana ging toen te rade bij de plaatselijke huisarts van de Spencers, die haar adviseerde naar dokter Maurice Lipsedge te gaan, een specialist op het gebied van eetstoornissen, die werkzaam is in Guy's Hospital, in het centrum van Londen. Vanaf het eerste moment dat hij de salon in Kensington Palace kwam binnenlopen, voelde ze dat hij een begrijpend man was in wie ze vertrouwen kon hebben. Hij verspilde geen tijd aan plichtplegingen, en vroeg haar ronduit hoe vaak ze had geprobeerd om zelfmoord te plegen. Hoewel ze schrok van zijn directe vraag, was haar antwoord net zo direct: 'Vier of vijf keer.'

Twee uur lang vuurde hij vragen op haar af voordat hij haar kon zeggen dat hij haar in een mum van tijd kon genezen. Hij had er zelfs zoveel vertrouwen in, dat hij volhield dat ze binnen een half jaar een ander mens zou zijn, als ze er in slaagde haar eten binnen te houden. Lipsedge kwam tot de conclusie dat het probleem niet bij de prinses lag, maar bij haar echtgenoot. In de maanden die volgden, bezocht hij haar elke week. Hij stimuleerde haar om boeken over haar ziekte te lezen. Hoewel ze die stiekem moest lezen voor het geval haar man of leden van het personeel ze zouden zien, voelde ze blijdschap terwijl ze de boeken doorbladerde. 'Dit gaat over mij, ik ben niet de enige,' vertelde ze tegen Carolyn.

De diagnose van de arts sterkte haar ontluikende gevoel van zelfvertrouwen. Ze had alle hulp nodig die ze kon krijgen. Maar terwijl ze aan de lange weg tot herstel begon, maakte haar man haar pogingen belachelijk. 'Komt dat er straks allemaal weer uit? Wat zonde.' De voorspelling van dokter Lipsedge bleek juist. Na een half jaar werd de vooruitgang merkbaar. Ze zei dat het voelde alsof ze herboren was.

Voor ze met de behandeling begon, moest ze vaak vier keer per dag overgeven. Nu was dat teruggebracht tot eens in de drie weken. Wanneer ze echter met de koninklijke familie op Balmoral, Sandringham of Windsor is, veroorzaken de spanningen en de druk een veel ernstiger terugval. Hetzelfde geldt voor Highgrove, hun buitenhuis, dat zij ziet als het terrein van Charles, waar hij zijn maîtresse, Camilla Parker-Bowles, ontvangt, en andere mensen uit die kringen. Ze heeft vanaf het begin een hekel gehad aan het Georgian buitenhuis, en met het verstrijken van de tijd zijn die gevoelens alleen maar sterker geworden. Elk weekeinde dat ze daar met haar man doorbrengt, roept spanningen op die kort daarna uitmonden in een aanval van boulimie.

In dezelfde periode waarin ze besloot eindelijk haar boulimie te overwinnen, ging ze ook de confrontatie aan met de vrouw die zoveel verdriet, bedrog en woede in haar leven veroorzaakte. Dat gebeurde toen zij en prins Charles de veertigste verjaardag bijwoonden van de zuster van Camilla Parker-Bowles, Annabel Elliot, die werd gehouden in Ham Common, vlakbij Richmond Park. Onder de veertig genodigden werd als vanzelfsprekend aangenomen dat Diana daar niet zou verschijnen. Er ontstond enige verbaasde opschudding onder de genodigden toen ze toch kwam binnenlopen. Toen Diana na het diner met gasten aan het praten was in een van de vertrekken op de eerste verdieping, viel het haar op dat haar man en Camilla Parker-Bowles er niet waren. Ze ging naar beneden en trof daar haar man en Camilla aan die zich met andere gasten onderhielden. De prinses vroeg de anderen even weg te gaan omdat ze Camilla iets belangrijks had te vertellen.

Er daalde een verwachtingsvolle stilte over het gezelschap toen men hen alleen liet. De twee vrouwen, echtgenote en maîtresse, stonden tegenover elkaar. Diana liet Camilla weten niet van gisteren te zijn en dat ze op de hoogte was van wat zich tussen haar en Charles afspeelde. Toen Camilla de onschuld uithing, vertelde Diana haar dat ze wist wat de aard van hun betrekkingen was. Op Highgrove drukte ze regelmatig de herhalingstoets voor het laatst gekozen nummer in op zijn draagbare telefoon. Ze kreeg onveranderlijk verbinding met Middlewich House, het huis van de familie Parker-Bowles in Wiltshire. Ze had ook een hekel aan de regelmatige correspondentie tussen haar echtgenoot en Mrs. Parker-Bowles, vooral omdat ze een tussenpersoon, Patti Palmer-Tomkinson, gebruikten om hun brieven te bezorgen. De ontmoetingen tussen Camilla en Charles terwijl ze op vossejacht waren, of wanneer zij als gaste was uitgenodigd op Balmoral en Sandringham, maakten haar verontwaardiging alleen maar groter.

Tijdens die confrontatie kwam er zeven jaar van opgekropte woede, jaloezie en frustratie naar buiten. Deze ervaring bracht een grote verandering in Diana's houding teweeg. Hoewel ze nog steeds enorme verbittering voelde ten opzichte van haar man en Camilla, was het niet langer de allesverterende hartstocht in haar leven.

In die tijd raakte ze goed bevriend met Mara en Lorenzo Berni, die het restaurant San Lorenzo drijven in het modieuze Beauchamp Place in Knightsbridge. Mara, die de reputatie heeft een Italiaanse oermoeder te zijn, vraagt haar gasten regelmatig naar hun sterrenbeeld, praat over de betekenis van hun naam, en de invloed van de planeten. Hoewel Diana het restaurant al een aantal jaren bezoekt, kwamen Mara en Lorenzo drie jaar geleden pas echt in haar leven. Tegen lunchtijd zat ze op haar gast te wachten, toen Mara - die heel beschermend en attent is voor haar bevoorrechte cliëntèle - naar haar tafeltje kwam en bij haar ging zitten. Ze legde haar hand op Diana's pols en zei dat ze begreep wat ze doormaakte. Diana was sceptisch en vroeg haar waar ze die uitspraak op baseerde. In een paar zinnen schetste Mara een beeld van Diana's eenzame, trieste leven, de veranderingen die ze doormaakte en de weg die ze zou gaan volgen. Diana was gebiologeerd, verbijsterd door haar scherpe observaties over de ware aard van haar bestaan, iets waarvan ze dacht dat ze het altijd voor de buitenwereld verborgen had weten te houden.

Ze bestookte Mara met vragen over haar toekomst, en vroeg of ze ooit het geluk zou vinden en of ze ooit uit het systeem van het koninklijk huis zou kunnen ontsnappen. Van toen af aan werd San Lorenzo veel meer dan een restaurant; het werd een toevluchtsoord dat ver afstond van haar turbulente leven in Kensington Palace. Mara en Lorenzo werden troostende raadgevers, die luisterden naar de vele narigheden van de prinses. Hun vriend, James Gilbey, merkt op: 'Mara en Lorenzo zijn zeer meelevend, heel opmerkzaam en hebben veel verdriet en frustraties bij Diana gezien. Ze hebben haar kunnen helpen om haar situatie te accepteren.' Het echtpaar stimuleert Diana's belangstelling voor astrologie, tarotkaarten, en andere gebieden van de alternatieve metafysica, zoals helderziendheid en hypnose. Dat behoort tot de traditie binnen de koninklijke familie. De schrijver John Dale heeft, wat hij noemt, de 'belangstelling voor het occulte' kunnen terugvoeren tot in de tijd van koningin Victoria. In de loop der jaren, beweert Dale, hebben talloze leden van de koninklijke familie, onder wie de koningin-moeder, de koningin en prins Philip, séances en andere zittingen bijgewoond die tot doel hadden meer te weten te komen over het paranormale. Omstreeks deze tijd werd Diana voorgesteld aan de astrologe Debbie Frank, die de afgelopen drie jaar door de prinses is geraadpleegd. Ze hanteert een zachtzinnige techniek, die een combinatie is van algemene therapie en analyse van het heden en de toekomst, in relatie tot de stand van de planeten op de plaats en het tijdstip van Diana's geboorte. Als kreeft bezit Diana veel van de kwaliteiten die kenmerkend zijn voor dat teken: ze is beschermend, vasthoudend, emotioneel ingesteld en zorgzaam.

Toen ze voor het eerst de mogelijkheden van een spirituele wereld begon te onderzoeken, stond Diana heel erg open, misschien te open, voor geloof. Ze was zo op drift geraakt in haar wereld, dat ze zich vastgreep aan iedere voorspelling, zoals iemand die aan het verdrinken is zich vastklampt aan wrakhout. Naarmate haar zelfvertrouwen toenam, vooral tijdens de laatste paar maanden, is ze deze methoden van zelfanalyse en voorspellingen meer gaan zien als gereedschap en een richtingwijzer, dan als een reddingsboei die ze kreeg toegeworpen. Ze vindt astrologie interessant, soms relevant en geruststellend, maar het is op geen enkele manier de overheersende drijfveer in haar leven. Zoals haar vriendin Angela Serota opmerkt: 'Leren over de innerlijke groei die we doormaken is het belangrijkste in ons leven. Dat wordt haar volgende reis.'

Deze belangstelling was een belangrijke stap op weg naar zelfkennis. Haar onbevooroordeelde benadering van filosofieën buiten de denkwereld die in het westen prevaleert, is een weerklank van de ideeën die prins Charles naar voren brengt. Net zoals de prins en andere leden van de koninklijke familie zich scharen achter alternatieve geneeswijzen en holistische opvattingen, zo heeft Diana onafhankelijk daarvan alternatieve methoden onderzocht om de wereld tegemoet te treden. Astrologie is een van die onderzoeksgebieden. Het grootste deel van haar volwassen leven heeft Diana zich laten regeren door anderen, met name door haar man. Hierdoor is haar ware aard zolang onderdrukt geweest, dat het even duurde voor die weer bovenkwam. Haar weg naar zelfontdekking was zeker geen gemakkelijke. Tegenover elke dag die ze in vrede met zichzelf leefde, stonden weken van depressie, angst en twijfel aan zichzelf. Tijdens die sombere perioden was de therapie van Stephen Twigg van cruciaal belang, en de prinses geeft grif toe dat ze hem veel verschuldigd is. Sinds december 1988 bezoekt hij Kensington Palace om haar ontspanningsmassage te geven. Na een opleiding in Zweedse en diepe weefselmassage, ontwikkelde hij een samenhangende filosofie die gezondheid tot doel heeft, en net als in de Chinese geneeskunde lichaam en geest laat samenwerken om dat gevoel van welzijn te bereiken.

Haar waardering voor Stephen Twigg is geen verrassing voor barones Falkender, voormalig assistente van de Labour premier Harold Wilson, die al langere tijd bij hem onder behandeling is nadat ze borstkanker kreeg. Ze verklaart: 'Hij zal haar wel even fantastisch hebben geholpen als mij. Hij is een opmerkelijk mens. Hij is erg goed in therapeutische massage, en heeft een complete levensfilosofie die een uitdaging is en je helpt je eigen weg te vinden in het leven. Hij geeft je zelfvertrouwen, zorgt ervoor dat je ontspannen bent, wat je nieuwe levenskracht schenkt.'

Tijdens zijn sessies met Diana, die ongeveer een uur duren, bespreekt hij alles, variërend van vitamine-aanvullingen tot de betekenis van het heelal, terwijl hij probeert zijn patiënten tot zelfinzicht te laten komen en harmonie te brengen in hun lichamelijke, geestelijke en spirituele componenten. Op zijn voorstel is Diana vitaminepreparaten gaan gebruiken, heeft ze een ontgiftingskuur gedaan, en is begonnen het dieet van Hay te volgen, dat gebaseerd is op de gescheiden opname van koolhydraten en proteïnen, in een vast voedingspatroon. Zoals bij al zijn patiënten volgt hij een proces waarbij iemand zijn positieve karaktertrekken bekrachtigt, en onderzoekt welke situaties bedreigend zijn in hun leven - bijvoorbeeld Diana's bezoeken aan Balmoral, waar ze zich kwetsbaar en buitengesloten voelt. 'Denk eraan,' hield hij haar voor, 'het is niet zo dat jij met de koninklijke familie zit opgezadeld, maar eerder zij met jou.'

Zoals Twiggs zegt: 'Mensen als Diana laten ons zien dat het er niet toe doet hoeveel je bezit of onder welke bevoorrechte omstandigheden je bent geboren, je wereld kan toch beperkt worden door ziekte en verdriet. Er is moed voor nodig om deze beperkingen te erkennen, de confrontatie aan te gaan en je leven te veranderen.'

Ze heeft geëxperimenteerd met andere technieken, waaronder hypnotherapie met Roderick Lane, en aromatherapie, een oude techniek waarbij gebruik wordt gemaakt van aromatische oliën om spanningen te verminderen, en gezondheid en evenwichtigheid van geest te bevorderen. 'Het heeft een diepe, ontspannende werking,' zegt Sue Beechey, een vrouw uit Yorkshire die deze praktijk al twintig jaar beoefent. Ze stelt de oliën zelf samen in haar praktijk in Chelsea, voordat ze ze naar Kensington Palace brengt. Diana combineert dit vaak met een acupunctuurbehandeling, waarbij op bepaalde punten naalden in de huid worden aangebracht om de 'Chi-energie' in balans te brengen, wat bevorderlijk is voor een goede gezondheid. De naalden stimuleren onzichtbare energiebanen, meridianen geheten, die onder de huid lopen. Dit wordt uitgevoerd door Oonagh Toffolo, een gediplomeerd verpleegkundige uit County Sligo in Ierland, die Diana al bijna drie jaar bezoekt op Kensington Palace, en een enkele keer prins William heeft behandeld. Net als Jane Fonda en Shirley MacLaine heeft de prinses van Wales vertrouwen in de genezende werking van kristallen.

Ze blijft fit door dagelijks te zwemmen in Buckingham Palace, fitnesslessen te volgen, en af en toe mee te trainen met het London City Ballet, van wie ze de beschermvrouwe is. Bovendien heeft ze een persoonlijke leermeester die haar inwijdt in de subtiele kunst van tai chi chuan, een vorm van meditatie door langzame bewegingen uit te voeren, die heel populair is in het Verre Oosten. De bewegingen zijn gracieus, vloeiend, en volgen een vast patroon, waardoor het individu in staat wordt gesteld geest, lichaam en ziel in harmonie te brengen. Haar waardering hiervoor is begrijpelijk gezien haar levenslange liefde voor ballet. Deze milde lichamelijke meditatie gaat samen met de innerlijke vrede die ze opdoet door stille meditatie en gebed, vaak samen met Oonagh Toffolo, bij wie het katholieke geloof is verzacht door haar werk in India en het Verre Oosten.

Hoewel ze nog steeds romantische fictie leest van auteurs als Danielle Steele, die haar gesigneerde exemplaren van haar nieuwste boeken toestuurt, voelt ze zich ook aangetrokken tot boeken die gaan over holistische filosofie, geneeskunde en geestelijke gezondheid. Vaak verdiept ze zich 's morgens in de denkwijze van de Bulgaarse filosoof Michail Ivanov, een moment van kalme meditatie in een uiterst drukke dag. Een van haar dierbaarste bezittingen is een in blauw leer gebonden exemplaar van *De profeet*, door de Libanese filosoof Halil Gibran, dat ze gekregen heeft van Adrian Ward-Jackson, die ze hielp verplegen toen hij stervende was aan AIDS.

Haar huidige interesses hebben weinig te danken aan haar echtgenoot, wiens belangstelling voor holistische geneeskunde, architectuur en filosofie alom bekend is. Toen hij haar tijdens een vakantie een boek zag lezen dat *Oog in oog met de dood* heette, vroeg hij haar botweg waarom ze haar tijd verspilde aan dergelijke onderwerpen. Tegenwoordig is ze niet bang om haar eigen gevoelens onder ogen te zien en evenmin om de confrontatie aan te gaan met de ongemakkelijke en verontrustende gevoelens van anderen wanneer ze de dood naderen, noch om de humor en vreugde te zien in intens verdrietige situaties. Haar liefde voor koormuziek, 'omdat het de diepten raakt', is een welsprekende getuigenis van haar ernstige, reflectieve aard. Als ze een tijd op een onbewoond eiland moest doorbrengen, zouden haar eerste drie keuzes zijn: de Mis in C van Mozart en de requiems van Fauré en Verdi.

In de laatste paar jaar hebben de therapie, de vriendschappen en de holistische behandelwijzen haar in staat gesteld om haar persoonlijkheid te herwinnen, haar eigen karakter, dat werd onderdrukt door haar echtgenoot, het systeem van het koningshuis, en de verwachtingen van het publiek over hun sprookjesprinses. De vrouw achter het masker is niet een oppervlakkig, frivool jong ding, noch het toonbeeld van aan heiligheid grenzende volmaaktheid. Ze is echter een veel rustiger, introverter en op privacy gestelde mens dan velen zouden willen geloven. Zoals Carolyn Bartholomew zegt: 'Ze heeft nooit van de belangstelling van de media gehouden, hoewel ze haar vriendelijk gezind waren. Ze is er eigenlijk altijd heel verlegen onder geweest.'

In de afgelopen drie jaar is ze een stuk volwassener geworden, en de fysieke veranderingen zijn zichtbaar. Toen ze Sam McKnight vroeg om haar kapsel een wat kortere, sportievere stijl te geven, was dat een publieke uiting van hoe ze veranderd was. Haar stem fungeert als een barometer van het proces van volwassen worden. Wanneer ze het over de 'donkere jaren' heeft, is haar toon vlak en zacht, en zakt bijna helemaal weg, alsof ze er tegenop ziet om gedachten op te duiken van de bodem van haar hart, waar ze slechts met tegenzin komt. Als ze zich 'lekker' voelt en vol zelfvertrouwen is, is haar stem levendig, kleurrijk, en klinkt er een droog gevoel voor humor in door. Toen Oonagh Toffolo in september 1989 Diana voor het eerst bezocht in Kensington Palace, viel het haar op dat de prinses verlegen was en haar nooit recht aankeek. Zij zegt: 'In de afgelopen twee jaar is ze weer in contact gekomen met haar eigen aard, en heeft een nieuw gevoel van zelfvertrouwen en bevrijding gevonden, dat ze daarvoor nooit had gekend.' Haar observaties worden door anderen onderschreven. Een vriendin die Diana voor het eerst ontmoette in 1989, herinnert zich: 'Mijn eerste indruk was die van een heel verlegen en teruggetrokken mens. Ze hield haar hoofd diep gebogen en keek me nauwelijks aan wanneer ze sprak. Diana straalde zoveel verdriet en kwetsbaarheid uit dat ik haar gewoon wilde omhelzen. Ze is sinds die tijd een stuk volwassener geworden. Ze heeft nu een doel in haar leven en is niet meer de verloren ziel die ze tijdens die eerste ontmoeting leek te zijn.'

Haar bereidheid om zich in te zetten voor uitdagende en moeilijke doelen als AIDS is een afspiegeling van haar nieuwe zelfvertrouwen. Naarmate haar interesse zich verplaatst naar de wereld van de gezondheidszorg, merkt ze dat ze minder tijd besteden kan aan haar portefeuille vol activiteiten als beschermvrouwe. Ze had onlangs een vervelende vergadering met beleidsmensen van een balletgezelschap, die duidelijk maakten dat ze zouden willen dat ze meer tijd aan hun zaak besteedde. Naderhand zei ze: 'Er zijn belangrijker zaken in het leven dan ballet; er liggen mensen op straat te sterven.' De vorige winter heeft ze zeven privébezoeken afgelegd aan tehuizen voor daklozen, vaak vergezeld door kardinaal Basil Hume, het hoofd van de katholieke kerk in Engeland en Wales, die beschermheer is van een fonds voor de daklozen. Tijdens een bezoek in januari van dit jaar, brachten Diana en kardinaal Hume bijna twee uur door met dakloze jongeren in een opvangcentrum aan de zuidoever van de Theems. Sommige tieners, van wie velen een drank- of drugprobleem hadden, begroetten haar aanwezigheid met agressieve, vijandige vragen, anderen waren eenvoudig verrast dat ze op een koude zaterdagavond de moeite had genomen om hen te bezoeken.

Terwijl ze in gesprek was, kwam er een dronken Schot de kamer binnen stommelen. 'God, wat ben jij mooi,' sprak hij met dubbele tong, niet beseffend wie hij voor zich had. Toen hem werd verteld dat het de prinses was, interesseerde dat hem niet. 'Het kan me niet schelen wie ze is, ze is mooi.' Terwijl kardinaal Hume zich vreselijk geneerde, vond Diana het voorval amusant, en voelde zich volkomen op haar gemak tussen deze jonge mensen. Ondanks de ongemanierdheid waar ze af en toe op stuit, voelt ze zich zeer ontspannen bij dergelijke gelegenheden, veel meer dan wanneer ze in gezelschap verkeert van de koninklijke familie en leden van de hofhouding. Tijdens Royal Ascot woonde ze dit jaar maar twee van de vijf dagen bij, omdat ze andere verplichtingen was aangegaan. Vroeger genoot ze van de jaarlijkse parade van paarden en mode op Ascot, maar nu ervaart ze het als frivool. Tegen vrienden vertelde ze: 'Ik houd niet meer van dat soort glamour gebeurtenissen. Ik voel me er niet op mijn gemak. Ik zou veel liever iets nuttigs doen.'

Ironisch genoeg was het prins Charles' hartstocht voor polo waardoor Diana een veel beter inzicht kreeg in wat ze waard is. In juni 1990 brak de prins zijn rechterarm tijdens een wedstrijd in Cirencester. Hij werd naar een plaatselijk ziekenhuis vervoerd, maar na weken van rust en herstel reageerde zijn arm nog altijd niet op de behandeling en werd hem aangeraden zich voor een tweede keer te laten opereren. Zijn vrienden Charles en Patti Palmer-Tomkinson raadden hem aan naar de universiteitskliniek in Nottingham te gaan.

Hoewel het ziekenhuis onder de National Health Service viel, kreeg de prins prompt de beschikking over een eigen vleugel, die pas helemaal was opgeknapt. Van Kensington Palace bracht hij zijn butler, Michael Fawcett, mee en zijn privé-kok. Tijdens de bezoekjes aan haar man, bracht Diana veel tijd door met andere patiënten, vooral op de intensive care-afdeling. Ze troostte Dean Woodward, die in coma lag na een auto-ongeluk, en toen hij herstelde bezocht ze hem thuis een keer. Het was een spontaan gebaar en Diana was dan ook van streek toen de geheime bezoeken onder de aandacht van een breder publiek werden gebracht, doordat de familie hun verhaal aan de landelijke kranten verkocht.

Een voorval dat veel voor Diana betekende, vond plaats in hetzelfde ziekenhuis, ver weg van de camera's, glimlachende functionarissen en het oog van het publiek. Het drama was drie dagen eerder begonnen, in Balderton, een dorp in de buurt van Newark, toen huisvrouw Freda Hickling getroffen door een hersenbloeding in elkaar zakte. Toen Diana haar voor het eerst zag, achter de schermen van de intensive care-afdeling, lag ze aan een hart-longmachine. Haar echtgenoot Peter zat bij zijn vrouw en hield haar hand vast. Diana, die patiënten in het ziekenhuis bezocht, had van de behandelend arts al gehoord dat er weinig kans op herstel was. Ze vroeg zacht aan Peter of ze bij hen kon komen zitten. In de twee uur die volgden hield ze de hand van Peter en Freda Hickling vast, totdat de specialist Peter vertelde dat zijn vrouw was overleden. Diana ging toen met Peter, zijn stiefzoon Neil en Neils vriendin Sue naar een aparte kamer. Sue was zo geschrokken van de aanblik van Freda Hickling aan de hart-longmachine, dat ze Diana eerst niet eens herkende, maar vaag dacht dat het iemand van de televisie was. 'Zeg maar gewoon Diana,' zei de prinses. Ze praatte over alledaagse dingen, de grootte van het ziekenhuis, de arm van prins Charles, en informeerde naar het bosbouwbedrijf waar Neil werkte. Na een poos concludeerde Diana dat Peter wel aan een flink glas gin toe was en vroeg haar rechercheur daarvoor te zorgen. Toen hij niet snel genoeg terugkwam, slaagde de prinses erin het zelf te bemachtigen.

Peter, een 53-jarige gemeentearbeider, herinnert zich: 'Ze probeerde ons op te monteren. Ze wist niets van ons af, maar ze kan erg goed omgaan met mensen en een snelle inschatting maken. Diana is er fantastisch in geslaagd om Neil te kalmeren. Toen we weggingen, zat hij met Diana te praten alsof hij haar al zijn leven lang kende, en gaf haar een kus op de wang voor we de trap afliepen.'

Zijn gevoelens worden gedeeld door zijn stiefzoon Neil. Hij vertelt: 'Ze was een heel zorgzaam, begrijpend iemand, iemand op wie je kunt vertrouwen. Ze wist van dood en verdriet.'

Toen Neil en Peter voorbereidingen troffen voor de begrafenis, waren ze heel verrast en ontroerd door een brief van prinses Diana op het briefpapier van Kensington Palace. De brief werd op 4 september 1990 verstuurd en luidde als volgt:

[Beste Peter, Ik heb tijdens de afgelopen dagen veel aan jou en Neil gedacht - ik kan me geen voorstelling maken van wat jullie moeten doormaken aan pijn en verdriet. Je was ongelooflijk dapper zaterdag, maar ik heb me voortdurend zorgen gemaakt over hoe jullie je aan de nieuwe situatie zouden aanpassen. Ik wilde je laten weten dat ik veel aan jullie denk en voor jullie bidt in de hoop dat het jullie enige troost kan bieden. Met veel liefde en innige deelneming voor een heel bijzonder iemand, liefs, Diana]

Dat was een ander keerpunt voor een vrouw die zo lang had gedacht dat ze waardeloos was, en de wereld weinig meer te bieden had dan haar gevoel voor stijl. Haar leven binnen de koninklijke familie was rechtstreeks verantwoordelijk voor de verwarring die was ontstaan. Zoals haar vriend James Gilbey zegt: 'Toen ze vorig jaar naar Pakistan ging, stond ze er versteld van dat vijf miljoen mensen uitliepen om haar te zien. In Diana's geest speelt zich een merkwaardige strijd af. "Hoe bestaat het dat al die mensen me willen zien? En dan kom ik thuis en leidt een muisachtig bestaan. Niemand zegt: 'Dat heb je goed gedaan.'" Ze heeft iets erg tweeslachtigs. Buiten de deur wordt ze geadoreerd en thuis leidt ze een ongewoon leeg bestaan. Er is daar niets of niemand, in de zin dat niemand iets aardigs tegen haar zegt - afgezien van de kinderen dan. Ze heeft het gevoel in een vijandige wereld te leven.'

Kleine dingen betekenen heel veel voor Diana. Ze is niet uit op complimenten, maar wanneer mensen haar tijdens een officiële verplichting bedanken omdat ze hen geholpen heeft, maakt dat van een routine-aangelegenheid een heel speciaal moment. Jaren geleden geloofde ze nooit in de bijval die ze kreeg, maar nu is ze er beter in een vriendelijk woord of gebaar te accepteren. Als zij iets bijdraagt, is haar dag geslaagd. Ze heeft met kerkleiders, onder wie de aartsbisschop van Canterbury en een aantal vooraanstaande bisschoppen, gesproken over het ontluiken van deze diepgewortelde behoefte in zichzelf om zieken en stervenden te helpen. 'Als ik ergens leed zie, wil ik daar zijn om te doen wat ik kan,' zegt ze. Bezoeken aan gespecialiseerde ziekenhuizen als Stoke Mandeville of Great Ormond Street voor zieke kinderen, zijn geen verplichting, maar schenken haar intense voldoening. Zoals de echtgenote van de Amerikaanse president, Barbara Bush, ontdekte toen ze de prinses vergezelde voor een bezoek aan de AIDS-afdeling van het Middlesex Hospital, in juli 1991, is er niets onoprechts in Diana's houding tegenover zieken. Toen een bedlegerige patiënt in tranen uitbarstte toen de prinses een praatje met hem maakte, sloeg Diana spontaan haar armen om hem heen en troostte hem. Het was een ontroerend moment dat de First Lady en de andere aanwezigen diep raakte. Sindsdien heeft ze benadrukt hoe belangrijk het is om AIDS-patiënten te knuffelen, want dit was voor Diana persoonlijk een belangrijk moment. Terwijl ze hem tegen zich aanhield, liet ze haar eigen persoonlijkheid zien, in plaats van te blijven vasthouden aan haar rol van prinses.

Hoewel haar betrokkenheid bij AIDS-bestrijding op enige vijandigheid is gestuit, wat zich regelmatig vertaald in anonieme scheldbrieven, blijft het haar wens om de vergeten slachtoffers van de maatschappij te helpen. Haar werk voor lepra, drugverslaving, daklozen en seksueel misbruikte kinderen heeft haar in aanraking gebracht met problemen en kwesties waarvoor geen eenvoudige oplossing bestaan.

Zoals haar vriendin Angela Serota zegt: 'Ze heeft zich ingezet voor AIDS, omdat ze een groep mensen zag voor wie niets werd gedaan. Het is een vergissing te denken dat ze alleen maar in AIDS en het AIDS-vraagstuk is geïnteresseerd. Ze zet zich in voor ziekten en afwijkingen.'

AIDS is een ziekte die niet alleen een ter zake kundige en gevoelige aanpak vereist, maar waarvoor ook moed nodig is om de taboes onder ogen te zien die een - voorlopig - ongeneeslijke ziekte omgeven. Diana heeft zich met oprechtheid en mededogen gestort op de persoonlijke en maatschappelijke kwesties die door AIDS worden opgeroepen. Haar broer Charles vertelt: 'Het is goed voor haar geweest om zich voor een echt moeilijke zaak in te zetten. Iedereen kan het normale liefdadigheidswerk doen, maar je moet echt betrokken zijn en in staat zijn om veel van jezelf te geven, om je in te zetten voor iets waar andere mensen met een boog omheen lopen.' Hij kent deze eigenschappen uit eigen ervaring, van de keer toen hij een Amerikaanse vriend, die stervende was aan AIDS, vroeg om een van de peetooms te zijn bij de doop van zijn dochter Kitty. De vlucht van New York naar Engeland had hem nogal uitgeput en hij was begrijpelijkerwijs nerveus in aanwezigheid van iemand van het koninklijk huis. 'Diana begreep meteen wat er aan de hand was,' herinnert Charles zich, 'en ze ging naar hem toe om te vragen hoe hij het maakte en of hij de dag wel aan kon. Haar bezorgdheid betekende heel veel voor hem.'

Door haar zorgzaamheid en toewijding aan een vriend kwam ze vorig jaar terecht in misschien wel een van de meest emotionele perioden van haar leven. Vijf maanden lang hielp ze in het geheim Adrian Ward-Jackson te verplegen, die had ontdekt dat hij aan AIDS leed. Het was een tijd vol vreugde, lachen en intens verdriet toen Adrian, een prominent figuur in de wereld van de kunst, het ballet en de opera, geleidelijk bezweek aan zijn ziekte. Adrian was een man met een enorm charisma en veel energie, en hij vond het in het begin, toen halverwege de jaren tachtig werd vastgesteld dat hij HIV-positief was, moeilijk om zijn lot te accepteren. Door zijn werk als vice-voorzitter van de AIDS Crisis Trust, waar hij de prinses voor het eerst ontmoette, was hij volledig op de hoogte van de alledaagse realiteit van de ziekte.

In 1987 vertelde hij het nieuws uiteindelijk aan zijn goede vriendin Angela Serota, die danseres was bij het Royal Ballet, tot een kwetsuur aan haar been haar dwong haar carrière af te breken. Nu is ze een belangrijk figuur op het gebied van dans- en balletpromotie. Een groot deel van de tijd heeft Angela, een rustige vrouw met een heel praktische instelling, Adrian verzorgd, altijd gesteund door haar twee tienerdochters.

In maart 1991 was hij nog sterk genoeg om een CBE in ontvangst te nemen op Buckingham Palace voor zijn inzet voor de kunst - hij was bestuurder van het Royal Ballet, voorzitter van de Vereniging voor Moderne Kunst en directeur van de Vereniging van het Theatermuseum - en tijdens die feestelijke lunch in de Tate-galerie ontmoette Angela prinses Diana voor het eerst. In april 1991 ging Adrians toestand hard achteruit en moest hij het bed houden in zijn appartement in Mayfair, waar Angela vrijwel voortdurend voor hem zorgde. Vanaf die tijd kwam prinses Diana regelmatig op bezoek, en bracht zelfs een keer haar kinderen, prins William en Harry, mee. Toen ontwikkelde zich een hechte band tussen Angela en Diana door hun gezamenlijke zorg voor hun vriend. Angela herinnert zich: 'Ik vond haar erg mooi op een niet oppervlakkige manier. Haar innerlijke geestkracht straalt er doorheen, hoewel ze ook iets diep ongelukkigs over zich had. Ik weet nog dat ik het heerlijk vond dat ze er nooit op stond dat ik me formeel gedroeg.'

Toen Diana haar zoons meebracht om haar vrienden te ontmoeten, was dat een gevolg van haar diepgewortelde overtuiging dat het haar taak is als moeder om ze zo op te voeden dat ze zijn voorbereid op alles aspecten van het leven en de dood. Angela zag in prins William een jongen die veel ouder en gevoeliger is dan voor zijn leeftijd gebruikelijk is. Ze herinnert zich: 'Hij had volwassen ideeën over ziekte, een gezichtspunt dat blijk gaf van een bewustzijn van liefde en toewijding.'

In het begin hield Angela zich op de achtergrond, en liet Diana alleen in Adrians kamer, waar ze praatten over gemeenschappelijke vrienden en andere aspecten van het leven. Vaak bracht ze een bosje bloemen of iets anders mee voor Angela, die ze 'Dame A' noemde. Ze herinnert zich: 'Adrian hoorde haar graag vertellen over haar dagelijks werk en hij genoot ook van de sociale kant van het leven. Ze maakte hem aan het lachen, maar er was altijd een perfecte mate van begrip, zorgzaamheid en aandacht. Dat is juist het punt bij haar, ze is niet alleen maar een decoratief poppetje dat ronddrijft op een wolk van parfum.' De stemming in Mount Street was onveranderlijk opgewekt, met een gevoel van geluk dat weet heeft van lijden. Angela vertelt: 'Ik zie de dood niet als triest of deprimerend. Hij stond aan het begin van een fantastische reis. De prinses dacht helemaal in dezelfde geest. Ze kwam er ook graag voor zichzelf, het was een intense ervaring. En tegelijkertijd deed Adrian nieuwe energie op door de heilzame werking van haar aanwezigheid.' Angela las voor uit tal van boeken, waaronder werken van Franciscus van Assisi, Halil Gibran en de bijbel, en gaf Adrian ook regelmatig aromatherapeutische behandelingen. Een hoogtepunt vormde een telefoontje van Moeder Theresa uit Calcutta, die via Indiase vrienden ook een medaillon stuurde. Bij zijn begrafenis gaven ze Diana een brief van Moeder Theresa, waarin ze schreef hoezeer ze zich erop verheugde haar te ontmoeten tijdens haar bezoek aan India. Helaas was Moeder Theresa toen ziek, maar de prinses maakte speciaal een reis naar Rome waar ze aan het herstellen was. Niettemin betekende dat liefdevolle briefje heel veel voor de prinses.

Als Diana niet op bezoek kon komen, belde ze naar het appartement om te horen hoe de toestand van haar vriend was. Op haar dertigste verjaardag droeg ze een gouden armband die Adrian haar had gegeven als blijk van affectie en solidariteit. En toch liep het bijna mis met Diana's lang geleden gemaakte voornemen om bij Adrian te zijn wanneer hij stierf. In augustus ging zijn toestand achteruit, en de artsen adviseerden dat hij zijn intrek zou nemen in een kamer van het St. Mary's ziekenhuis in Paddington, waar hij beter behandeld kon worden. Diana moest echter een cruise op de Middellandse Zee maken met haar gezin, aan boord van een jacht dat eigendom was van de Griekse miljonair John Latsis. Er was een plan achter de hand om haar vanaf het schip per helicopter naar een vliegtuig te vervoeren om bij hem te kunnen zijn wanneer hij stierf. Voor ze vertrok zocht Diana Adrian thuis op. 'Ik blijf op je wachten,' zei hij haar. Met die woorden in haar hart gegrift, vloog ze naar Italië, en telde de uren tot ze weer terug kon gaan.

Zodra ze uit het koninklijke vliegtuig stapte, reed ze regelrecht naar St. Mary's. Angela herinnert zich: 'Plotseling werd er aan de deur geklopt. Het was Diana. Ik omhelsde haar en nam haar mee naar de kamer waar Adrian lag. Ze was nog gekleed in een T-shirt en zag er zongebruind uit. Het was heerlijk voor Adrian om haar zo te kunnen zien.'

Tenslotte keerde ze terug naar Kensington Palace, maar verscheen de volgende dag al weer met allerlei lekkers. Haar kok, Mervyn

Wycherley, had een grote picknickmand klaargemaakt voor Angela, terwijl prins William bijna bezweek onder zijn cadeau, een grote jasmijnstruik uit de kassen van Highgrove. Het was een zorgvuldig afgewogen besluit van Diana om William mee te nemen. Adrian gebruikte toen helemaal geen medicijnen meer en voelde zich vredig. 'Diana zou haar zoon nooit hebben meegenomen als de aanblik van Adrian schokkend zou zijn geweest,' zegt Angela. Op weg naar huis vroeg William zijn moeder: 'Als Adrian doodgaat als ik op school ben, wil je het me dan laten weten zodat ik erbij kan zijn?'

Er wachtte nog een koninklijke verplichting. Dit keer moest Diana de koningin en de rest van de familie vergezellen voor de jaarlijkse vakantie op Balmoral. Ze vertrok onder strikte voorwaarde dat ze gewaarschuwd zou worden zodra zijn toestand verslechterde, en had van te voren uitgerekend dat ze er zeven uur over zou doen om vanuit Schotland naar Londen te rijden.

Op maandag 19 augustus begon het stervensproces. Predikant Roger Greenacre had hem al de laatste communie toegediend, maar tegen de avond waren de verpleegsters zo geschrokken van Adrians toestand dat ze Angela uit haar hazeslaapje wekten en haar vertelden dat ze beter Diana kon gaan bellen. De laatste lijnvlucht naar Londen was al vertrokken, waarop Diana probeerde een privé-vliegtuig te huren. Er was er echter niet één beschikbaar. Toen besloot ze om de 900 kilometer van Balmoral naar Londen samen met haar rechercheur per auto af te leggen. Nadat ze de hele nacht had gereden, arriveerde de prinses om vier uur 's morgens in het ziekenhuis. Ze waakte urenlang bij hem, hield Adrians hand vast en streelde zijn voorhoofd.

De wake duurde de hele dinsdag en woensdag voort. 'We deelden alles,' herinnert Angela zich. 'Het was uiteindelijk een heel lange weg.' Het was dan ook geen wonder dat Diana zich op woensdagmorgen uitgeput voelde. Ze zat in de gang een dutje te doen, toen in een kamer vier deuren verderop het alarm afging. Een moeder die pas een hartoperatie had ondergaan, had zojuist een tweede, fatale hartaanval gekregen. Helaas waren op dat moment haar kinderen en familieleden bij haar in de kamer. Terwijl artsen en verpleegsters langsrenden met elektronische apparatuur, besteedde Diana tijd aan het troosten van de ontredderde familieleden. Het was het verdriet van onbegrip. Het ene moment praatte hun moeder nog, het andere moment was ze dood. Ze bracht heel wat tijd met hen door voor ze het ziekenhuis verlieten. Toen ze afscheid namen, zei de oudste zoon tegen haar: 'God heeft onze moeder weggenomen, maar een engel in haar plaats gestuurd.'

Op donderdag was het nieuws uitgelekt en stond een groep fotografen haar buiten het ziekenhuis op te wachten. 'Mensen dachten dat Diana er alleen op het einde bij was,' vertelt Angela. 'Zo was het natuurlijk helemaal niet, we hebben alles samen gedaan.' In de vroege ochtenduren van donderdag 23 augustus naderde het einde. Toen Adrian stervende was, ging Angela naar de kamer ernaast om Diana te bellen. Voor ze iets kon zeggen, zei Diana al: 'Ik kom eraan.' Vlak na haar komst hebben ze samen het Onze Vader gebeden, waarna Diana haar vrienden alleen liet om voor het laatst samen te kunnen zijn. 'Ik zou niemand anders weten die eerst aan mij zou hebben gedacht,' zegt Angela. Toen kwam de beschermende kant van Diana boven. Ze maakte een bed op voor haar vriendin, stopte haar onder de wol en kuste haar welterusten.

Terwijl zij sliep, wist Diana dat het het beste zou zijn als Angela met haar gezin meeging op vakantie naar Frankrijk. Ze pakte een koffer voor haar in en belde haar echtgenoot in Montpellier om hem te vertellen dat Angela, zodra ze wakker werd, op weg zou gaan. Toen liep Diana naar boven naar de baby-afdeling, dezelfde afdeling waar haar kinderen waren geboren. Ze had het gevoel dat het belangrijk was om zowel het leven als de dood onder ogen te zien, om te proberen haar intense gevoel van verlies te compenseren met een gevoel van wedergeboorte. In die paar maanden had Diana heel wat over zichzelf geleerd - een afspiegeling van de nieuwe start die ze had gemaakt in haar leven.

Het was des te bevredigender omdat ze nu eens een keer niet was bezweken onder de druk van de koninklijke familie. Ze wist dat ze Balmoral verlaten had zonder eerst toestemming te vragen aan de koningin, en tijdens de voorgaande dagen was erop aangedrongen dat ze meteen zou terugkeren. De familie vond dat een kort bezoek voldoende zou zijn geweest, en voelde zich ongemakkelijk over de trouw en toewijding die ze ten toon spreidde, hetgeen duidelijk meer was dan de traditionele plicht vereiste. Haar echtgenoot had nooit veel waardering gehad voor haar interesses en stond beslist niet positief tegenover de hoeveelheid tijd die ze besteedde aan de verzorging van haar vriend. Ze slaagden er niet in te begrijpen dat ze Adrian Ward-Jackson een belofte had gedaan, een belofte die ze vastbesloten was na te komen. Het deed er niet toe of hij stierf aan AIDS, kanker of een andere ziekte, ze had hem haar woord gegeven dat ze tot het einde bij hem zou zijn. Ze was niet van plan zijn vertrouwen te beschamen. In die kritieke periode vond ze dat haar trouw aan vrienden net zo belangrijk was als haar verplichtingen ten opzichte van de koninklijke familie. Tegen Angela zei ze: 'Jullie hebben me allebei nodig. Het is een raar gevoel dat iemand me nodig heeft om wie ik ben. Waarom ik?'

De prinses was Angela's beschermengel tijdens Adrians begrafenis, en hield tijdens de hele dienst haar hand vast, maar tijdens de herdenkingsdienst had ze behoefte om uit te huilen op de schouder van haar vriendin. Dat mocht niet zo zijn. Ze deden hun uiterste best om naast elkaar te zitten tijdens de dienst, maar medewerkers van Buckingham Palace wilden het niet toestaan. Omdat de dienst in St. Paul's, in Knightsbridge, een officiële gelegenheid was, moest de koninklijke familie in de kerkbanken aan de rechterkant zitten, en de familieleden en vrienden van de overledene aan de linkerkant. Nu ze rouwde, verhinderde het knellende korset van het koninklijk protocol, als bij zoveel in Diana's leven, dat de prinses dit uiterst persoonlijke moment zo kon doorbrengen als zij wilde. Tijdens de dienst was Diana zichtbaar verdrietig, toen ze treurde om de man wiens weg naar de dood haar zoveel vertrouwen in zichzelf had geschonken.

De prinses had niet meer het gevoel dat ze haar ware gevoelens voor de wereld moest verbergen. Ze kon zichzelf zijn in plaats van zich te verbergen achter een masker. De maanden waarin ze Adrian had verpleegd, hadden haar andere prioriteiten in het leven gegeven. Zo schreef ze kort erna aan Angela: 'Ik heb een diepte bereikt van binnen die ik nooit voor mogelijk had gehouden. Mijn zicht op het leven is veranderd en ik ben positiever en evenwichtiger geworden.'

8

'We zorgen ervoor dat we elkaar niet voor de voeten lopen'

De prinses van Wales genoot van een lunch met een vriendin in San Lorenzo, toen haar gesprek werd onderbroken door haar lijfwacht. Hij vertelde haar het nieuws dat haar oudste zoon, prins William, betrokken was geweest bij een ongeluk op zijn kostschool. De bijzonderheden waren wat vaag, maar duidelijk was dat de prins een behoorlijke klap op zijn hoofd had gekregen toen hij en een mede-leerling met een golfclub aan het spelen waren op het terrein van de Ludgrove-school in Berkshire. Terwijl ze haastig het restaurant verliet, reed prins Charles van Highgrove naar het Royal Berkshire ziekenhuis in Reading, waar William voor onderzoek naartoe was gebracht.

Terwijl er een scanfoto werd gemaakt van prins William om vast te stellen welk letsel hij had opgelopen, adviseerden de artsen van het Royal Berkshire de ouders dat het verstandig zou zijn om hem over te brengen naar het Great Ormond Street kinderziekenhuis in het hart van Londen. Toen het convooi in hoog tempo over de M4 snelweg reed, reisde Diana met haar zoon mee in de ambulance, terwijl prins Charles er achteraan reed in zijn Aston Martin sportwagen. William was 'vrolijk en spraakzaam' tijdens de reis en werd bij aankomst klaargemaakt voor de operatie. De neurochirurg Richard Hayward, de lijfarts van de koningin, dr. Anthony Dawson, en een aantal andere artsen omringden zijn ouders om uitleg te geven over zijn toestand. In een aantal gesprekken kregen ze te horen dat hij een deuk in zijn schedel had opgelopen en meteen onder volledige narcose geopereerd moest worden. Ze maakten duidelijk dat er een mogelijk ernstig, doch relatief klein risico bestond, dat de prins bij het ongeluk hersenletsel had opgelopen. Ook was de operatie niet geheel zonder gevaar.

Ervan overtuigd dat zijn zoon in goede handen was, verliet prins

Charles het ziekenhuis om een voorstelling van de opera Tosca van
Puccini bij te wonen in Covent Garden, waar hij gastheer was voor
een groep van tien functionarissen van de Europese Gemeenschap,
onder wie een milieudeskundige die ervoor uit Brussel was overgekomen. Onderwijl werd prins William, die de hand van zijn moeder
vasthield, naar de operatiezaal gereden voor een operatie die 75
minuten zou duren. Diana wachtte gespannen in een kamertje tot
Richard Hayward binnenkwam om haar te vertellen dat haar zoon het
goed maakte. Later zei ze dat het een van de langste uren uit haar leven
was. Terwijl zij William gezelschap hield in zijn privékamer, reisde
zijn vader met de koninklijke nachttrein naar Noord-Yorkshire, waar
hij een milieustudie moest bijwonen.

Diana hield de hand van haar zoon vast en keek toe hoe verpleegkundigen iedere twintig minuten binnenkwamen om zijn bloeddruk
te meten, zijn reflexen te controleren en met een lampje in zijn ogen
te schijnen. Het was de ouders van William uitgelegd dat een plotselinge
stijging van de bloeddruk, hetgeen fataal kan zijn, het meest gevreesde bijverschijnsel is van een operatie aan een hoofdwond. Vandaar deze regelmatige controle. Alleen om drie uur 's nachts werd de controle overgeslagen, omdat toen het brandalarm de nachtelijke stilte
verbrak.

De volgende morgen raakte Diana, die moe en gespannen was, van
streek door artikelen in de kranten waarin de mogelijkheid werd
besproken dat William aan epilepsie leed. En dat was maar een van
haar zorgen. Toen ze de zaak met vrienden besprak, merkte ze op: 'Je
moet in goede en slechte tijden je kinderen steunen.' Ze stond hierin
niet alleen. Terwijl prins Charles over de Yorkshire Dales wandelde
voor zijn groene missie, werd zijn gedrag door een horde van
psychologen, deskundigen op het gebied van het koningshuis, en
verontwaardigde moeders veroordeeld. 'Wat ben je voor een vader?'
vroeg een van de koppen in The Sun.

Zijn besluit om plicht voor te laten gaan boven zijn gezin, kwam
dan misschien als een schok voor het grote publiek, maar voor zijn
vrouw was het geen verrassing. Ze accepteerde zijn besluit om naar de
opera te gaan als heel vanzelfsprekend. Voor haar was het eerder de
zoveelste illustratie van een vast reactiepatroon, dan een misstap. Een
vriendin die haar sprak een paar minuten nadat William uit de
operatiezaal werd gereden, zei: 'Als dit een op zichzelf staan incident
zou zijn geweest, zou het ongelooflijk zijn. Ze was niet verrast. Het
bevestigde alleen alles wat ze van hem vond en versterkte het gevoel

dat hij moeilijk contact maakt met kinderen. Zijzelf kreeg geen enkele steun, geen hartelijk gebaar, niets aardigs, niets.'

Een gezichtspunt dat wordt onderschreven door Diana's vriend James Gilbey: 'Haar reactie op het ongeluk van prins William was die van afgrijzen en ongeloof. Hij was op het nippertje aan erger ontsnapt. Ze begrijpt het gedrag van haar echtgenoot niet, en dus sluit ze zich ervoor af. Diana denkt: "Ik weet waar mijn prioriteiten liggen: bij mijn zoon."'

Toen de prins zich bewust werd van de verontwaardiging van het publiek, kwam zijn reactie al weer niet als een verrassing voor zijn vrouw: hij gaf haar er de schuld van. Charles beschuldigde haar ervan dat ze 'volslagen onzin' uitkraamde over de ernst van de verwonding en deed alsof hij niet wist dat de erfgenaam van de troon herselletsel had kunnen oplopen. De koningin, die door prins Charles op de hoogte was gesteld, was verbaasd en nogal geschrokken toen Diana haar vertelde dat haar kleinzoon aan de beterende hand was, maar dat het geen standaard operatie was geweest.

Een paar dagen na het ongeluk, in juni 1991, was William weer zover opgeknapt dat de prinses de verplichting op zich kon nemen om een bezoek te brengen aan het Marlow Community ziekenhuis. Na afloop van het bezoek zakte een oude man uit het publiek in elkaar door een hartaanval. Diana rende erheen om te helpen in plaats van dat aan anderen over te laten. Toen de prins zag hoeveel aandacht de kranten besteedden aan haar meelevende optreden, beschuldigde hij Diana ervan zich te gedragen als een martelaar. Zijn zure opmerking was kenmerkend voor de gapende kloof tussen hen, en gaf voeding aan Diana's opmerking over de belangstelling van de media voor hun tienjarig huwelijksfeest een maand later. Ze vroeg op haar nuchtere toon: 'Wat valt er te vieren?'

De volkomen verschillende manier waarop het echtpaar reageerde op het ongeluk van prins William, onderstreepte publiekelijk wat mensen in hun directe omgeving allang weten, namelijk dat het sprookjeshuwelijk tussen de prins van Wales en Lady Diana Spencer voorbij is, behalve in naam. Het mislukken van hun huwelijk en het vrijwel volkomen wanslagen van hun professionele relatie is een bron van verdriet voor vele van hun wederzijdse vrienden. Deze veelbesproken echtvereniging die met zoveel goede hoop werd aangegaan, heeft nu een impasse bereikt van wederzijdse beschuldigingen en kille onverschilligheid. De prinses heeft aan vriendinnen verteld dat er op geestelijk niveau een einde aan hun huwelijk kwam op de dag dat prins

Harry werd geboren, in 1984. Het echtpaar, dat al jarenlang gescheiden slaapkamers heeft in hun huizen, maakten een einde aan het delen van een gemeenschappelijke slaapkamer tijdens een officieel bezoek aan Portugal in 1987. Het wekt dan ook geen verwondering dat ze een recent artikel in het tijdschrift The Tatler, waarin de vraag werd gesteld: 'Is prins Charles seksier dan goed voor hem is?', zeer lachwekkend vond door de onbedoelde ironie.

Hun wederzijdse antipathie is zo groot dat het vrienden is opgevallen dat Diana zelfs de aanwezigheid van haar man al irritant en onaangenaam vindt. Hij beschouwt zijn vrouw met onverschilligheid en afkeer. Toen een zondagskrant schreef hoe opvallend de prins haar had genegeerd tijdens een concert op Buckingham Palace ter gelegenheid van de negentigste verjaardag van de koningin-moeder, merkte ze tegen vrienden op dat hun verrassing haar verbaasde. 'Hij negeert me overal en doet dat al heel lang. Hij doet gewoon alsof ik niet besta.' Ze zou bijvoorbeeld nooit overwegen een bijdrage te leveren aan een van de gebieden die zijn speciale belangstelling hebben, zoals architectuur, het milieu of de landbouw. Pijnlijke ervaringen hebben haar geleerd dat suggesties van haar kant beantwoord worden met nauw verholen verachting. 'Hij maakt dat ze zich intellectueel onzeker voelt en onderstreept die boodschap voortdurend,' merkt een goede vriend op. Toen Charles op zijn drieënveertigste verjaardag de prinses mee uitnam naar een voorstelling van 'Een vrouw van geen belang', ging de ironie daarvan niet verloren voor haar vrienden.

Prins Charles is een man met aanzienlijke charme en gevoel voor humor, maar bezit ook het nietsontziende vermogen om mensen die het niet met hem eens zijn uit te sluiten. Dat strekte zich uit tot een drietal privé-secretarissen die hem te vaak tegenspraken, ontelbare paleisfunctionarissen en personeelsleden, en ook zijn vrouw. Diana's moeder maakte kennis met zijn harde kant en met zijn onverzettelijke aard tijdens de doopplechtigheid van prins Harry. Toen hij zich er tegen haar over beklaagde dat haar dochter een zoon met roestbruin haar ter wereld had gebracht, maakte Mrs. Shand Kydd, een uiterst integere vrouw, hem duidelijk dat hij er dankbaar voor moest zijn dat zijn tweede zoon gezond ter wereld was gekomen. Vanaf dat moment heeft de prins van Wales ervoor gezorgd dat zijn schoonmoeder wordt buitengesloten. Door die ervaring heeft ze veel meer begrip voor de situatie van haar dochter.

De kloof tussen het prinselijk paar is nu te groot om nog verhuld te kunnen worden voor het publiek. De donderdag voor kerstmis van het vorig jaar werd ze geacht naar Plymouth te reizen om een zeldzame gezamenlijke verplichting te vervullen. Ze was tot middernacht met prins Edward naar een Mozart-concert geweest, maar de volgende ochtend zegde ze het bezoek af, omdat ze griep zou hebben. Hoewel ze zich na het concert inderdaad ziek voelde, maakte de gedachte een dag in gezelschap van haar echtgenoot te moeten doorbrengen haar nog meer geneigd het bed te houden.

Hovelingen moeten voortdurend spitsroeden lopen wat betreft het publieke leven en het privéleven van het prinselijk paar. Dat werd nog eens geïllustreerd toen de prinses van Wales op de hoogte werd gesteld van het overlijden van haar vader, terwijl ze op skivakantie was in Lech, in Oostenrijk. Ze was van plan om alleen terug te vliegen en prins Charles achter te laten bij hun kinderen. Hij stond er echter op met haar mee te gaan, maar voor één keer bleef ze op haar stuk staan. Ze zat in haar hotelkamer en vond haar echtgenoot, zijn privé-secretaris en zijn perssecretaris tegenover zich. Ze stonden erop dat hij ter wille van zijn image met haar samen zou terugkeren. Ze weigerde. Uiteindelijk werd de koningin opgebeld, die op Windsor Castle verbleef, om te bemiddelen in deze steeds bitterder wordende strijd. De prinses schikte zich erin toen zij van mening was dat ze samen moesten terugvliegen. Op het vliegveld werden ze meteen verwelkomd door de verzamelde media, die melding maakten van het feit dat de prins Diana steun gaf in een voor haar verdrietige tijd. De waarheid was dat prins Charles, zodra het prinselijk paar op Kensington Palace was aangekomen, naar Highgrove ging en Diana alleen liet met haar verdriet. Twee dagen later reed Diana alleen naar de begrafenis, terwijl Charles er per helicopter naartoe vloog. De vriendin aan wie Diana dit verhaal vertelde, zei hierover: 'Hij is alleen met haar mee terug gevlogen voor zijn image. Zij vond dat ze, nu ze rouwde om de dood van haar vader, op zijn minst in de gelegenheid moest worden gesteld zich te gedragen zoals ze wilde, in plaats van deze maskerade op te voeren. Het was wat aan de late kant om zich te gaan gedragen als de zorgzame echtgenoot. Verdrietig als ze was, wilde ze geen deel uitmaken van een plan van het paleis voor verbeterde public relations.'

Een goede vriendin merkt op: 'Ze ziet er echt tegenop als Charles komt. Ze is het gelukkigst als hij in Schotland is. Wanneer hij op Kensington Palace verblijft, raakt ze uit haar evenwicht en wordt weer een kind. Ze verliest alle terrein dat ze heeft gewonnen wanneer ze alleen is.'

De veranderingen zijn van fysieke aard. Haar manier van spreken,

gewoonlijk snel, energiek, kleurrijk en krachtig, degenereert zodra hij
bij haar is. Diana's stem wordt toonloos en vlak, verstikt door
ongelooflijke vermoeidheid. Die toon klinkt ook door in haar manier
van spreken wanneer ze het heeft over de scheiding van haar ouders,
en over wat ze de 'donkere jaren' noemt, de periode in haar leven als
prinses tot het einde van de jaren tachtig, toen ze emotioneel verpletterd
werd door het koninklijk systeem.

In zijn aanwezigheid valt ze terug in de rol van het meisje dat ze
tien jaar geleden was. Ze giechelt om niets, begint op haar nagels te
bijten - een gewoonte die ze al een tijdlang heeft afgeleerd - en krijgt
de opgejaagde blik van een nerveus hert. Als ze samen thuis zijn, is de
spanning te snijden. Oonagh Toffolo zegt hierover: 'De sfeer op
Kensington Palace is heel anders wanneer hij er is. De sfeer is gespannen
en zij is gespannen. Ze heeft niet de vrijheid die ze zou willen als hij
er is. Het is vrij triest te zien hoe alles stagneert.' Een andere gast die
regelmatig wordt uitgenodigd, noemt het eenvoudig: 'Het gekkenhuis.'

Toen prins Charles pas geleden terugkwam van een privé-bezoek
aan Frankrijk, vond ze zijn aanwezigheid zo deprimerend dat ze
letterlijk Kensington Palace uitvluchtte. Diana belde een vriendin op,
die verdriet had over de dood van een naaste. Diana voelde aan dat
haar vriendin zat te huilen en zei: 'Goed, ik kom er nu aan.' Haar
vriendin herinnert zich: 'Ze kwam meteen vanwege mij, maar toen ze
kwam, was ze zichtbaar van streek. Diana vertelde me: "Ik ben hier
om jou, maar ook voor mezelf. Mijn man kwam opdagen en ik moest
er gewoon tussenuit." Ze was helemaal ontdaan.'

Voor zover dat praktisch mogelijk is, leidden ze gescheiden levens
en doen alleen iets gezamenlijk om een schijn van eenheid op te houden.
Deze samenkomsten geven het publiek alleen enig zicht op hun
afzonderlijk geleide levens. Tijdens de voetbalfinale in Wembley vorig
jaar zaten ze naast elkaar, maar wisselden tijdens de anderhalf uur
durende wedstrijd geen woord met elkaar en keken elkaar zelfs niet
aan. Van recenter datum was de gelegenheid waarbij prins Charles de
wang van zijn vrouw miste en in plaats daarvan haar hals kuste, na
afloop van een polowedstrijd tijdens hun rondreis door India. Zelfs
hun briefpapier dat vroeger een duidelijk vervlochten 'C en D'
vertoonde, is vervangen door briefpapier voor ieder afzonderlijk.

Wanneer zij op Kensington Palace is, dan is hij op Highgrove of in
Birkhall op het landgoed Balmoral. Op Highgrove heeft ze een groot
hemelbed in de ouderslaapkamer; hij slaapt in een koperen bed dat hij
geleend heeft van zijn zoon, prins William, omdat het extra brede

model comfortabeler voor hem bleek te zijn toen hij zijn rechterarm had gebroken tijdens een polowedstrijd. Zelfs deze afstandelijke slaapregeling heeft nog tot echtelijke onenigheid geleid. Toen prins William zijn bed terugvroeg, weigerde zijn vader dat. 'Soms weet ik niet wie de baby is in dit gezin,' was het wrange commentaar van Diana. De tijd waarin ze hem 'Wijsneus' noemde is allang voorbij. Zoals James Gilbey opmerkt: 'Het is bepaald niet zo dat ze elkaar elke avond bellen en gezellig met elkaar praten in de trant van: "Lieverd, wat heb jij allemaal gedaan?" Dat komt gewoon niet voor.'

Onlangs, tijdens een lunch met een goede vriendin die ook twee jonge kinderen heeft, vertelde Diana over een voorval dat niet alleen veelzeggend is over de huidige staat van haar relatie met haar echtgenoot, maar ook over het beschermende karakter van haar zoon William. Ze vertelde haar vriendin dat de week waarin Buckingham Palace de scheiding van tafel en bed aankondigde van de hertog en hertogin van York, begrijpelijk een zware tijd voor haar was. Ze had een goede vriendin verloren en was zich er zeer van bewust dat het publieke zoeklicht weer op haar eigen huwelijk zou worden gericht. Toch bleef haar man onbewogen onder de opschudding waardoor de scheiding werd omgeven. Hij toerde een week lang langs buitenhuizen om materiaal bijeen te brengen voor een boek over tuinieren dat hij aan het schrijven is. Toen hij terugkeerde naar Kensington Palace begreep hij niet waarom zijn vrouw zich gespannen en lichtelijk depressief voelde. Hij stapte luchtig over het vertrek van de hertogin van York heen, verviel, zoals gebruikelijk, in afkeurende kritiek op Diana's optreden in het openbaar en viel met name haar bezoek aan Moeder Theresa in Rome aan. Zelfs hun personeelsleden, die inmiddels wel gewend zijn aan dit geruzie, waren ontsteld over zijn houding en voelden enige sympathie toen Diana haar man te verstaan gaf dat ze, tenzij hij zich anders ging opstellen tegenover haar en het werk dat ze deed, haar positie opnieuw wilde bezien. In tranen liep ze naar boven om een bad te nemen. Terwijl ze tot zichzelf kwam, schoof prins William een handvol papieren zakdoekjes onder de deur van de badkamer door. 'Ik vind het naar als je zo verdrietig bent,' zei hij.

Ze wordt dagelijks en in alle opzichten gekweld door het dilemma dat haar positie met zich meebrengt, wordt voortdurend heen en weer geslingerd tussen haar plichtsgevoel ten opzichte van de koningin en het land, en haar verlangen om het geluk te vinden waar ze zo naar hunkert. Maar om geluk te vinden moet ze scheiden, en als ze gaat scheiden raakt ze onvermijdelijk de kinderen kwijt voor wie ze leeft en die haar zoveel vreugde schenken. Ook kan ze een afwijzende reactie verwachten van het publiek, dat zich niet bewust is van de eenzame realiteit van haar leven en dat haar glimlachende verschijning als vanzelfsprekend ziet. Het is een wrede vicieuze cirkel van gedachten met eindeloze variaties en mogelijkheden, die ze regelmatig bespreekt met haar vrienden en haar therapeuten.

Haar vrienden hebben haar huwelijk in de afgelopen drie jaar te gronde zien gaan, tot op het punt waar het een strijd is waarbij niemand een duimbreed toegeeft. Thuis zijn de strijdpunten de kinderen en Charles' verhouding met Camilla Parker-Bowles. Naar buiten toe klinkt dit geruzie door in hun publieke functies als prins en prinses van Wales. Zij geeft hem niets, hij biedt nog minder. Eén zinsnede bewaart Diana voor hun meest bijtende confrontaties. 'Onthoud goed dat ik de moeder van je kinderen ben,' zegt ze. Die vernietigende opmerking wordt afgevuurd tijdens hun steeds weerkerende confrontaties over zijn maîtresse, Camilla Parker-Bowles.

Hovelingen komen regelmatig in dit spervuur terecht. Toen prins Charles zijn wonden likte na de publieke veroordeling van zijn gedrag toen prins William een schedelfractuur opliep, probeerde adjudant Richard Aylard, zijn privé-secretaris, de zaak te redden. In een handgeschreven memo raadde hij zijn prinselijke werkgever aan vaker in het openbaar te verschijnen met zijn kinderen, zodat hij in ieder geval de indruk maakte zich te gedragen als een vader met verantwoordelijkheidsgevoel. Aan het einde van zijn memo schreef hij in grote letters, zwaar onderstreept met rode inkt: 'PROBEER HET".

Deze manoeuvre werkte een tijdlang. Prins Charles werd gesignaleerd terwijl hij prins Harry naar de Wetherby-school bracht, en werd gefotografeerd tijdens het fietsen en paardrijden met zijn zoons op het landgoed Sandringham. Maar het bescheiden public relation-succes van Richard Aylard werd door de prinses van Wales als cynische hypocrisie gezien; zij kent immers de dagelijkse realiteit van zijn betrokkenheid bij zijn kinderen.

James Gilbey legt uit: 'Zij vindt dat hij een slechte vader is, een egoïstische vader, en de kinderen moeten zich maar aanpassen aan wat hij doet. Hij zal nooit iets uitstellen, afzeggen of veranderen aan wat hij voor hun bestwil heeft beslist. Het is een weerspiegeling van de manier waarop hij is groot gebracht, en de geschiedenis herhaalt zich. Daarom maakt het haar zo triest wanneer hij wordt gefotografeerd terwijl hij uit rijden gaat met de kinderen op Sandringham. Toen ik er met haar over praatte, moest ze letterlijk haar woede wegslikken, omdat ze dacht dat zulke foto's de indruk zouden wekken dat hij een goede vader is, en zij weet hoe de zaken er in werkelijkheid voorstaan.'

Ze is overbezorgd, zoals dat vaker het geval is in éénoudergezinnen, en overlaadt William en Harry met liefde, aandacht en affectie. Zij vormen de stabiliteit en gezondheid in haar krankzinnige wereld. Ze houdt onvoorwaardelijk veel van ze, en gaat uit van het eenvoudige principe dat ze niet wil dat zij moeten lijden onder een zelfde soort jeugd als zij in het verleden heeft gehad.

Diana was degene die hun scholen uitkoos, hun kleding koopt en uitstapjes voorbereidt. Ze probeert ervoor te zorgen dat haar officiële verplichtingen worden aangepast aan hun schooltijden. Een blik op de bladzijden van haar officiële agenda laat hetzelfde zien: de data van hun toneelvoorstellingen op school, de trimesterindeling en uitstapjes worden speciaal in groene inkt aangegeven. Zij zijn het allerbelangrijkste in haar leven. Dus terwijl Charles een bediende naar de Ludgroveschool stuurt om prins William een doos pruimen van het landgoed Highgrove te brengen, maakt Diana tijd vrij om hem vanaf de zijlijn aan te moedigen als hij in het voetbalteam van de school speelt. Hoewel de jongens zijn afwezigheid accepteren, zijn er natuurlijk momenten waarop ze hun vader graag willen zien. Toen hij zijn rechterarm had gebroken, bracht Charles om te herstellen veel tijd in Schotland door, zeer tot ongenoegen van prins William. Diana bracht zijn gekwetstheid over aan haar echtgenoot, wat ertoe leidde dat de prins zijn zoon handgeschreven faxberichten stuurde over zijn activiteiten.

Diana's vriendschap met kapitein James Hewitt, die nogal wat commentaar losmaakte in de media, ontstond juist omdat hij een populaire 'oomfiguur' was voor de kinderen. Hewitt, een enthousiast polospeler met een laconiek gevoel voor humor en een houding die doet denken aan die van een matinee-idool uit de jaren dertig, bracht William en Harry de fijne kneepjes van het ruiterschap bij tijdens zijn bezoeken aan Highgrove en hielp Diana haar aarzeling te overwinnen om haar kwaliteiten als amazone te hernieuwen. Hij is een uiterst charmante man, die Diana van amusant en sympathiek gezelschap voorzag in een periode toen ze een schouder nodig had om op te steunen, omdat haar man haar verwaarloosde. Tijdens hun vriendschap hielp ze hem bij het uitzoeken van kleding, en kocht een aantal smaakvolle cadeautjes voor hem. Een aantal keren bezocht ze zijn ouderlijk huis in Devon, waar ze door zijn ouders hartelijk werd onthaald, terwijl haar jongens uit rijden gingen met kapitein Hewitt.

De prinses ervaarde die uitstapjes tijdens het weekeinde als een ontspannen onderbreking in haar hectische leven.

Hoewel hun vriendschap aanzienlijk is bekoeld, was Hewitt lange tijd een belangrijk figuur in het leven van Diana. De afstand tussen het prinselijk paar blijkt wel uit het feit dat ze zich allebei omringen met elkaar beconcurrerende vriendenkringen. Zo zal Diana haar grieven over haar echtgenoot uitspreken tegenover een hecht netwerk van vrienden, onder wie haar voormalige huisgenote Carolyn Bartholomew, Angela Serota, Catherine Soames, de hertog en hertogin van Devonshire, Lucia Flecha de Lima, de vrouw van de Braziliaanse ambassadeur, haar zuster Jane, die vlakbij Diana's appartement woont, en Mara en Lorenzo Berni. Er zijn nog andere vrienden zoals Julia Samuel, Julie Dodd-Noble, David Waterhouse, en de acteur Terence Stamp, met wie ze regelmatig luncht in zijn Londense appartement, maar dat zijn meer kennissen, in tegenstelling tot de vertrouwelingen die ze als klankbord gebruikt en om advies vraagt bij haar eeuwige dilemma.

Van zijn kant vertrouwt de prins van Wales op Andrew en Camilla Parker-Bowles, die handig dichtbij Highgrove wonen, in Middlewich House, Camilla's zuster Annabel en haar echtgenoot Simon, zijn skivrienden Charles en Patti Palmer-Tomkinson, het conservatieve kamerlid Nicholas Soames, de schrijver en filosoof Laurens van der Post, Susan Hussey, die een lange staat van dienst heeft als hofdame van de koningin, Lord en Lady Tryon, en het Nederlandse echtpaar Hugh en Emilie van Cutsem, dat onlangs Anmer Hall kocht in de buurt van Sandringham.

Diana noemt hen denigrerend 'De Highgrove Groep'. Ze bejegenen prins Charles met eerbied en bewijzen haar lippendienst, vereenzelvigen zich helemaal met zijn visie op zijn huwelijk, zijn kinderen en zijn bestaan als prins. Het gevolg hiervan is dat vriendschappen spaak lopen naarmate de verhouding tussen de prins en prinses verslechtert. Diana heeft ooit Emilie van Cutsem, een voormalig golfkampioene, haar beste vriendin genoemd. Zij was degene die Lady Diana Spencer in eerste instantie inlichtte over de verhouding van prins Charles met Camilla Parker-Bowles. Verdenking ligt onvermijdelijk altijd op de loer. Toen de Van Cutsems vorig jaar vlak voor kerstmis een diner gaven voor prins Charles en zijn vriendenkring, in een restaurant in Covent Garden, had de prinses het sterke vermoeden dat die datum was uitgekozen omdat zij op die dag een lang van te voren geplande verplichting had en het diner niet zou kunnen bijwonen.

De week waarin de dertigste verjaardag van de prinses van Wales viel, is een beeldende illustratie van de wijze waarop hun vrienden betrokken zijn geraakt bij de rivaliteit tussen het prinselijk paar. Op de dag dat een landelijke enquête had uitgewezen dat Diana het meest populaire lid van de koninklijke familie was, kreeg ze publiekelijk een klap in het gezicht toen een reportage op de voorpagina van de Daily Mail onthulde dat de prinses het voorstel van haar man om een verjaardagsfeest op Highgrove te geven had afgewezen. Aan de hand van uitspraken van vrienden van de prins werd duidelijk geïmpliceerd dat Diana zich onredelijk gedroeg. Toen prins Charles in eerste instantie met het plan voor een feest kwam, was de Golfoorlog in volle gang. Diana was er vast van overtuigd dat het erg lichtzinnig was om een feest te geven terwijl Britse troepen betrokken waren bij de gevechten. Bovendien weten haar vrienden dat een feest op Highgrove met veel van de vrienden van prins Charles niet haar idee van leuk is.

Uit het krantenartikel werd duidelijk dat prins Charles zich tegen zijn vrienden had beklaagd over zijn vrouw, waarop die besloten hadden namens hem actie te ondernemen. Terwijl haar echtgenoot bezig was zijn onschuld te bewijzen, viel er een schaduw over haar verjaardag, die ze in alle stilte vierde met haar zuster Jane en hun kinderen. Het was typerend voor de ernstige ontwrichting van de relatie tussen het prinselijk paar.

De negatieve publiciteit die hiervan het gevolg was, dwong het paar tot een tijdelijke toenadering. Prins Charles bracht wijzigingen in zijn werkschema aan, zodat hij zijn vrouw kon vergezellen naar een aantal officiële gelegenheden, zoals een concert in de Royal Albert Hall, en tevens werd besloten in ieder geval een deel van hun tiende huwelijksdag samen door te brengen om de media te sussen. Het was uiterst kunstmatig, en het duurde slechts enkele weken voordat er een einde kwam aan het bestand. Hun volledig gescheiden leven, belichaamd door het bestaan van de vijandige Highgrove Groep, is vrijwel officieel. Maar de vrienden van Charles zijn niet de enige reden dat ze een hekel heeft aan hun buitenhuis. Ze noemt haar bezoeken aan hun huis in Gloucestershire 'een terugkeer naar de gevangenis', en nodigt er zelden haar vrienden of familieleden uit.

Diana ziet het als de plek waar een andere vrouw de scepter zwaait. Camilla Parker-Bowles treedt als gastvrouw op tijdens diners die gegeven worden voor Charles' beste vrienden, en bepaalt alles, van de menu's tot de tafelschikking. Diana's vriend, James Gilbey, merkt op: 'Ze heeft een hekel aan Highgrove. Ze vindt het vervelend dat Camilla om de hoek woont, en ongeacht hoeveel energie ze in het huis steekt, het voelt nooit als haar thuis.'

Diana voelde enige tevredenheid toen een zondagskrant accuraat en gedetailleerd verslag uitbracht van het komen en gaan van Camilla, en zelfs melding maakte van de onopvallende Ford stationwagen die de prins gebruikte om de twintig kilometer naar Middlewich House af te leggen. Dit werd nader bevestigd door een voormalig politieman op Highgrove, Andrew Jacques, die het verhaal verkocht aan een landelijk dagblad. 'Mrs. Parker-Bowles speelt zeker een grotere rol in het leven van de prins op Highgrove dan prinses Di,' beweerde hij, een mening die door velen van Diana's vrienden wordt onderschreven.

Wie is nu de vrouw over wie Diana zich zo opwindt? Vanaf het moment dat er foto's van Camilla uit de agenda van de prins kwamen dwarrelen tijdens hun huwelijksreis, tot op de dag van vandaag, heeft de prinses van Wales begrijpelijkerwijs heel wat verdenkingen, boosheid en jaloezie gekoesterd jegens de vrouw op wie Charles tijdens zijn vrijgezellentijd verliefd was, en die hij kwijtraakte. Camilla is afkomstig uit een robuuste plattelandsfamilie met talloze connecties met de aristocratie. Ze is de dochter van majoor Bruce Shand, een bemiddelde wijnhandelaar, jagermeester en vice-vertegenwoordiger van de Kroon in zijn graafschap, East-Sussex. Haar broer is de avonturier en schrijver Mark Shand, die ooit bevriend was met Bianca Jagger en fotomodel Marie Helvin, en die nu is getrouwd met Clio Goldsmith, een nicht van de supermarktmiljonair. Camilla is verwant aan Lady Elspeth Howe, de vrouw van de voormalige minister van financiën, en de miljonair-bouwondernemer, Lord Ashcombe. Haar overgrootmoeder was Alice Keppel, die gedurende vele jaren de maîtresse was van de toenmalige prins van Wales, Edward VII. Ook zij was gehuwd met een legerofficier en vertelde eens dat het haar taak was 'eerst een revérence te maken en vervolgens in bed te springen.'

In zijn vrijgezellentijd was Andrew Parker-Bowles, die verwant is aan de graven van Derby en Cadogen, en de hertog van Marlborough, een knappe en populaire begeleider van society debutantes. Voor zijn huwelijk, in de Guard's Chapel in juli 1973, was de charmante cavalerie-officier een vaste begeleider van prinses Anne en de kleindochter van Sir Winston Churchill, Charlotte. Hij is nu brigadecommandant en directeur van het Koninklijke Diergeneeskundige Korps, en tevens in het bezit van de onwaarschijnlijk klinkende titel 'Silver Stick in Waiting to the Queen', hoofdofficier van de Koninklijke Lijfwacht. In die hoedanigheid organiseerde hij de feestelijke parade langs de Mall ter gelegenheid van de negentigste verjaardag van de koningin-moeder.

Charles ontmoette Camilla voor het eerst in 1972, toen hij bij de marine zat, en zij omging met zijn polovriend, Andrew Parker-Bowles, die toen kapitein bij de koninklijke cavalerie was. Hij was meteen weg van de levendige, aantrekkelijke jonge vrouw, die zijn passie voor jagen en polo deelde. Volgens de biograaf van de prins, Penny Junor, was hij zeer verliefd op Camilla. 'Zij was verliefd op hem en zou zo met hem zijn getrouwd. Helaas heeft hij het haar nooit gevraagd. Hij aarzelde en hield slagen om de arm, en kon de charmes van andere vrouwen niet weerstaan, tot Camilla het opgaf. Pas toen ze onherroepelijk uit zijn leven was verdwenen, realiseerde de prins zich wat hij verloren had.'

Camilla is nu drieënveertig en moeder van twee tieners - prins Charles is de peetvader van haar oudste zoon Tom - en wordt door het grote publiek gezien als de grote prinselijke vertrouweling. In de ogen van Diana is zij een van de grondoorzaken van het mislukken van hun huwelijk.

Diana heeft haar zorgen over Camilla vaak besproken met haar vriend James Gilbey. Hij leende een luisterend oor wanneer Diana haar woede en verdriet uitstortte over de maîtresse van Charles. Hij zegt: 'De vloek van het huwelijk is dat ze er nooit in is geslaagd om Camilla van het toneel te laten verdwijnen. Het is haar nooit gelukt om die band te doorbreken. Daardoor is hun huwelijk een farce. Puur het idee van Camilla's bestaan drijft haar tot wanhoop. Dat kan ik begrijpen. Ik bedoel, wat doet dat mens in vredesnaam in haar huis? Dat vindt zij het meest onrechtvaardige van alles.'

Gilbey, een manager uit het autobedrijf, kent Diana al vanaf haar zeventiende, maar is beter bevriend met haar geraakt toen ze elkaar ontmoetten op een feest van Julia Samuel. Ze hebben toen tot diep in de nacht zitten praten over hun beider liefdesleven - hij zat met een mislukte verhouding, zij met een mislukt huwelijk. In de zomer van 1989 spande ze zich in om haar man terug te winnen en hem te dwingen tot een breuk met Camilla. Hij herinnert zich: 'Er stond heel veel trots op het spel. Ze had heel duidelijk het gevoel afgewezen te zijn door haar man en het koninklijk huis.'

Ze stond toen onder druk van haar eigen familie en de koninklijke familie om te proberen een nieuwe start te maken. Diana gaf zelfs toe dat een nieuwe baby misschien een oplossing voor het probleem zou zijn. Maar haar aanbieding van de olijftak werd begroet met de

Eerste pagina: Lady Diana
Spencer in de tuin van Althorp. Ze
wilde altijd balletdanseres worden,
maar werd te lang. Het gouden
kettinkje met de 'D' was een
cadeau van haar vriendinnen op
West Heath.

Linksboven: Diana in de bloei van
haar jeugd, neemt een grappige
houding aan tijdens een vrolijke
fotosessie.

Linksonder: Diana en haar oudere
zuster, Jane, in opgewekte stemming. De prinses vertrouwt regelmatig op Jane voor goede raad.

Rechts: Diana draagt haar jonge
vriend Jamie Polk op de schouders
op het terrein van Althorp.

Onder: Een charmante foto van
Diana met Alexandra Whitaker,
voor wie ze zorgde. Ze werkte
drie maanden in het huis in
Hampshire van majoor Jeremy en
Philippa Whitaker.

linksboven: Diana in een laag uitgesneden baljurk, vlak voor een feest op Althorp in 1980.

linksonder: Jachtpartij tijdens een weekend op Althorp, waar de hertog van Kent, rechts van Diana, de eregast was. Andere leden van het gezelschap zijn Mr en Mrs Robin Leigh Pemberton, Jane en Robert Fellowes, Harry Herbert, Humphrey Butler, Carolyn Bartholomew en Diana.

boven: Diana in haar nieuwe blauwe taftzijden avondjapon voor Althorp House.

rechts: Lady Diana in een balletpositie tijdens een zonnige middag op Althorp. 's Winters deed ze haar ballet- en tapdansoefeningen in de zwart-wit geblokte marmeren ontvangsthal.

onder: Kerstmis 1979 op Althorp was niet zo gelukkig. Graaf Spencer bracht de feestdagen in het ziekenhuis door waar hij herstelde van een hersenbloeding. Diana, die graag een eigen appartement wilde betrekken, kreeg een alarmapparaat cadeau voor kerst. De dochter van gravin Spencer, Charlotte Legge, zit naast Diana.

rechts: Een foto die wijlen graaf Althorp nam van Diana en haar broer Charles.

onder: Diana en Humphrey Butler, die later veiling-meester werd bij Christie's.

boven: Diana genietend van een van de meest zorgeloze vakanties van haar leven, in een gezamenlijk gehuurde chalet in het dorp Val Claret in de Franse Alpen. Veel van de uit twintig mensen bestaande groep, voornamelijk opgeleid in Eton, zijn sindsdien trouwe vrienden geworden aan wie ze veel steun heeft.

links: Diana in een rare houding op de slaapbank tijdens haar vakantie in het chalet, die werd georganiseerd door Simon Berry.

boven: Tijdens haar ski-vakantie scheurde Diana de enkelbanden van haar linker-been, waardoor ze een aantal maanden in het gips zat. Er staan heel wat hand-tekeningen van vrienden op het gips, waaronder die van Simon Berry, die erbij schreef: 'Je waagde je op glad ijs de laatste tijd.'

rechts: Diana met Patrick Robinson, de zoon van de Amerikaanse directeur van een oliemaatschappij, voor wie ze zorgde tijdens haar romance met prins Charles.

rechts: Een uitnodiging om naar een polowedstrijd in Cowdray Park te komen kijken in juli 1980 vormde het begin van de romance tussen Lady Diana Spencer en de prins van Wales. Ze werd uitgenodigd voor een logeerpartij in het huis van kapiteinluitenant Robert en zijn vrouw Philippa de Pass, waar prins Charles de eregast was.

onder: Prins Charles geniet van een rustig moment met zijn vriendin Camilla Parker-Bowles na een polowedstrijd. *(Rex Features)*

rechts: Tijdens haar huwelijksreis bezocht Diana het Schotse landgoed van de hertog van Westminster, waar ze poseerde met een drijver na een dag lang vissen. Haar snelle gewichts-verlies, veroorzaakt door haar eetstoornis boulimie en de spanningen voorafgaand aan het huwelijk, is goed zichtbaar.

onder: Diana vermaakt zich in een restaurant tijdens een skivakantie met prins Charles in Klosters in Zwitserland. Op haar trui staat het geestige opschrift: 'Ik ben een luxe die weinigen zich kunnen veroorloven'. Ze is er nooit meer geweest sinds de lawine die het leven kostte aan haar vriend, majoor Hugh Lindsay.

rechts: Diana na afloop van de succesvolle musical *Joseph and the Amazing Technicolor Dreamcoat*, met haar petekind Alexandra Knatchbull.

uiterst rechtsboven: Diana ontspannen in de salon van Kensington Palace. Aan de wand achter haar hangt een schilderij van haar lieve lingsschilder, de Amerikaan Robert Heindel, die is gespecialiseerd in het portretteren van balletdansers.

onder: Prins William vergezelt zijn moeder voor de lunch in San Lorenzo, haar favoriete restaurant. *(Shelley Klein)*

uiterst rechtsonder: In 1990 kreeg de prinses schietles in een opleidingscentrum van de politie in Essex.

links: Een zeldzame foto van de prinses te paard. Sinds ze als kind bij een val haar arm brak, rijdt ze niet meer zo graag. In 1987 had ze voldoende zelfvertrouwen om mee te rijden in de Belvoir Jacht.

onder: De prinses bij de bruidsmeisjes ter gelegenheid van een groepsfoto bij het huwelijk van haar vrienden Susie Fenwick en Jonathan Harrington.

rechts, onder en volgende pagina's:
De prinses met haar twee zoons, de
prinsen William en Harry, in de tuin
van hun buitenhuis Highgrove. Deze
foto's, die werden gemaakt door
Patrick Demarchelier, maken duidelijk
waarom hij haar favoriete fotograaf is.
Deze internationaal bekende Franse
fotograaf bezit het gelukkige
vermogen het beste in de prinses naar
voren te brengen, of het nu gaat om
een officieel portret of een informele
opname samen met haar kinderen.

onverschilligheid die nu kenmerkend is voor hun verhouding. Er waren momenten waarop ze overweldigd dreigde te worden door golven van woede, frustratie, gekwetste trots en afwijzing. Toen prins Charles' rechterarm, die hij gebroken had tijdens een polowedstrijd, aan het herstellen was, bracht hij die tijd door op Highgrove of Balmoral met Camilla Parker-Bowles aan zijn zijde. Diana bleef ongewenst, ongeliefd en vernederd op Kensington Palace. Ze luchtte haar hart bij Gilbey: 'James, ik ben het gewoon zo zat. Als ik het goed tot me laat doordringen, wind ik me alleen nog meer op. Het enige wat erop zit is me helemaal op mijn werk te storten; er op uitgaan en wat doen. Als ik blijf zitten denken, word ik gek.'

Een wederzijdse kennis die de geleidelijke vervreemding van het echtpaar heeft gadegeslagen, merkt op: 'Je kunt het Diana niet kwalijk nemen dat ze woedend moet zijn geweest over het feit dat haar man een langdurige relatie met een andere vrouw schijnt te hebben. Het is veel te ver gegaan om hem nog terug te willen. Daarvoor is het gewoon te laat.'

In de afgelopen twee jaar hebben Diana's nieuwe zelfvertrouwen en haar veranderde prioriteiten, gecombineerd met professionele therapie, de woede getemperd die ze over Camilla voelde. Nu haar huwelijk steeds meer afbrokkelt, is ze Camilla als een minder bedreigende figuur gaan zien, en meer als een goede manier om haar echtgenoot uit haar leven te houden. Toch zijn er nog periodes waarin ze de enormiteit van de ontrouw van haar man nog diep kwetsend vindt. Toen Camilla en haar man met prins Charles meegingen op vakantie naar Turkije vlak voor zijn polo-ongeluk, klaagde ze daar niet over, net zo goed als ze zich heeft verbeten en geen woord van beklag heeft laten horen over Camilla's regelmatige bezoeken aan Balmoral en Sandringham. Toen Charles vorig jaar naar Italië vloog voor een tekenvakantie, viel het vrienden van Diana op dat Camilla vlak in de buurt een villa had betrokken. Bij terugkeer maakte Mrs. Parker-Bowles heel duidelijk dat beschuldigingen over onwelvoeglijk gedrag absurd waren. Deze bezwering van haar onschuld ontlokte de prinses een wrange glimlach. Die houding sloeg echter om in nauw verholen woede tijdens een zomervakantie aan boord van het jacht van een Griekse tycoon. Ze verbeet zich toen ze haar man tegen gasten hoorde uitweiden over de voordelen van het hebben van een maîtresse. Haar stemming werd er niet beter op toen ze hem later op de avond hoorde bellen met Camilla.

Bij gelegenheden komen ze elkaar wel eens tegen, maar er bestaat een weinig hartelijke verhouding tussen deze twee vrouwen die vastzitten in een eeuwige driehoeksverhouding vol rivaliteit. Diana noemt haar rivale 'de Rotweiler', terwijl Camilla het over Diana heeft als over 'dat belachelijke mens'. Bij feestelijke gelegenheden doen ze hun best elkaar te ontlopen. Diana heeft een techniek ontwikkeld waardoor ze Camilla zo snel mogelijk opspoort en dan, al naar gelang haar stemming, Charles gadeslaat terwijl hij naar haar kijkt, of gewoon haar blik negeert. 'Het is een ziekelijk spel,' zegt een vriendin. Dagen voordat er een concert werd gehouden om geld bijeen te brengen voor de toren van de Salisbury Cathedral wist Camilla dat Diana ook zou gaan. In gesprekken met vrienden uitte Camilla haar frustratie daarover, zodat de prinses op die dag met lichte geamuseerdheid het oogcontact kon gadeslaan tussen haar man en zijn maîtresse.

Vorig jaar december kwamen jaren van opgekropte emoties los tijdens een herdenkingsdienst voor Leonora Knatchbull, de zesjarige dochter van Lord en Lady Romsey, die op tragische wijze stierf aan kanker. Toen Diana na de dienst, die in St. James' Palace werd gehouden, wegging, werd ze gefotografeerd terwijl ze in tranen was. Ze huilde van verdriet, maar ook uit woede. Het zat Diana dwars dat Camilla Parker-Bowles, die de Romseys nog maar kort kende, ook aanwezig was bij zo'n intieme familiedienst. Dat was iets waarover ze heftig protesteerde tegen haar man toen ze in hun limousine met chauffeur terugreden naar Kensington Palace. Bij aankomst op Kensington Palace was de prinses zo van streek, dat ze het kerstfeest van het personeel dat in volle gang was, liet voor wat het was, en naar haar zitkamer ging om zich te herstellen. Peter Westmacott, de assistent privé-secretaris van het echtpaar Wales, stuurde heel diplomatiek haar vaderlijke rechercheur Ken Wharfe naar haar toe in een poging haar te kalmeren.

Het voorval van de herdenkingsdienst bracht haar afkeer weer boven van haar behandeling door het koninklijk systeem en de farce van het leven op Kensington Palace. Kort daarna gaf ze uiting aan die woede en frustratie in een gesprek met een goede vriendin. Ze stelde dat haar plichtsgevoel haar noodzaakte om haar verplichtingen als de prinses van Wales na te komen, maar dat haar moeilijke privéleven haar ertoe gebracht had ernstig te overwegen om de koninklijke familie te verlaten.

Hoewel hun relatie is stukgelopen, zijn er nog steeds vrienden die denken dat de woede en jaloezie van Diana jegens haar echtgenoot er een teken van zijn dat het haar diepste wens is om hem terug te winnen. Die vrienden vormen echter een minderheid. De meesten zijn erg pessimistisch over de toekomst. Oonagh Toffolo vertelt: 'Tot een jaar geleden had ik nog goede hoop, maar nu helemaal niet meer. Er zou een wonder voor nodig zijn. Het is heel erg jammer dat deze twee mensen die de wereld zoveel kunnen schenken, elkaar niets kunnen geven.'

Een andere vriendin, met wie Diana uitgebreid heeft gepraat over haar problemen, was tot dezelfde conclusie gekomen. Ze zegt: 'Als hij zich in het begin wat moeite had getroost en Camilla was vergeten, had het er voor hun zoveel beter uitgezien. Nu hebben ze echter het punt bereikt dat niets meer mogelijk is.'

De woorden 'er is geen hoop meer' worden vaak herhaald wanneer vrienden vertellen over het leven van het echtpaar Wales. Een van haar beste vriendinnen zegt: 'Ze heeft alle moeilijke situaties die haar functie met zich meebrengt overwonnen, en heeft haar optreden in het openbaar tot een kunst verheven. Maar het belangrijkste is dat ze als vrouw geen vervulling heeft gevonden omdat ze geen relatie met haar man heeft.' Het voortdurende conflict en de achterdocht in hun privéleven kleurt onvermijdelijk ook hun functioneren in het openbaar. Eigenlijk vormen de prins en prinses een maatschap, maar in werkelijkheid treden ze onafhankelijk van elkaar op, meer als elkaar directeuren van elkaar beconcurrerende firma's. Zoals een voormalig lid van de hofhouding van de prins en prinses zei: 'Je leert al heel snel aan wiens kant je staat - de zijne of de hare. Er bestaat geen gulden middenweg. Er is een magische grens die de hovelingen een of twee keer kunnen overschrijden. Doe je het te vaak, dan lig je eruit. Dat is geen basis voor een stabiele carrière.'

Soortgelijke gevoelens worden geuit door het legertje van bedrijfsvoerders dat door Kensington Palace is getrokken. In februari van dit jaar nam David Archibald, die verantwoordelijk was voor het financieel beleid en bekend stond als de accountant, plotseling zijn ontslag, en gaf als reden op dat hij het moeilijk vond om te werken in een sfeer van wederzijds wantrouwen en jaloezie tussen de twee vijandige kantoren. Zoals gebruikelijk gaf de prins van Wales, die wel is omschreven als 'de slechtste werkgever van Engeland', de schuld van zijn vertrek aan zijn vrouw. Archibald had alle reden om de handdoek in de ring te werpen. Tegenwoordig varieert de rivaliteit tussen Charles en Diana van kinderachtig tot pathetisch. Dit bleek voor het eerst naar buiten toe toen beiden op dezelfde dag een belangrijke toespraak hielden, Charles over onderwijs en Diana over AIDS. Het viel niet te voorkomen dat de een het applaus stal van de ander. Dat gedrag is onderdeel van een vicieuze cirkel. Toen het echtpaar vorig jaar terugkwam van een gezamenlijk bezoek aan Canada, schreef de prinses een aantal bedankbrieven aan de verschillende liefdadigheids- en overheidsinstellingen die de reis hadden georganiseerd. Toen de brieven werden doorgegeven aan haar man om ze 'te vervolmaken' met zijn eigen gevoelens, liep hij alle brieven door en verving ieder gebruik van 'we' door 'ik' voor hij bereid was ze te ondertekenen.

Dit was geen ongebruikelijk voorval. In januari 1992, toen de prins een boeket bloemen stuurde aan Moeder Theresa uit Calcutta, die toen herstelde van een hartaandoening, vroeg hij zijn privé-secretaris Richard Aylard om erop toe te zien dat ze alleen namens hem werden gestuurd en niet namens hun beiden. Het maakte weinig uit. Diana arrangeerde een speciale ontmoeting waarbij ze naar Rome vloog en in het ziekenhuis een ontmoeting had met de vrouw die ze zo bewonderde. Tijdens een voorbereidende bespreking van hun gezamenlijke bezoek aan India, in februari van dit jaar, vond men dat Diana zich zou moeten toeleggen op het stimuleren van gezinsplanning. 'Ik denk dat we uw profiel gaan wijzigen van AIDS naar gezinsplanning,' zei een diplomaat die onder de indruk was van haar optreden in Pakistan. Toen de mening van prins Charles hierover werd gevraagd, beklaagde hij zich erover dat hij juist het voortouw had willen nemen met betrekking tot dat onderwerp. Maar dit keer gaf Diana de stafleden opdracht 'de verwende jongen' te negeren. Een van haar beste vriendinnen zegt: 'Het wordt tijd dat hij haar gaat zien als een aanwinst, niet als een bedreiging, en haar accepteert als een gelijkwaardige partner. Op het moment is haar positie binnen de organisatie een heel eenzame.'

Overleg tussen de echtelieden is onveranderlijk moeizaam en vindt plaats in een sfeer van wederzijdse verwijten. Het is zo ongebruikelijk om problemen rustig te bespreken, dat toen prins Charles Diana benaderde met het verzoek een vertrouwelijk rapport te beoordelen dat was opgesteld door een van de oudere paleismedewerkers, over personeelsleden die misbruik maken van de koninklijke naam, de prinses, die gewend is aan bruuske onverschilligheid, oprecht verbaasd was. Er bestond bezorgdheid over het feit dat de naam van het koningshuis en het koninklijke briefpapier werden gebruikt om korting te krijgen op kleding, theaterkaartjes en andere extraatjes. Hoewel de kwestie een discrete aanpak vereiste, was het meest verrassende aspect van het geheel de samenwerking tussen de prins en prinses.

Hoewel hun alledaagse werkverhouding wordt verstoord door een sfeer van intrige en een concurrentiestrijd, voelt Diana nog wel een gevoel van verantwoordelijkheid ten opzichte van haar man. Toen hij vorig jaar zijn arm had gebroken en na een langdurige herstelperiode zijn openbare verplichtingen weer opnam, was hij van plan een bizarre 'verklaring' af te leggen naar aanleiding van de hevige speculaties rond zijn blessure. Hij gaf zijn staf opdracht om een namaakarm met haak te vinden, zodat hij in het openbaar kon verschijnen als een levensechte kapitein Haak. Diana werd geraadpleegd door ervaren paleismedewerkers, die bezorgd waren dat hij zich belachelijk zou maken. Haar voorstel was om wel een namaakarm te bemachtigen, maar ervoor te zorgen dat die zoek werd gemaakt kort voordat hij voor een medisch consult naar Harley Street in Londen moest. Charles was wel geïrriteerd door deze truc, maar zijn stafleden waren opgelucht dat hij zijn waardigheid had behouden dankzij de tijdige bemiddeling van Diana.

Het zou een vergissing zijn te veronderstellen dat de strijd tussen de prins en prinses van Wales op gelijke voet wordt gestreden. De prinses mag dan van de pers en het publiek de meeste aandacht krijgen, maar binnen de paleismuren is ze afhankelijk van inkomsten uit het hertogdom Cornwall, dat onder toezicht staat van haar man, om haar privé-kantoor te financieren, terwijl haar jonge status binnen de koninklijke hiërarchie met zich meebrengt dat prins Charles altijd het laatste woord heeft. Alles, van haar aanwezigheid op voorbereidende vergaderingen, de planning van hun gezamenlijke buitenlandse bezoeken, en de structuur binnen het kantoor, wordt uiteindelijk bepaald door de prins van Wales. Toen ze met het voorstel kwam om een 'Prinses van Wales Fonds' in het leven te roepen om geld bijeen te brengen voor haar diverse liefdadige activiteiten, onthield hij het idee zijn goedkeuring in de wetenschap dat het schouderklopjes en kapitaal zou wegnemen van zijn eigen liefdadigheidsfonds.

Tijdens de Golfcrisis kwamen de prinses en haar schoonzuster, prinses Anne, onafhankelijk van elkaar met het voorstel om een bezoek te brengen aan de Britse troepen die gelegerd waren in het Saoedische operatieterrein. Ze waren van plan om er samen naartoe te vliegen en verheugden zich er nogal op om in tanks door de woestijn te rijden en de jongens in kaki te ontmoeten. Toen kwam echter de privé-secretaris van de koningin tussenbeide. Het plan werd getorpedeerd, omdat men vond dat het gepaster zou zijn dat een ouder lid van het koninklijk huis de familie zou vertegenwoordigen. Daarom vloog prins Charles naar de Golf, terwijl prinses Diana de ondersteunende taak kreeg toebedeeld om af te reizen naar Duitsland voor een ontmoeting met de vrouwen en andere familieleden van de troepen.

De voortdurende wrijving die optreedt in hun werkverhouding wordt geëvenaard door de mantel van geheimzinnigheid waarmee de elkaar bestrijdende kantoren hun rivaliserende operaties bedekken. Diana moest al haar vernuft gebruiken om informatie los te peuteren van het kantoor van haar man voordat ze naar Pakistan vloog voor haar eerste belangrijke buitenlandse solo-bezoek vorig jaar. Ze zou een tussenstop maken in Oman, waar prins Charles de sultan probeerde te verleiden tot het toezeggen van fondsen voor een architectuurcollege. Diana, die van nature nieuwsgierig is, wilde er meer over weten, maar besefte dat een directe benadering van prins Charles of een van zijn meer ervaren adviseurs zou leiden tot een ontwijkend antwoord. In plaats daarvan schreef ze een kort memo naar de privé-secretaris van de prins, Richard Aylard, en vroeg onschuldig of er nog iets was op het gebied van instructies voor haar korte tussenstop in Oman. Omdat haar reis officieel onder Buitenlandse Zaken viel, werd de prins gedwongen open kaart te spelen.

In deze sfeer van nare verdachtmakerij is discretie een noodzakelijke en voortdurende metgezel. Voorzichtigheid is haar wachtwoord. Er zijn heel wat ogen en oren en video-camera's van de politie die de klank van een in boosheid verheven stem opvangen of een onbekende bezoeker opmerken. Er wordt geroddeld en verhalen doen met opzienbarende snelheid de ronde. Daarom hield ze, toen ze over boulimie las, de boeken over dat onderwerp uit het zicht van nieuwsgierige blikken. Ze durft geen cassettebandjes van haar astrologische zittingen mee naar huis te nemen, of het satirische weekblad Private Eye te lezen met zijn boosaardig accurate beschrijving van haar echtgenoot, voor het geval dat negatief commentaar zou ontlokken. De telefoon is haar reddingslijn, en ze brengt uren door met het bellen van vriendinnen: 'Sorry voor het gekletter, ik probeerde mijn diadeem op te zetten,' zei ze tegen een geschrokken vriendin.

Ze wordt gegijzeld door het lot, is een gevangene van haar image, wordt ingeperkt door het constitutionele gegeven dat ze de unieke positie inneemt van de prinses van Wales, en zit vast in het keurslijf van haar dagelijks leven. Haar vrienden noemen haar wel de 'krijgsgevangene'. De benauwende claustrofobie van het leven binnen het koningshuis verergert eigenlijk alleen maar haar echte angst voor beperkte ruimtes. Dat werd haar vorig jaar duidelijk, toen ze naar het ziekenhuis ging voor een scanfoto, omdat de artsen vreesden dat ze een cervicaalrib had, een goedaardige uitstulping waardoor vaak zenuwen onder het schouderblad beklemd raken. Zoals zoveel patiënten voelde ze zich, toen ze eenmaal in de scanmachine zat, paniekerig worden en moest met behulp van een kalmerend middel tot rust gebracht worden. Het betekende dat een onderzoek dat in vijftien minuten geklaard had kunnen zijn, twee uur duurde.

Ze stuurt nu liever een geparfumeerde kaars dan een bedankbrief naar leveranciers van goederen en diensten voor het geval haar goedbedoelde brief in verkeerde handen valt. Voordat ze dit jaar op skivakantie naar Oostenrijk ging met haar kinderen en haar vrienden Catherine Soames en David Linley, heeft ze heel lang moeten nadenken of ze majoor David Waterhouse ook zou uitnodigen. In januari had ze hem getroost tijdens de begrafenis van zijn moeder en meende dat een vakantie zou helpen om het verlies dat hij voelde te verzachten. Diana, die regelmatig in zijn gezelschap wordt gesignaleerd, maakte zich er echter zorgen over dat zijn aanwezigheid verkeerd zou worden uitgelegd en dat zijn leven daardoor op een vervelende manier in de belangstelling zou komen te staan. Hoewel haar kinderen haar immense vreugde bezorgen, beseft ze ook dat zij haar paspoort tot de buitenwereld zijn. Ze kan hen meenemen naar het theater, de bioscoop of een park zonder negatief commentaar van de media te krijgen. Er zijn echter ook nadelen aan verbonden. Toen ze prins Harry en een groepje vriendjes meenam om Jason Donovan te zien in de musical *Joseph and the Amazing Technicolor Dreamcoat*, moest de prinses in de pauze bij het herentoilet staan wachten tot haar groepje weer naar buiten kwam.

Ze moet haar privéleven met behoedzaamheid omgeven. Haar man is erin geslaagd om jarenlang onopgemerkt een affaire te hebben, maar Diana is zich er heel goed van bewust dat telkens wanneer zij wordt gesignaleerd met een ongetrouwde man, hoe onschuldig dan ook, dat de voorpagina haalt, en daar heeft ze een hekel aan. Dat gebeurde toen ze bij James Gilbey ging dineren in zijn appartement in Knightsbridge, net als de keer toen ze het weekeinde doorbracht in het buitenhuis van de ouders van Philip Dunne. Er is geen ontkomen aan. Onlangs moest ze een lunch met haar vriend Terence Stamp afzeggen omdat haar ter ore was gekomen dat zijn appartement in Albany werd 'belegerd' door persfotografen.

Diana's vijanden binnen de paleismuren zijn de paleismedewerkers die bij alles wat ze doet toezien en oordelen. Als Diana tegenwoordig de ster is van de Windsor-show, dan zijn de oudere paleismedewerkers de producenten die op de achtergrond iedere uitglijder kritiseren. Toen ze met haar moeder drie dagen in Italië doorbracht, werd ze overal naartoe gereden door Antonio Pezzo, een aantrekkelijk familielid van de mensen bij wie ze logeerde. Toen ze afscheid van hem nam, kust ze hem impulsief op de wang. Voor dat gebaar werd ze op het matje geroepen, net als ze op de vingers werd getikt toen ze het optreden van premier John Major tijdens de Golfcrisis prees. Het was een menselijke reactie op zijn moeilijke positie als nieuwe premier, maar de privé-secretaris van de koningin, Sir Robert Fellowes, vond het een voldoende politieke uitspraak om een negatieve reactie te verdienen.

De kleinste inbreuk op het koninklijke gedrag verdient een berisping. Na een filmpremière woonde ze een feest bij, waar ze een lang gesprek had met Liza Minnelli. De volgende ochtend werd ze erop gewezen dat het niet gebruikelijk was om dergelijke gelegenheden bij te wonen. Het had echter een plezierig gevolg. Ze kon goed opschieten met de Hollywoodster, die geruime tijd praatte over haar moeilijke leven, en die haar vertelde dat ze aan Diana dacht wanneer ze zich gedeprimeerd voelde en dat dat haar hielp om verder te gaan. Het was een ontroerend en heel openhartig gesprek tussen twee vrouwen die veel leed hebben gekend in hun leven, en het heeft de basis gelegd voor een vriendschap op afstand.

Het is geen wonder dat de prinses, die van nature weinig wantrouwen kent, maar heel weinig mensen binnen de koninklijke organisatie vertrouwt. Ze opent haar eigen post wanneer ze terugkomt van haar ochtendlijke zwempartij in Buckingham Palace, zodat ze uit eerste hand kan zien wat er in het grote publiek omgaat. Dat betekent dat ze niet hoeft te vertrouwen op het omzichtige selecteren van haar staf. Dit beleid heeft al een aantal heel bevredigende neveneffecten gehad. Een brief van een vader wiens zoon stervende was aan AIDS raakte haar in het bijzonder. De jongeman had als laatste wens voor hij zou sterven nog eens een ontmoeting te hebben met de prinses van Wales. In juni vorig jaar schreef zijn vader naar Diana, maar met weinig hoop op succes. Nadat ze zijn pleidooi had gelezen, zorgde Diana er persoonlijk voor dat zijn zoon terecht kon in een AIDS-opvangcentrum in Londen, dat wordt geleid door het Lighthouse Fonds, en dat zij volgens plan zou bezoeken. Haar attente gebaar maakte dat zijn wens uitkwam. Als de brief via de gebruikelijke kanalen zou zijn gegaan, zou de familie misschien een vriendelijk, maar nietszeggend briefje hebben ontvangen van een hofdame.

Haar gebrek aan vertrouwen in deze conservatieve koninklijke assistenten, wiens taak het is haar te vergezellen naar verplichtingen, en die administratieve taken hebben, is zo gering dat ze geleidelijk aan van het toneel verdwijnen. Onlangs is ze ertoe overgegaan haar oudste zuster Sarah in dienst te nemen in deze functie - ze reisde met haar mee naar Boedapest in Hongarije voor een officieel bezoek - of onderneemt alleen een van haar 'uitdagen' zoals zij ze noemt. Een vriendin zei: 'Ze heeft behoorlijke confrontaties gehad met haar hofdames, vooral met Anne Beckwith-Smith (die ooit haar privé-secretaresse was). Ze vond dat ze haar beperkten, te beschermend waren en te zeer deel uitmaakten van het systeem.'

In plaats daarvan gaat ze liever te rade bij mensen die iets verder afstaan van het systeem. Van tijd tot tijd belt ze generaal-majoor Sir Christopher Airey thuis in Devon voor advies. Airey, die vorig jaar onverwacht werd ontslagen als privé-secretaris van prins Charles, is voldoende op de hoogte van het reilen en zeilen binnen het systeem om haar verstandig te kunnen adviseren. Een tijdlang hielp Jimmy Savile haar bij het stroomlijnen van haar image, terwijl Terence Stamp haar wat algemene begeleiding gaf bij het houden van toespraken. Ze vertrouwt ook op een coterie van officieuze adviseurs, die liever anoniem blijven, en die ze als klankbord gebruikt voor haar ideeën en problemen. Ze polijsten haar toespraken, adviseren haar over hachelijke personeelsproblemen en waarschuwen haar tijdig voor mogelijke publiciteitsproblemen.

Ze voelt zich juist aangetrokken tot buitenstaanders omdat ze zich zo vervreemd voelt van het koninklijk systeem. Zoals James Gilbey opmerkte: 'Ze kan met hun veel beter opschieten dan met de mannen in het grijs, omdat zij bezig zijn met het in stand houden van een systeem dat naar haar mening uit de tijd is. Daar loert een door de natuur ingebouwde confrontatie. Zij proberen iets in stand te houden en zij probeert eruit weg te komen.' Haar astroloog, Felix Lyle, merkt op: 'Haar geest neemt een hoge vlucht en ze heeft een optimisme dat makkelijk te verslaan is. Als ze wordt gedomineerd door mensen met een sterk karakter, heeft ze niet voldoende zelfvertrouwen om het systeem aan te vallen.'

Deze mening wordt gedeeld door een andere vriend, die zegt: 'Al dat koninklijke gedoe schrikt haar enorm af. Ze hebben haar geen zelfvertrouwen of steun gegeven.' Nu haar zelfvertrouwen is toegenomen is ze van mening dat ze zich niet volledig kan ontplooien binnen de huidige beperkingen binnen het koningshuis. Tegen vrienden zegt ze: 'Binnen het systeem werd ik heel anders behandeld, alsof ik een vreemde eend in de bijt was. Ik had het gevoel dat ik niet goed genoeg was. Godzijdank ben ik er nu van overtuigd dat het prima is om anders te zijn.'

Diana heeft een verwarrend dubbelleven geleid, waarin ze wordt gevierd door het publiek, maar in twijfelachtig en vaak jaloers stilzwijgen wordt gadegeslagen door haar echtgenoot en de rest van zijn familie. Naar het oordeel van de buitenwereld is ze erin geslaagd het stoffige image van het Huis van Windsor op te fleuren, maar binnen de koninklijke familie, die is grootgebracht met de waarden van beheersing, afstandelijkheid en formaliteit, wordt ze gezien als een buitenstaander en als een probleem. Ze is een gevoelsmens, lichtelijk oneerbiedig en spontaan. Voor een instituut met witte handschoenen, een 'stiff upperlip' en een groot bord 'niet aankomen' dat aan de kroon hangt, is de prinses van Wales een bedreiging. Ervaring heeft haar geleerd geen vertrouwen te stellen in leden van de koninklijke familie en ze ook niet in vertrouwen te nemen. Ze realiseert zich dat de banden van het bloed sterker zijn, denk maar aan prins Philips' advies aan zijn zoon over Camilla Parker-Bowles. Hierdoor houdt ze opzettelijk afstand tot haar schoonfamilie, omzeilt onderwerpen, gaat confrontaties uit de weg en heeft zich opgesloten in een ivoren toren. Het is een tweesnijdend zwaard, omdat ze er niet in is geslaagd om bruggen te slaan, wat zo essentieel is in een gesloten wereld vol familie- en bedrijfspolitiek. Ze heeft weinig bondgenoten in de koninklijke familie. 'We zorgen ervoor dat we elkaar niet voor de voeten lopen,' zegt ze, wat wordt beaamd door James Gilbey.

Hoewel ze dol is op Schotland en opgegroeid is in Norfolk, vindt ze de sfeer op Balmoral en Sandringham absoluut dodelijk voor haar geestkracht en vitaliteit. Juist tijdens die familievakanties is haar boulimie op zijn hevigst, en stelt ze alles in het werk om een paar dagen weg te kunnen. Diana leeft in de realiteit die schuilgaat achter de publieke façade van onwrikbare eenheid die de monarchie uitstraalt. Ze weet dat achter de schermen het huidige hof niet zoveel verschilt van voorgaande hoven wat betreft onenigheden, vetes en verborgen machtsstrijd.

Het hart van de koninklijke familie bestaat uit de hechte en onvermurwbare troika van de koningin-moeder en haar dochters, de koningin en prinses Margaret. Toen de auteur Douglas Keay een profiel schetste van de koningin, maakte hij de volgende scherpe observatie: 'Als je de een dwarsboomt, dwarsboom je ook de anderen.' De relaties die Diana met deze drie centrale figuren onderhoudt, verschillen nogal. Ze maakt veel tijd vrij voor prinses Margaret, die een aangrenzend appartement bewoont in Kensington Palace, en die, naar ze zelf zegt, haar het meeste heeft geholpen om zich aan te passen aan de exclusieve wereld van het koninklijk huis. 'Ik ben altijd dol geweest op Margo,' zegt ze. 'Ik ben dol op haar en ze is vanaf de allereerste dag fantastisch voor me geweest.'

De verstandhouding met de koningin-moeder is veel minder hartelijk. Diana ziet haar woning in Londen, Clarence House, als de bron van alle negatieve ideeën over haar en haar moeder. Ze blijft op wantrouwige afstand van deze matriarchale figuur, en beschrijft de gelegenheden waarbij de koningin-moeder als gastvrouwe optreedt als stijf en overdreven formeel. Het was immers Diana's grootmoeder, een hofdame van de koningin-moeder, die voor de rechtbank een getuigenis aflegde over de ongeschiktheid van haar dochter om voor haar vier kinderen te zorgen. Haar mening werd overgenomen door de rechter, en de vijandigheid en verbittering binnen de verdeelde familie Spencer is nog heel levend. Tegelijkertijd oefent de koningin-moeder, die niet zo'n gunstig oordeel heeft over Diana en haar moeder, een enorme invloed uit op de prins van Wales. Het is een klein kringetje waarin men elkaar over en weer adoreert, en waarvan Diana is buitengesloten. 'De koningin-moeder drijft een wig tussen Diana en de anderen,' merkte een vriendin op. 'En daardoor zoekt ze excuses om haar te ontlopen.'

Diana's verhouding tot de koningin is een stuk vriendelijker. De relatie wordt echter beheerst door het feit dat zij met haar oudste zoon, de toekomstige vorst, is getrouwd. In het begin was Diana eenvoudig doodsbang voor haar schoonmoeder. Ze nam de hofetiquette in acht - het maken van een diepe revérence iedere keer als ze haar tegenkwam - maar hield verder wat afstand. Tijdens hun zeldzame en nogal kille tête-à-têtes over het wankelende huwelijk van Charles en haar, suggereerde de koningin dat Diana's aanhoudende boulimie een oorzaak, en geen symptoom was van hun moeilijkheden.

De vorstin heeft ook laten weten dat de instabiliteit van hun huwelijk een doorslaggevend argument is tegen haar overwegingen om afstand te doen van de troon. Prins Charles was hier natuurlijk niet mee ingenomen, en weigerde dagenlang tegen zijn moeder te praten na haar radiotoespraak naar aanleiding van kerstmis 1991, waarin ze sprak over haar voornemen het land en de Commonwealth 'nog heel wat jaren' te dienen. Voor een man met absoluut ontzag voor zijn moeder, geeft dat stilzwijgen aan hoe groot zijn woede was. En opnieuw legde hij de schuld bij de prinses van Wales neer. Wanneer hij door de gangen van

Sandringham schreed, beklaagde de prins zich tegenover iedereen die ernaar wilde luisteren over de staat van zijn huwelijk. Diana wees hem erop dat hij al afstand had gedaan van zijn kroonprinselijke verplichtingen door toe te staan dat zijn broers, prins Andrew en prins Edward, de rol van regent op zich namen wanneer de koningin voor officiële aangelegenheden naar het buitenland is. Als de prins zo onverschillig staat tegenover zulke louter formele constitutionele taken, vroeg ze liefjes, waarom zou zijn moeder haar taak dan aan hem overdragen?

Tijdens het afgelopen jaar heeft zich tussen de koningin en haar schoondochter een meer ontspannen en hartelijker verstandhouding ontwikkeld. Op een tuinfeest in de afgelopen zomer voelde de prinses dat ze voldoende zelfvertrouwen had om een grapje te maken over de zwarte hoed van de koningin. Ze complimenteerde haar met haar keuze en merkte op hoe handig die van pas zou komen bij begrafenissen. Op het serieuze vlak hebben ze vertrouwelijke gesprekken gevoerd over de geestestoestand van haar oudste zoon. Soms vindt de koningin dat zijn leven niet voldoende richting heeft en zijn gedrag vreemd en onvoorspelbaar is. Het is niet aan haar aandacht ontsnapt dat hij net zo ongelukkig is met zijn lot als zijn vrouw.

Hoewel Diana de monarchie zoals die vandaag de dag is georganiseerd een bouwvallige instelling vindt, heeft ze diep respect voor de manier waarop de koningin zich de afgelopen veertig jaar van haar taak heeft gekweten. En hoe graag ze haar man ook zou willen verlaten, ze heeft de koningin verzekerd: 'Ik zal u nooit teleurstellen.' Toen ze vorig jaar op een drukkend warme middag in juli naar een tuinfeest ging, bood een vriendin Diana een waaier aan. Ze sloeg het aanbod af met de woorden: 'Dat kan ik niet doen. Mijn schoonmoeder staat daar straks compleet met haar handtas, handschoenen, kousen en schoenen.' Op bewonderende toon gaf ze zo haar mening over de volmaakte zelfbeheersing van de vorstin, in alle omstandigheden, ongeacht hoe zwaar.

Tegelijkertijd heeft de prinses zich moeten aanpassen aan andere tegenkrachten binnen de familie. Hoewel Diana vriendschappelijke betrekkingen onderhoudt met prins Philip, die ze als een individualist beschouwt, beseft ze dat haar man zich geïntimideerd voelt door zijn vader. Ze heeft geaccepteerd dat zijn relatie met zijn oudste zoon 'gecompliceerd, heel gecompliceerd' is. Charles verlangt naar een schouderklopje, terwijl prins Philip zou willen dat zijn zoon hem vaker zou raadplegen en hem op zijn minst erkenning zou geven voor zijn bijdrage aan de publieke discussie. Het ergert prins Philip bijvoorbeeld dat hij degene was die de discussie over milieuzaken aanzwengelde en prins Charles met de eer gaat strijken.

Net als met haar schoonvader heeft Diana een afstandelijke, maar volkomen vriendschappelijke band met haar schoonzuster, prinses Anne. Diana weet uit eigen ervaring welke moeilijkheden een vrouw binnen het koninklijk systeem ontmoet, en heeft niets dan bewondering voor haar onafhankelijkheid en inzet, vooral voor het 'Save the Children Fund', waarvan zij voorzitster is. Hun kinderen spelen vaak samen, maar Diana zou nooit overwegen de prinses in vertrouwen te nemen, of haar op te bellen en voor een lunch uit te nodigen. Ze vindt het leuk haar te ontmoeten tijdens familiebijeenkomsten, maar veel verder gaat het niet. In de media werd er ten tijde van de doop van William veel ophef gemaakt over het feit dat Diana Anne niet als peettante had aangewezen; het werd gezien als een teken dat wees op een rancuneuze relatie. De prinses werd gewoon niet gevraagd omdat ze al een tante van de jongens was, en het zou dubbelop zijn haar peettante te maken. Net als met de rest van de koninklijke familie zal er altijd een kloof blijven bestaan tussen de twee prinsessen. Diana is een buitenstaander door haar geaardheid en de situatie; Anne werd binnen het systeem geboren. Soms laat prinses Anne zien waar haar loyaliteit uiteindelijk ligt. Tijdens een confrontatie op Balmoral vorig jaar werd de geïsoleerde positie duidelijk van de twee gewone burgers, de prinses van Wales en de hertogin van York.

Die confrontatie op een warme augustusavond, terwijl de familie genoot van een barbecue op het terrein van Balmoral, bracht de sluimerende spanningen en conflicten aan de oppervlakte. Er was enige bezorgdheid over een voorval waarbij Diana en Fergie elkaar op privéwegen achterna hadden gezeten in de Daimler van de koningin-moeder en een terreinwagen. De ruzie werd steeds persoonlijker en spitste zich voornamelijk toe op de hertogin van York. Het gevolg was dat ze boos wegliep. Diana legde namens Fergie uit dat het heel moeilijk was om een aangetrouwd lid van de koninklijke familie te zijn, en dat de hertogin het moeilijker vond naarmate ze langer binnen deze beperkingen moest leven. Ze drong er bij de koningin op aan de hertogin wat meer speelruimte te geven, en benadrukte dat ze aan het einde van haar krachten was. Dit werd kort daarna bevestigd door Fergie, die aan vrienden vertelde dat 1991 het laatste jaar was waarin ze naar Balmoral ging.

Het vormde een sterk contrast met haar eerste vakantie in het zomerverblijf van de koningin vijf jaar daarvoor, toen ze indruk had

gemaakt op de koninklijke familie door haar enthousiasme en levens-
lust. In de loop der jaren heeft Diana, vaak met medelijden, toegezien
hoe haar schoonzuster werd aangevallen door de media, en werd
overweldigd door het koninklijk systeem, dat geleidelijk aan haar
geestkracht kapot maakte. Soms leek het ongelukkige gedrag van de
hertogin van York niet zozeer op leven dat kunst imiteert, maar leven
dat satire persifleert. Toen haar kleding, haar moederlijke gevoelens en
haar slecht gekozen vrienden op bijtende kritiek werden onthaald,
wendde de hertogin zich tot een uitgebreide kring van helderzienden,
tarotlezers, astrologen en andere waarzeggers om haar te helpen zich
een weg te banen door het koninklijke doolhof. Aan een aantal van
hen werd ze voorgesteld door haar vriend, Steve Wyatt, de pleegzoon
van een Texaanse oliemiljardair, maar veel anderen heeft ze zelf
gevonden. Haar regelmatige bezoeken aan Madame Vasso, een spiritiste
die geplaagde geesten en lichamen kalmeert door ze onder een blauwe
plastic piramide te laten zitten, waren kenmerkend voor de invloeden
op deze vrouw die steeds rustelozer en ongelukkiger werd.

Op sommige dagen liet ze iedere paar uur haar toekomst voorspellen
en haar astrologische transities interpreteren. Ze probeerde te leven
naar deze voorspellingen, en haar beïnvloedbare geest klampte zich
vast aan ieder sprankje hoop. Diana is, net als de andere leden van het
koninklijk huis, geïntrigeerd door en geïnteresseerd in de 'New
Age'-benadering van het leven, maar laat zich niet beheersen door elke
voorspelling die wordt gedaan.

De hertogin verkeerde echter volledig in de ban ervan en besprak
de uitkomsten heel serieus met haar vrienden. Dat leidde ertoe dat de
hertogin Iago speelde naast Diana's Othello. Ze was de stem die haar
voortdurend fluisterend, smekend en dwingend in het oor klonk, die
hel en verdoemenis voorspelde voor de koninklijke familie, en Diana
aanmoedigde uit het koninklijk huis te stappen. Het is niet overdreven
om te stellen dat er vorig jaar nauwelijks een week voorbij kon gaan
zonder dat de hertogin van York de laatste voorspellingen besprak met
haar schoonzuster, goede vrienden en adviseurs. In mei 1991, toen het
huwelijk van de prins en prinses van Wales opnieuw in de belangstelling
kwam te staan, voorspelden de waarzeggers van Fergie dat prins
Andrew spoedig koning zou worden en zij koningin.

Hoewel de hertog zich verheugde over dat vooruitzicht, raakte zijn
vrouw steeds meer gedesillusioneerd over haar rol. Voor een vrouw
die gewend is een vliegtuig te nemen zoals anderen een taxi, was de
benauwdheid binnen de wereld van het vorstenhuis meer dan ze kon

verdragen. In augustus voorspelden haar waarzeggers een probleem waarbij een auto van het koninklijk huis een rol speelde, in september zeiden ze dat een op handen zijnde koninklijke geboorte een crisis zou veroorzaken. Er werden zelfs specifieke data gegeven, maar toen die zonder dat er iets bijzonders voorviel verstreken, bleef de hertogin vertrouwen stellen in haar orakels. In november was er sprake van een sterfgeval in de familie, en terwijl Diana voorbereidingen trof om kerstmis op Sandringham door te brengen met de koninklijke familie, werd ze door de hertogin gewaarschuwd dat er ruzie zou komen tussen haar en prins Charles. Hij zou proberen weg te lopen, maar de koningin zou hem ervan weten te weerhouden.

Naast al die sombere voorspellingen kwam nog het vrijwel dagelijkse smeken, argumenteren en soebatten van de hertogin in haar pogingen Diana over te halen om samen met haar te vertrekken uit de koninklijke familie. Haar uitnodiging moet een aanlokkelijk vooruitzicht zijn geweest voor een vrouw die in een onmogelijke positie verkeerde, maar Diana heeft geleerd haar eigen koers te bepalen.

In maart 1992 besloot de hertogin tenslotte om zich officieel van tafel en bed te laten scheiden van haar echtgenoot en de koninklijke familie de rug toe te keren. De prinses sloeg de verbitterde afloop van het huwelijk van haar vriendin met schrik en verdriet gade. Ze zag met eigen ogen hoe snel de hofhouding van de koningin zich tegen haar keerde. Ze openden een boosaardige aanval op de hertogin, beschuldigden haar ervan zich te hebben gedragen op een manier die niet passend is voor een lid van het koninklijk huis, en noemden tal van gelegenheden waarbij ze had geprofiteerd van haar verwantschap aan het koningshuis. Mensen aan het hof beweerden zelfs ten onrechte dat de hertogin een pr-bedrijf in de arm had genomen om haar vertrek uit de koninklijke familie publiek te maken. Een medewerker van de BBC zei: 'Op Buckingham Palace worden de messen geslepen voor de hertogin van York.' Het was een voorproefje van wat Diana zou moeten doormaken wanneer ze besloot dezelfde weg te gaan.

9

'Ik heb mijn best gedaan'

Enkele dagen voordat de koningin haar veertigjarig regeringsjubileum vierde, reden de hertog en hertogin van York van Buckingham Palace naar Sandringham om de vorstin te bezoeken. Op die naargeestige woensdag, eind januari, spraken ze officieel over een onderwerp dat hen al maandenlang bezighield: hun huwelijk. Ze waren het erover eens dat het na vijf jaar huwelijk verstandig zou zijn om uit elkaar te gaan.

Zoals eerder gezegd was de hertogin steeds teleurgestelder over haar leven binnen de koninklijke familie en was ze gedeprimeerd door de voortdurende, pijnlijke kritiek, zowel binnen als buiten het paleis, waar geen einde aan leek te willen komen. De druppel die de emmer deed overlopen, was de schreeuwerige discussie in de media over haar relatie met Steve Wyatt, die voorpaginanieuws was geworden door de diefstal van foto's die gemaakt waren toen de hertogin, Wyatt en anderen vakantie hielden in Marokko.

Tijdens die bijeenkomst op Sandringham stemde het echtpaar in met het voorstel van de koningin om een 'afkoelingsperiode' van twee maanden in te stellen, zodat ze tijd zouden hebben om erover na te denken. Vervolgens nam de hertogin slechts enkele officiële verplichtingen aan en bracht de rest van haar tijd door met haar gezin in Sunninghill Park, of besprak haar mogelijkheden met advocaten, leden van het koninklijk huis, onder wie de prinses van Wales, prinses Anne, en goede vrienden.

Een van de eersten die het nieuws te horen kreeg was de prins van Wales, die toen op het landgoed in Norfolk verbleef. Hij praatte met haar over zijn eigen huwelijksmoeilijkheden, en benadrukte dat zijn grondwettelijke positie als directe troonopvolger iedere gedachte aan een scheiding van Diana onmogelijk maakte. De hertogin bracht hier verwijtend tegenin: 'Ik ben tenminste trouw aan mezelf.' Het is een gevoel dat ten grondslag ligt aan het dilemma waarvoor de prinses van

Wales zich geplaatst ziet, en haalt uit naar de fundamenten van de moderne monarchie.

De chronische instabiliteit van het huwelijk van de prins en prinses van Wales, en de beëindiging van het huwelijk van de hertog en hertogin van York, is veel meer dan alleen een persoonlijke tragedie. Het is een teken dat erop wijst dat een experiment dat noodzakelijkerwijs voortkwam uit veranderde historische omstandigheden is mislukt. Toen George V zijn zoon, de hertog van York, toestemming verleende om te trouwen met iemand die niet van koninklijke bloede was, Lady Elizabeth Bowes-Lyon, zag hij de realiteit onder ogen dat de Eerste Wereldoorlog heel wat Europese monarchieën had doen sneuvelen en dat de voorraad geschikte koninklijke bruiden en bruidegommen was uitgeput. Het gaf de aanzet tot een verandering in de puur koninklijke aangelegenheid, waarbij koningskinderen met koningskinderen trouwden; nu werden huwelijkskandidaten ook geworven in de hogere regionen van de maatschappij. Maar het enten van burgers, hoe hooggeboren dan ook, op de Hannoveriaanse stam is uitgelopen op een rampzalige mislukking. Afgezien van het huwelijk van de huidige koningin en de koningin-moeder, is elk belangrijk huwelijk tussen iemand van het koninklijk huis en een burger geëindigd in scheiding van tafel en bed, een scheiding, of een ongewenste status quo: prinses Margaret en Antony Armstrong-Jones, prinses Anne en Mark Phillips, de hertog en hertogin van York, en de prins en prinses van Wales. Er is geen voor de hand liggende oplossing voor het probleem.

Is deze stand van zaken alleen een afspiegeling van de veranderde samenleving, of zet het een zware kanttekening bij de manier waarop het koningshuis omgaat met buitenstaanders? Toen Lady Diana Spencer trouwde met prins Charles ging ze ook deel uitmaken van een familie die net zozeer was doordrenkt van traditie en zelfgekozen isolement als een of andere duistere stam van een eiland in de Stille Zuidzee. Hun eigenaardigheden zijn een vorm van bescherming tegen de buitenwereld, maar maken de taak van een nieuwkomer, die de ongeschreven regels van het spel niet kent, vrijwel onmogelijk. De koninklijke familie illustreert een uitspraak van de toneelschrijver Alan Bennet: 'Elke familie heeft zijn geheim, en het geheim is dat ze niet zijn zoals andere families.' De koningin en haar zuster, prinses Margaret, vormden de laatste generatie die werd afgeschermd van de realiteit. Van jongs af aan hebben ze in paleizen gewoond en werden volkomen beschermd tegen de buitenwereld. De gouden kooi was hun thuis en hun leven. Een wandeling over straat, een middag alleen winkelen, in de rij staan wachten en de eindjes aan elkaar knopen, dat zijn vrijheden, hoe twijfelachtig dan ook, die nooit een rol in hun leven hebben gespeeld. Ongeacht al hun privileges, hun bataljons bedienden, hun auto met chauffeur, privé-jachten en -vliegtuigen, bleven ze de gevangene van de verwachtingen van het publiek en marionetten van het systeem. Plicht, taakbetrachting en zelfopoffering waren de verwachte en aanvaarde draad door hun leven, en vormen de schering en inslag van het weefsel waaruit de Kroon bestaat. Het nastreven van persoonlijk geluk is, zoals prinses Margaret ontdekte toen ze probeerde te trouwen met een gescheiden man, kapitein Peter Townsend, geofferd op het altaar van de monarchie en zijn morele ethiek.

De koningin, die was voorbereid op haar taak, heeft de traditionele functies van de kroon uitstekend vervuld, zelfs zo goed dat het voor haar opvolger niet eenvoudig zal zijn haar te evenaren. Zoals Lady Elizabeth Longford, vriendin en biografe van de koningin, naar voren heeft gebracht, is een van de belangrijkste prestaties van haar regeerperiode geweest om haar kinderen in de echte wereld op te voeden. Dat heeft tot gevolg dat haar kinderen een overgangsgeneratie vormen, die enige vrijheid hebben genoten, maar toch vast verankerd zijn in de wereld van kastelen en koninklijk protocol. De gevolgen hiervan, vooral waar het de prins van Wales betreft, laten zien welke bijzondere gevaren er verbonden zijn aan het feit dat de toekomstige vorst, al is het maar voor korte tijd, de ruimte heeft gehad om vrij adem te halen. In tegenstelling tot zijn voorgangers hebben twijfel, onzekerheid en vraagtekens postgevat naast zijn geërfde vertrouwen in en aanvaarding van de koninklijke tradities.

Hier dienen dan nog de verwachtingen en normen en waarden te worden opgeteld van de burgers die hun intrede in de koninklijke familie hebben gedaan. Dat heeft een onoverkomelijke barrière opgeworpen. Lord Snowdon en kapitein Mark Phillips waren de eersten die sneuvelden, ondanks het feit dat ze beiden een eigen carrière hadden, respectievelijk op het gebied van fotografie en paardensport, waardoor ze ook buiten het koninklijk huis kwamen. De prinses van Wales en de hertogin van York hebben die luxe niet gekend. Het was misschien onvermijdelijk dat Diana, die de koninklijke familie van binnenuit kan bekijken, nu een gapende kloof ziet tussen de manier waarop de wereld zich ontwikkelt en hoe die wereld wordt ervaren door het koninklijk huis. Ze is van mening dat ze gevangen zijn geraakt in een emotionele windstilte in de tijd, zonder de benodigde visie om de veranderingen die in de maatschappij hebben plaatsgevonden op hun waarde te schatten. Dat werd duidelijk gedemonstreerd tijdens de traditionele kerstbijeenkomst van de koninklijke familie op Sandringham dit jaar. Tijdens het diner probeerde Diana de kwestie aan de orde te stellen van de toekomst van de Britse monarchie in een federaal Europa. De koningin, prins Charles en de rest van de familie keken haar aan alsof ze gek was en zetten hun dispuut voort over wie de laatste fazant van die dag had geschoten, iets dat de rest van de avond voortduurde.

Angela Serota zegt: 'Ze vindt de monarchie benauwend en volkomen achterhaald, zonder relevantie voor het hedendaagse leven en de problemen van de moderne tijd. Ze is van mening dat het een afbrokkelende instelling is en denkt dat de familie over een paar jaar niet zal weten wat hen overkomt.'

Diana heeft met haar therapeut Stephen Twigg haar ernstige twijfels besproken over het huidige fundament van de monarchie. Hij beweert: 'Als de koninklijke familie niet verandert en hun relaties met de rest van de maatschappij niet verandert, dan loopt het op niets uit. Het kan alleen afglijden tot niet meer dan een nuttig werktuig van de maatschappij. Het moet dynamisch blijven en reageren op veranderingen. Het is niet alleen de koninklijke familie die moet veranderen, maar ook de maatschappij dient te onderzoeken hoe men tegen het koningshuis aankijkt. Willen we dat de koninklijke familie met respect wordt behandeld om hun positie, of willen we in onze moderne samenleving dat ze bewonderd worden om de manier waarop wordt omgegaan met de trauma's en beproevingen van het dagelijks leven en al doende iets van hen leren?'

Hoewel Diana met succes het traditionele image heeft afgeschud van de sprookjesprinses die zich uitsluitend bezighoudt met winkelen en mode, kleurt dat nog steeds het vooroordeel van mensen die ze voor het eerst ontmoet. Ze is eraan gewend om beschermend te worden behandeld. Tegen goede vrienden vertelde ze: 'Het gebeurt heel vaak. Het is boeiend te zien hoe mensen op me reageren. Ze hebben een bepaald beeld, en terwijl ze met me praten, zie ik dat veranderen. Heel grappig.'

Haar problemen met de koninklijke familie hebben haar doen beseffen dat ze zich niet achter het traditionele masker van de monarchie moet verschuilen. De spontaniteit, het oprechte mededogen en de grote geestkracht die ze publiekelijk tentoonspreidt zijn heel oprecht. Het is geen toneelstukje dat ze voor het publiek opvoert. De prinses, die heel goed beseft hoe het leven binnen het koninklijk huis de individuele leden afschermt voor de werkelijkheid, heeft het vaste voornemen ervoor te zorgen dat haar zoons worden voorbereid op de buitenwereld, op een manier die ongekend was voor eerdere generaties prinsen. Normalerwijs wordt prinsen en prinsessen geleerd om hun gevoelens en emoties verborgen te houden voor anderen, en een muur op te trekken tegen opdringerige nieuwsgierigheid. Diana vindt dat William en Harry zich open en eerlijk moeten opstellen voor hun eigen mogelijkheden en de verschillende benaderingen om tot begrip van het leven te komen. Zoals ze zegt: 'Ik wil ze geborgenheid meegeven. Ik knuffel mijn kinderen veel en ga 's avonds even bij ze liggen. Ik geef ze veel liefde en affectie, dat is zo belangrijk.'

Het cultuurgegeven van de 'stiff upper lip' is niets voor haar zoons. Ze leert ze dat het niet zwak is om hun gevoelens aan anderen te laten zien. Toen ze prins William vorig jaar meenam naar Wimbledon om de Duitse tennisster Steffi Graf de finale te zien winnen van het vrouwen enkelspel, verlieten ze de koninklijke loge om haar achter de coulissen te feliciteren met haar overwinning. Toen Graf de baan verliet en de slecht verlichte gang naar de kleedkamer inliep, vonden zowel moeder als zoon dat Steffi er zo eenzaam en kwetsbaar uitzag nu ze niet meer in de schijnwerpers stond. Daarom kreeg ze eerst van Diana en toen van William een kus en een hartelijke omhelzing.

De manier waarop de prinses haar zoons heeft laten kennismaken met haar stervende vriend, Adrian Ward-Jackson, was een praktische les in het onder ogen zien van de realiteit van leven en dood. Toen Diana haar oudste zoon vertelde dat Adrian was overleden, liet zijn spontane reactie iets zien van zijn volwassenheid. 'Dan heeft hij nu eindelijk geen pijn meer en kan hij echt gelukkig zijn.' Tegelijkertijd is de prinses zich goed bewust van de extra zware taak twee jongens op te voeden die ook wel bekend staan als de 'troonopvolger en de reserve'.

Zelfdiscipline maakt deel uit van hun opvoeding. Iedere avond om zes uur gaan de jongens ervoor zitten om bedankjes of brieven te schrijven aan vrienden en familieleden. Dat is een discipline die Diana door haar vader is bijgebracht, en wel zo goed dat ze, wanneer ze om middernacht van een diner thuiskomt, niet kan gaan slapen voordat ze een bedankbrief heeft geschreven.

William en Harry, die nu respectievelijk elf en bijna negen zijn, zijn zich bewust van hun lot. Op een keer bespraken de jongens hun toekomst met Diana. 'Als ik groot ben, word ik politieman en pas op jou, mama,' zei William heel lief. Maar pal daarbovenop antwoordde

Harry, met een triomfantelijke klank in zijn stem: 'O nee, dat kan niet, jij moet koning worden.'

Volgens hun oom, graaf Spencer, verschillen hun karakters nogal van het beeld dat het publiek van ze heeft. 'De pers heeft William altijd afgeschilderd als de schrik van de familie, en Harry als de vrij rustige tweede zoon. Maar eigenlijk is William een heel beheerste, intelligente en volwassen jongen die vrij verlegen is. Hij is heel beleefd en vormelijk, en klinkt ouder dan hij is wanneer hij de telefoon aanneemt.' Harry is de ondeugd van de familie. Harry's ondeugende karakter werd zijn oom duidelijk tijdens de vlucht op de terugweg van Necker, het Caribische eiland, dat eigendom is van de directeur van de vliegmaatschappij Virgin, Richard Branson. Hij herinnert zich: 'Harry kreeg zijn ontbijt geserveerd. Hij had een koptelefoon op en een computerspelletje op schoot, maar was vastbesloten daarbij ook nog zijn croissant te eten. Hij zat vijf minuten te hannessen met zijn elektronische apparatuur, zijn mes, zijn croissant en de boter. Maar toen hij er tenslotte in slaagde een hap in zijn mond te krijgen, lag er zo'n voldane blik op zijn gezicht. Dat was een prachtig moment.'

Zijn peettante, Carolyn Bartholomew, zegt zonder een spoor van vooringenomenheid, dat Harry 'een ontzettend lief, aanhankelijk jongetje is dat erom vraagt om geknuffeld te worden', terwijl William veel meer op zijn moeder lijkt, 'intuïtief, bij de tijd en heel opmerkzaam'. In het begin vond ze de toekomstige koning 'een kleine verschrikking'. 'Hij was stout en had driftbuien,' herinnert ze zich. 'Maar toen ik zelf twee kinderen had, realiseerde ik me dat ze in een bepaalde fase allemaal zo zijn. Eigenlijk is William heel lief en lijkt in veel op Diana. Hij zou je zijn laatste snoepje geven. Dat deed hij ook echt een keer. Hij had trek in een snoepje, maar had er nog maar één, en die gaf hij aan mij.'

Een ander bewijs van zijn vrijgevige aard was de keer waarop hij al zijn zakgeld vergaarde, bij elkaar niet meer dan een paar kwartjes, en plechtig aan haar overhandigde.

Maar hij is geen lieverdje, zoals Carolyn ervaarde toen ze een keer op bezoek was op Highgrove. Diana had net gezwommen in het open buitenbad en trok haar witte badmantel aan, terwijl ze stond te wachten tot William uit het water zou komen. Maar hij sloeg in het rond alsof hij aan het verdrinken was en zonk langzaam weg naar de bodem. Zijn moeder die niet wist of het echt was of niet, probeerde zich uit haar badmantel te worstelen. Toen ze zich realiseerde dat het een noodgeval was, dook ze met badmantel en al in het water. Op dat moment dook hij schreeuwend en lachend weer op, blij dat zijn streek succes had gehad. Diana kon er niet om lachen.

Over het algemeen is William een kind dat eigenschappen als verantwoordelijkheidsgevoel en attent gedrag laat zien die ver boven zijn leeftijd uitstijgen. Hij heeft een hechte band met zijn jongere broer, die naar het oordeel van vrienden een uitstekend adviseur achter de schermen zal blijken te zijn wanneer William te zijner tijd koning wordt. Diana meent dat dit erop wijst dat ze de lasten van de monarchie samen zullen dragen in de komende jaren. Haar benadering wordt bepaald door haar vaste overtuiging dat zij nooit koningin zal worden en dat haar echtgenoot nooit koning Charles III zal worden.

De jongens zijn een liefdevolle reddingslijn voor de prinses die in zo'n geïsoleerde positie verkeert. 'Ze zijn alles voor me,' zegt ze graag. Maar als in september van dit jaar prins Harry net als zijn oudere broer naar de voorbereidingsschool Ludgrove gaat, moet Diana onder ogen zien dat het nest leeg raakt in Kensington Palace. 'Ze beseft dat ze zich gaan ontwikkelen en hun vleugels uitslaan, en dat al gauw een hoofdstuk in haar eigen leven zal zijn afgesloten,' weet James Gilbey.

Het verlies van haar zoons, in ieder geval tijdens de schooltrimesters, zal er alleen maar toe leiden dat haar precaire situatie wordt benadrukt - zeker nu de hertogin van York al van het koninklijke toneel is verdwenen. Diana's wereld kan heel goed worden gekarakteriseerd als in wankel evenwicht; haar ongelukkige huwelijkssituatie wordt in balans gehouden door de voldoening die ze ervaart door haar werk als prinses, vooral onder zieken en stervenden, en de verstikkende zeker-heden van het koninklijk systeem worden gecompenseerd door haar toenemende zelfvertrouwen waarmee ze de organisatie voor haar eigen interesses aanwendt.

Haar denkwijze over haar positie als prinses verandert met de maand. Maar hoewel het grafiek van haar vorderingen nogal wat hoogte- en dieptepunten vertoont, neigt de lijn van het afgelopen jaar meer tot blijven dan weggaan uit de organisatie. Ze voelt nu eerder ongeduld over de krakende machinerie van de monarchie dan wanhoop, zakelijke onverschilligheid ten opzichte van prins Charles in plaats van steeds geringer respect, en koele minachting voor Camilla Parker-Bowles in plaats van jaloerse woede. Het is geenszins een consistente ontwikke-ling, maar haar toenemende belangstelling voor hoe ze het systeem kan beheersen en veranderen, en ook haar serieuze voornemen om haar positie aan te wenden om goed te doen voor de wereld, wijzen er eerder op dat ze zal blijven in plaats van ervoor te vluchten. Maar intussen heeft het vertrek van de hertogin nog een andere onzekere factor toegevoegd aan een toch al netelige positie.

Het is geen kwestie die leidt tot zelfvoldaanheid. De prinses kan een wilskrachtige, ongeduldige vrouw zijn, en haar stemmingen wisselen regelmatig tussen optimisme en wanhoop. Haar astroloog, Felix Lyle, zegt: 'Ze heeft een neiging tot depressies en is een vrouw die zich makkelijk laat verslaan en domineren door mensen met een sterk karakter. Diana heeft een kant in zich die neigt naar zelfdestructie. Ze zou ieder moment kunnen zeggen "Jullie kunnen me allemaal de pot op", en vertrekken. Die neiging is er. Ze is een bloem die op het punt van ontluiken staat.'

De ene avond kan ze ongelooflijk volwassen zijn en met George Carey, de nieuwe aartsbisschop van Canterbury, discussiëren over de dood en het hiernamaals, de volgende avond zit ze te giechelen tijdens een bridge-avond. 'Soms wordt er een andere geest over haar vaardig, als reactie op de tijdelijke bevrijding van het juk van de verantwoordelijkheden dat op haar drukt,' observeert Rory Scott, die de prinses nog regelmatig ontmoet.

Haar broer vertelt: 'Ze heeft er goed aan gedaan haar gevoel voor humor te bewaren, dat maakt mensen om haar heen heel ontspannen. Ze is absoluut niet vormelijk en vindt het prima om een grapje te maken over zichzelf, of over iets belachelijks dat iedereen is opgevallen, maar te gegeneerd is om over te praten.' Koninklijke werkbezoeken, die achterhaalde exercities van slaapverwekkende verveling en oeroud ceremonieel vertoon, bieden een rijke voedingsbodem voor haar scherp ontwikkelde gevoel voor het belachelijke. Als ze in onverdraaglijk vochtige hitte een dag lang naar inheemse dansers heeft zitten kijken, of een kop met smerig smakende vloeistof drinkt, belt ze daarna vaak haar vrienden op om ze te onthalen op de laatste absurditeiten. 'Wat ik al niet doe voor Engeland,' is een van haar geliefde gezegdes. Ze was vooral zeer geamuseerd toen ze de paus tijdens een privé-audiëntie in het Vaticaan vroeg naar zijn 'schotwonden', vlak nadat hij was neergeschoten. Hij ving iets op over 'schoot' en wenste haar geluk met de aanstaande geboorte. Hoewel haar instinct en intuïtie uitstekend zijn ontwikkeld - 'Ze verstaat de essentie van mensen, wát een mens is, eerder dan wíe hij is,' zoals haar vriendin Angela Serota zegt - geeft Diana toe dat haar intellectuele achterland nog wel wat ontwikkeling nodig heeft. De vrouw die zonder diploma van school is gegaan, koestert nu de stille ambitie om psychologie en geestelijke gezondheidszorg te studeren. 'Alles wat met mensen te maken heeft,' zegt ze.

Ze heeft de neiging te zeer onder de indruk te raken van mensen met een academische opleiding, maar Diana heeft meer bewondering voor mensen die wat doen, dan voor mensen die het alwetend orakel uithangen. Richard Branson, het hoofd van de luchtvaartmaatschappij Virgin, baron Jacob Rothschild, de miljonair-bankier die Spencer House restaureerde, en haar neef, burggraaf David Linley, die een succesvol meubelmakers- en cateringbedrijf bestiert, staan hoog op haar lijst. 'Ze houdt ervan dat het David is gelukt zich los te maken uit het koninklijk stramien en iets positiefs te doen,' zegt een vriendin. 'Ze is er ook jaloers op dat hij in de gelukkige positie verkeert zonder rechercheur over straat te kunnen lopen.'

Jarenlang manifesteerde haar geringe gevoel van intellectuele eigenwaarde zich in instinctief respect voor het oordeel en de inzichten van haar echtgenoot en oudere paleismedewerkers. Nu ze voor zichzelf beter weet welke richting ze wil inslaan, is ze bereid over politiek te discussiëren op een manier die een paar jaar geleden onvoorstelbaar had geleken. De resultaten zijn aanwijsbaar. Diplomaten van Buitenlandse Zaken, die berucht zijn om de manier waarop ze achterlopen, beginnen in te zien hoeveel ze waard is. Ze waren onder de indruk van de manier waarop ze haar eerste solobezoek aan Pakistan volbracht, en hebben daarna gesproken over reizen naar Egypte en Iran, de islamitische republiek waar de Britse vlag tot een paar jaar geleden met regelmaat werd verbrand. Dit is, zoals ze zou zeggen, een 'heel volwassen' deel van haar bestaan als prinses.

De toespraken die ze vrijwel iedere week houdt, zijn een ander onderdeel van haar leven waar ze veel voldoening uit haalt. Soms schrijft ze deze zelf, andere worden door een kleine groep adviseurs opgesteld, onder wie ook haar privé-secretaris Patrick Jephson, die nu een trouwe bondgenoot is in het koninklijke kamp, en die ze zelf vorig jaar november heeft aangesteld. Het is een flexibele, informele groep, die met de prinses overlegt welke punten ze naar voren wil brengen, vervolgens research doet naar informatie en statistieken en dan de toespraak schrijft.

Het contrast tussen haar ware interesses en de rol die haar werd toebedeeld door de 'oppassers' van het paleis, werd uitgebreid gedemonstreerd in maart van dit jaar, toen ze op een en dezelfde dag de eregaste was op een tentoonstelling van Ideal Home, en 's avonds een heel betrokken en onthullende toespraak hield over AIDS. Er school boeiende symboliek in deze verplichtingen, met een tussenpoos van slechts enkele uren, maar met een hele generatie van verschil op het gebied van persoonlijke filosofie. Haar bezoek aan de tentoonstelling was georganiseerd door de bureaucraten van het paleis. Zij regelden alles, van een fotosessie tot aan de lijst met genodigden, waarbij de hieruit voortvloeiende aandacht in de media zich toespitste op de spontane opmerking van de prinses dat ze niets kon meedelen over haar plannen voor de Nationale Beddenweek, omdat dit 'een tentoonstelling voor het hele gezin' was. Het was licht, fris en luchtig, het gebruikelijke recept dat het paleis de pers dag in, dag uit aanbiedt. De prinses vervulde haar rol perfekt, maakte een praatje met de verschillende organisatoren, en lachte voor de camera's. Maar haar optreden was niet meer dan dat, het spelen van een rol zoals het paleis, de media en het publiek dat van haar verwacht.

Een glimp van de ware Diana was later die avond te zien, toen ze in gezelschap van Professor Michael Adler en Margaret Jay, beiden AIDS-deskundigen, een publiek van media-managers toesprak tijdens een diner in Claridges. Haar redevoering kwam duidelijk uit het hart en was onderbouwd door de ervaringen die ze zelf heeft opgedaan. Naderhand beantwoordde ze nogal wijdlopige vragen uit het publiek, de eerste keer in haar bestaan als prinses dat ze zich aan een dergelijke kwelling onderwierp. Die episode ging voorbij zonder een fluistering in de media, hoewel het een belangrijke mijlpaal in haar leven was. Het illustreert de aanzienlijke moeilijkheden waarvoor ze gesteld wordt nu ze probeert haar rol als prinses een andere invulling te geven, zowel binnen als buiten de muren van het paleis.

Tegenwoordig zijn haar familieleden, vooral haar zusters, Jane en Sarah, en haar broer Charles, zich goed bewust van de afschuwelijke problemen die ze heeft doorgemaakt. Jane heeft haar altijd verstandige adviezen gegeven, en Sarah is, in plaats van jaloers op het succes van haar jongste zuster, nu heel beschermend. 'Je kritiseert Diana nooit in haar nabijheid,' zei een vriendin op. Haar relatie met haar vader en moeder is wat moeilijker. Hoewel Diana een weliswaar niet frequent, maar hartelijk contact heeft met haar moeder, reageerde ze nogal lakoniek op het nieuws dat haar tweede echtgenoot, Peter Shand-Kydd, haar verlaten had voor een andere vrouw. Vorige zomer maakte haar relatie met haar vader een moeilijke tijd door na de publiciteit rond de geheime verkoop van kostbare bezittingen uit Althorp House. De kinderen, onder wie ook de prinses, hadden hun vader een brief geschreven waarin ze bezwaar maakten tegen het verkwanselen van de erfstukken van de familie. De prins van Wales kwam zelfs tussenbeide, en sprak tegen Raine Spencer zijn bezorgdheid uit. Haar krachtige reactie hierop was typerend voor haar. In het afgelopen najaar kwam er een verzoening tot stand tussen vader en dochter. Tijdens een uitgebreide reis om de wereld werd graaf Spencer diep ontroerd door het enthousiasme dat zoveel onbekenden voor zijn jongste dochter uitten. Hij belde haar op vanuit Amerika om te vertellen hoe trots hij zich voelde over haar.

De steun van haar familie is even groot als de bemoediging van een klein groepje vrienden en adviseurs die de echte Diana zien, niet het glanzend plaatje dat naar buiten wordt gebracht voor publieke consumptie. Voor hen is het duidelijk dat het karakter van de prinses, hoewel ze een vrouw is met tal van goede kanten, geneigd is tot wanhoop en pessimisme, eigenschappen die de mogelijkheid dat ze uit het systeem zal stappen waarschijnlijker maken. Het vertrek van de hertogin van York uit de koninklijke kringen heeft die wat moedeloze kant van haar karakter versterkt.

Tegenover vrienden heeft ze toegegeven: 'Iedereen zei dat ik de Marilyn Monroe van de jaren tachtig was. Maar ik heb nooit gezegd: "Hoera, wat fantastisch. Nooit." De dag dat ik dat doe, zijn we in moeilijkheden. Ik vervul mijn plicht als de prinses van Wales voor de tijd die me is toegemeten, maar ik denk dat het niet meer dan vijftien jaar zal zijn.'

Hoewel ze natuurlijk het recht heeft om medelijden met zichzelf te voelen, loopt dit maar al te vaak over in een zelfopgelegd martelaarschap. James Gilbey zegt: 'Als ze zich vol zelfvertrouwen voelt, spant ze zich in om haar grenzen te verleggen. Maar zodra er een kink in de kabel komt, trekt ze zich onmiddellijk in zichzelf terug.' Soms lijkt het er haast op dat ze een kwetsende opmerking of een afwijzing ensceneert, voordat ze in de steek gelaten wordt door degenen van wie ze houdt en die ze vertrouwt. Dit heeft ertoe geleid dat ze in cruciale perioden van haar leven als prinses, toen ze hun steun het hardst nodig had, haar bondgenoten buitensloot uit haar leven.

Terwijl de prinses het vrijwel onmogelijke evenwichtsnummer uitvoert dat haar leven vereist, glijdt ze onvermijdelijk af tot geobsedeerdheid, en is alleen gelukkig wanneer ze over haar problemen kan praten. Haar vriendin Carolyn Bartholomew voert aan dat het moeilijk is om niet helemaal in jezelf op te gaan als de wereld toeziet op alles wat je doet. 'Hoe kun je niet egocentrisch worden wanneer de halve wereld toekijkt bij alles wat je doet; van dat hoge lachje dat je hoort wanneer iemand met een beroemdheid praat, moet je wel heel, heel cynisch worden.' Ze praat eindeloos over de problemen rond Camilla

Parker-Bowles, haar echtgenoot, de koninklijke familie, en het systeem. Het blijft een kwelling dat de problemen niet opgelost worden, en de kloof tussen denken en doen is pijnlijk groot. Of ze nu gaat of blijft, het voorbeeld van de hertogin van York is een mogelijke bron van instabiliteit. James Gilbey vat het dilemma van Diana samen: 'Ze kan nooit gelukkig worden, tenzij ze eruit breekt, maar dat zal ze niet doen, tenzij prins Charles het initiatief neemt. Dat zal hij niet doen omwille van zijn moeder, dus zullen ze wel nooit gelukkig worden. Ze zullen hun farce voortzetten onder de paraplu van het koninklijk huis, maar ze zullen beiden volkomen gescheiden levens leiden.'

Haar vriendin, Carolyn Bartholomew, die in de loop van Diana's volwassen bestaan altijd een verstandig klankbord is geweest, ziet hoe die fundamentele kwestie een schaduw heeft geworpen over haar karakter. 'Ze is vriendelijk, gulhartig, verdrietig en op een bepaalde manier vrij wanhopig.

Haar toekomst binnen het koningshuis is op geen enkele manier duidelijk omlijnd. Als ze haar eigen draaiboek kon maken, zou de prinses graag zien dat haar echtgenoot naar zijn maîtresse vertrok om te proberen het geluk te ontdekken dat hij bij haar niet heeft gevonden, en zo Diana vrij te laten om prins William voor te bereiden op zijn uiteindelijke bestemming als koning. Het is een fata morgana, en even slecht te verwezenlijken als de wens van prins Charles om afstand te doen van de troon en een boerderij in Italië te beginnen. Ze heeft andere, bescheidener ambities; een weekeinde naar Parijs gaan, een cursus psychologie doen, piano leren spelen op concertniveau, en weer gaan schilderen. Haar huidige levenstempo doen zelfs deze wensen als grandioos voorkomen, laat staan haar vaak uitgesproken toekomstbeeld waarbij ze zich op een dag in het buitenland wil vestigen, bij voorkeur in Frankrijk of Italië. Een weg die waarschijnlijker is, voert door het scala van liefdadigheidswerk en werk voor de gemeenschap en het maatschappelijk werk dat haar een gevoel van eigenwaarde en voldoening heeft geschonken. Haar broer zegt: 'Ze heeft een sterk karakter. Ze weet goed wat ze wil, en ik denk dat ze na tien jaar een niveau heeft bereikt waarop ze nog heel wat jaren kan blijven functioneren.'

Als kind voelde ze aan dat haar een bijzonder lot wachtte, als volwassene is ze haar intuïtie trouw gebleven. Diana is de last van publieke verwachtingen blijven dragen, ondanks haar aanzienlijke persoonlijke problemen. Het is haar prestatie geweest om tegen de stroom in haar ware zelf te vinden. Ze zal een ander pad blijven bewandelen dan haar echtgenoot, de koninklijke familie en hun systeem, en zich toch aanpassen aan hun tradities. Zoals ze zelf zegt: 'Wanneer ik naar huis ga en 's avonds het licht uitdoe, weet ik dat ik mijn best heb gedaan.'

APPENDIX

Kunnen Charles en Diana gaan scheiden?

Wat zijn de huidige echtscheidingswetten?
De huidige echtscheidingswetten zijn vastgelegd in de Divorce Reform Act 1969, die van kracht werd in 1971, en de Matrimonial Causes Act 1973. De enige reden voor echtscheiding is nu duurzame ontwrichting van het huwelijk, maar dit kan worden aangetoond door te verwijzen naar een of meer van vijf gronden. Deze zijn: overspel, onredelijk gedrag, twee jaar verlating, twee jaar scheiding van tafel en bed waarbij de gedaagde instemt met echtscheiding, en vijf jaar scheiding van tafel en bed, ongeacht of de gedaagde instemt met echtscheiding.

De Matrimonial Causes Act voorziet ook in een boedelscheiding wanneer de partijen besluiten tot echtscheiding, wat in geval van een scheiding van iemand van het koninklijk huis tot een aantal moeilijke beslissingen kan leiden.

Charles en Diana zijn ingezetenen van het Verenigd Koninkrijk en kunnen daardoor net als iedereen echtscheiding aanvragen. In 1967 is de graaf van Harewood, een volle neef van de koningin, gescheiden onder de oude echtscheidingswetten, en prinses Margaret vroeg scheiding van tafel en bed aan en is vervolgens gescheiden. Hetzelfde geldt voor prinses Anne, en de hertog en hertogin van York zijn gescheiden van tafel en bed.

Welke titel zou de prinses van Wales krijgen na een echtscheiding?
Daarover oordelen natuurlijk de koningin en de Geheime Raad, en zal afhankelijk zijn van de oorspronkelijke redenen tot echtscheiding. Er is geen voor de hand liggende reden waarom ze de titel van prinses niet zou behouden, maar dit onder voorwaarde dat ze niet zal hertrouwen. Er bestaan buitenlandse precedenten, zoals het geval van prinses Muna van Jordanië, de tweede vrouw van koning Hoessein, en prinses Soraya van Iran, de tweede koningin of keizerin van de laatste sjah.

Wat zou de positie van de kinderen, prins William en Harry, zijn?
Hun positie als troonopvolger blijft dezelfde. Ze blijven tweede en derde in lijn van opvolging.

Zou prins Charles een tweede huwelijk kunnen aangaan?
Hij zou kunnen hertrouwen, maar of hij na een echtscheiding en een tweede huwelijk nog in aanmerking komt voor troonopvolging is een andere zaak.

Na zijn echtscheiding zou hij de koningin toestemming moeten vragen om te hertrouwen, volgens de Royal Marriage Act uit 1772. Als de koningin weigert toestemming te verlenen, dan kan hij volgens de wet de Geheime Raad laten weten dat hij van plan is te trouwen zonder toestemming van de vorstin. In dat geval kunnen alleen het gezamenlijke Lager- en Hogerhuis voorkomen dat er een wettig huwelijk plaatsvindt.

In de praktijk is die tweede mogelijkheid nooit voorgekomen, en als er moeilijkheden ontstaan, dan worden die gewoonlijk opgelost door middel van onderhandelingen buiten het strikt juridische kader, ofwel door overleg tussen de koningin en de premier, of in nog groter verband, na overleg met de ministers van de Gemenebestlanden. Dit gebeurde in 1936, toen er in ieder geval informeel overleg plaatsvond over de huwelijksperikelen van Edward VII, en opnieuw in 1955 toen prinses Margaret in het huwelijk wilde treden met kolonel Townsend.

Een huwelijksvoltrekking in het buitenland heeft soms uitkomst geboden. Dit gebeurde zowel in het geval van de graaf van Harewood als bij prins Michael van Kent; de eerste trouwde in Gibraltar en de tweede in Wenen.

Om te kunnen hertrouwen moet prins Charles waarschijnlijk afstand doen van zijn aanspraak op de troon en de erfopvolging. Dit werd in 1955 ook voorgesteld aan prinses Margaret. Ze was niet bereid dit te doen, omdat ze toen derde in lijn was.

Officieel keurt de anglicaanse Kerk echtscheiding af, en omdat de koningin het hoofd is van de anglicaanse Kerk, zou het een uiterst moeilijke zaak zijn voor een regerend vorstin om de troonopvolger na een echtscheiding toestemming te geven voor een tweede huwelijk. In de tweede plaats zouden er ernstige problemen ontstaan wanneer iemand na een echtscheiding voor troonsopvolging in aanmerking zou komen, of wanneer de vorst overwoog te trouwen met een gescheiden vrouw.

In 1936 waarschuwde de toenmalige bisschop van Cantebury Edward

VII ervoor dat hij hem waarschijnlijk niet tot koning zou kunnen kronen als hij met een gescheiden vrouw trouwde.

Een mogelijk tweede huwelijk van prins Charles zou vrijwel zeker alleen een burgerlijk huwelijk worden, en daarom waarschijnlijk niet door de kerk worden erkend. Er zijn echter vorsten geweest die zijn gescheiden *nadat* ze waren gekroond.

In Engeland heeft nog nooit iemand die gescheiden was de troon bestegen, met als enige uitzondering George I.

Zou de prinses van Wales kunnen hertrouwen?
Ja, maar dan zou ze vrijwel zeker haar titel van Koninklijke Hoogheid en prinses verliezen, en waarschijnlijk de toelage of andere financiële regelingen die ten tijde van de scheiding was getroffen kwijtraken.

Welke positie zou de tweede vrouw van prins Charles innemen?
Omdat in Engeland geldt dat de vrouw de titel van haar echtgenoot deelt, zou zijn tweede vrouw prinses worden, omdat hij als prins geboren is. Of ze prinses van Wales zou worden, hangt af van het feit of hijzelf nog prins van Wales is als hij door zijn echtscheiding niet meer als een geschikte troonopvolger wordt gezien.

Er bestaan het precedent van tussenkomst van Buckingham Palace om te voorkomen dat Wallis Warfield bij haar huwelijk met de hertog van Windsor in 1937 de titel van prinses zou krijgen, maar er zijn heel wat juridische deskundigen die de wettelijkheid van deze zet in twijfel hebben getrokken.

Wat zou de positie zijn van mogelijke kinderen uit het tweede huwelijk van prins Charles?
Ze zouden prins of prinses zijn, omdat ze de titel van hun vader overnemen, en zouden hun plaats in de lijn van troonsopvolging innemen na prins William en Harry en hun nakomelingen. Wettelijk bestaat er niet zoiets als een morganatisch huwelijk, hoewel het in de praktijk wel is voorgekomen, zoals bijvoorbeeld in de vorige eeuw bij het huwelijk van de hertogen van Sussex en Cambridge.

Wat zou het inkomen van prinses Diana zijn na een echtscheiding?
Het wordt aan de betrokken partijen en hun advocaten overgelaten om een financiële regeling te treffen, net als bij elke echtscheiding. Er zouden in dit geval unieke problemen ontstaan, over de schat aan geschenken die ze bij hun huwelijk hebben verworven. Diana zou

vrijwel zeker een aanzienlijk landgoed krijgen en een huis in Londen, en naar alle waarschijnlijkheid twee inkomens: een voor het leven, als moeder van de twee troonopvolgers, en een inkomen dat ze zou verliezen wanneer ze opnieuw in het huwelijk treedt.

Zou Diana na een echtscheiding nog officiële verplichtingen kunnen aangaan?
Dat is hoogst onwaarschijnlijk, omdat het de positie van prins Charles in gevaar zou brengen. Het is echter wel mogelijk dat ze taken vervult samen met haar twee zoons zolang die minderjarig zijn, en ze zou beschermvrouwe kunnen blijven van instellingen of goede doelen, als ze die functie op zich had genomen als prinses van Wales.

Lord Snowdon en Mark Phillips zijn na hun echtscheiding geen officiële verplichtingen aangegaan, hoewel Snowdon na zijn echtscheiding door de koningin persoonlijk is aangezocht als fotograaf bij een aantal koninklijke aangelegenheden.

Michael Nash
docent Recht
Norwich City College
april 1992